财新图书
Caixin book series

# 舒立对话

# 未来十年，世界是谁的游戏

财新图书
Caixin book series

胡舒立 王烁 主编

凤凰出版传媒集团
江苏文艺出版社
JIANGSU LITERATURE AND ART PUBLISHING HOUSE
读书人 卷

被访者：中国人民银行行长周小川

被访者：美国前任财政部长亨利·保尔森

被访者：美国现任财政部长蒂莫西 · 盖特纳

被访者：欧洲复兴开发银行首席经济学家埃里克·伯格洛夫

被访者：俄罗斯第一副总理、俄首席经济学家舒瓦洛夫

被访者：中国人民银行副行长、国家外汇管理局局长易纲

被访者：著名经济学家钱颖一

被访者：东京证券交易所株式会社社长齐藤惇

被访者：日本庆应大学经济学教授、小泉政府内阁要员竹中平藏

# 本书采编团队简介

（按姓氏拼音排序）

**曹海丽**

财新传媒首席机动记者

**陈竹**

财新传媒能源资源
新闻部副主任

**黄山**

财新传媒国际部副主任

**李昕**

财新传媒英文部主任

**李增新**

财新传媒国际新闻部副主任

**凌华薇**

财新传媒副主编

**王端**

财新传媒资深记者

**王烁**

财新传媒主编
财新网总编辑
《中国改革》主编

**汪旭**

财新传媒资深记者

**严江宁**
财新传媒资深记者

**杨悦**
财新传媒资深记者

**叶伟强**
财新传媒副主编
《中国改革》执行主编

**张伯玲**
财新传媒资深记者

**张环宇**
财新传媒资深记者

**张继伟**
财新传媒常务副主编

**赵剑飞**
财新传媒编委

**朱长征**
财新传媒宏观新闻部主任

# 本书采编团队简介

# 推荐序1

三年前一天，胡舒立和李昕走进华盛顿美国财政部部长保尔森的办公室。几天后，他们与保尔森的对话，以《保尔森信号》为题，刊于《财经》杂志。对话关注当时即将举行的第二轮中美战略经济对话。和本书37篇对话的核心关切一样，也和舒立自上世纪80年代以来始终如一的职业兴趣一样，与保尔森对话的焦点，是中国的改革。

特别提到此篇，是因为注意到舒立团队采访保尔森的日子——2007年3月14日。就在这一天（北京时间3月15日），中国内地各主要网站刊出消息《美次级贷款地雷引爆 金融危机四伏》。舒立无疑是步入了正在形成的风暴的中心。她应该已经注意到美国新世纪金融公司发出盈利预警，和汇丰控股为在美次贷业务增加18亿美元坏账准备的新闻。但是那一天，无论她还是保尔森，显然都还没有意识到祸之将至。"保尔森信号"，不是关于一场世界范围的金融海啸已经逼近的警讯，而是对中国加快开放资本市场的鼓励。

五个月后危机全面爆发。舒立任主编的《财经》杂志刊出了《金融风暴 全球共振》一文。倏忽三年。三年后的2010年4月5日，舒立在北京再次访问保尔森。依然是从前的团队，但他们的媒体已是《新世纪》周刊。在题为《保尔森答案》的新的一篇对话里，有段耐人寻味的交谈：

保尔森：……危机发生的时候，中国副总理王岐山跟我说，“Hank，我们的‘老师’有麻烦了。”

《新世纪》：中国没老师了。

许多年后，人们一定会越来越清楚地看到，在2007/2008这个时间刻度上，有一条极其重要的历史分界线。正进入改革深水区的中国人，在这个时刻遭遇逆风和恶浪。在《保尔森答案》一文中舒立和她的同事评述：

许多致力于改革的人士认为，此次金融危机，中国在经济上受创有限，但改革开放之路受挫，影响更为深远。中国经济增长的动力，内部以经济自由化为主，外部以对外开放融入国际体系为主。在金融危机之后，两者都有所失速。国家干预主义不仅大占上风，还隐有固化可能。对外开放特别是金融对外开放的声音在金融动荡之下失声。中国30年来固然走所谓自己的道路，但自己的道路是不变量，变量基本来自“以美为师”。

在这个意义上说，“我的老师有麻烦了”，有麻烦的还有学生。

这正是舒立最深的忧虑——“许多人有一种错觉，以为中国幸亏没改那么快，如果真改了，说不定更像欧美，更容易出问题。金融危机好像不但没有成为改革的推动力，而且简直变成了不必要改革的一个根据”。就在2010年再访保尔森的4天前，舒立团队与经济学家吴敬琏、汪丁丁、高尚全座谈。《推进整体改革议程》一文，第一句话便是“中国正站在十字路口”。在这篇对话中，舒立团队和三位学者更深入地探讨了当今中国的困局和出路，他们的对话掷地有声。

高尚全说：“中国30年改革开放的成就举世瞩目。近年来，中央政府在教育、卫生、社会保障等民生领域的改革上有所进展，但从总体上看，改革进展并不平衡，主要有四大不协调：首先，改革滞后于开放；其次，宏观改革滞后于微观改革；三是政府改革滞后于企业改革；四是政治体制改革滞后于经济改革。这种不协调，累积了诸多深层矛盾。”

吴敬琏说："2000年至今，十年过去了，中国前途的两种趋向、两种力量在赛跑。即基于法治的市场经济道路跟'权贵资本主义'或称'官僚资本主义'，正在赛跑。目前，赛跑的态势怎样呢？应该说，两方面都有所斩获，现在还胜负难分。"

汪丁丁说："对抗或抑制官僚资本主义倾向的更具体的步骤，我认为最值得优先尝试的是地方政府的财政民主化实验。预算民主和预算透明很重要，这其实是抑制官僚资本主义的最可行的办法。……记住美国独立战争的导火索是什么，我常常警告周围的朋友们，是税收和预算的专断权力。如果未来中国经济冲突转化为政治危机，它很可能是导火索。"

这是本书中提纲挈领的文字。座谈结束时，舒立说："其实，30多年改革的经验，概括言之，无非12个字：市场经济、民主政治、法治社会。未来十年，中国何去何从，不但攸关13.3亿中国人的切身利益，而且也对世界的稳定和繁荣有直接影响。"

"未来十年，中国何去何从？"舒立的发问，道出无数有识者心头的关切。这正是本书的主旨。《未来十年，世界是谁的游戏？》这个书名，看似举重若轻，却无法让人轻松。我是舒立的同行。书中诸篇对话，把我的视线引向世界和中国的变局，也引向舒立团队本身。未来十年，中国传媒何去何从？作为中国传媒的领跑者，这个团队的理念、品质和未来路向，值得同行瞩目。

中国新闻改革，是中国整体改革的重要子系统。新闻改革同样有内外两种动力。内在的动力，源自传媒人对前苏联"真理报模式"的扬弃和对新闻专业主义的追求，外在的动力，源自传媒市场化。告别"真理报模式"与政治体制改革密不可分，传媒市场化与经济体制改革有莫大关系。

观察一些转型国家和地区的传媒演变历程与中国的历史和现实，我认为中国传媒大致有四种路向：

第一块路标上写着"权力"。这是改革开放前的"真理报模式"：严密管制，以计划经济方式运行。这过去的历史似已遥远，然而若改革发生严重逆转，新闻改革的内外动力丧失殆尽，媒体仍有可能倒退回30多年前。这可能性虽微乎其微，但仍应存有警觉——极左势力并没有完全退出历史舞台。

第二块路标上写着“金钱”。这是一些转型国家和地区发生过的事实：威权管制崩塌，媒体的洪水冲决闸门，利润最大化成为传媒的最高追求，媒体进入恶质化的痛苦期。海峡彼岸的朋友曾告诉我们这种“自由到来后的苦闷”，但饱受钳制之苦的我们对这种前景注意不多，却对凭借市场化力量突破控制怀有浪漫的希冀。

第三块路标上写着“权力 + 金钱”。这是今天的现实：畸形的传媒市场化。在政治改革明显滞后于经济改革的现实环境下，一些媒体正将“一要听话，二要赚钱”作为信条。“真理报”那一套改变无几，但却被大大注入了商业元素。一些媒体被赋予做强做大的特殊地位，依附权力，又试图垄断市场。这样的“市场化”，没有自由平等的竞争，却处处可见计划体制的遗弊。此种官商官媒，正为权贵资本主义所需。

第四块路标上写着“公器”。这条道路上的媒体，有志独立于权力与资本之间，把“自由”和“责任”视为一对相伴相生的永恒命题；坚守新闻理想，又能驾驭市场风浪，在传媒市场竞争中自立自强。

我认为舒立团队奋力探索的是第四条路，一条在传媒市场中谋生存、求发展、争自由、做公器的道路。这是一支专业性很强的财经类媒体制作团队，他们尊重专业知识，有冷峻严苛的操作流程，但却不囿于狭义的“财经”。他们自觉承担社会责任，高度关注公共政策，难能可贵地“既不惟权力的马首是瞻，也不惟资本的马首是瞻”。或者可以说，在舒立眼中，原本就没有那种可以自外于社会与政治的所谓“市场”和“财经”。她有一段谈论资本市场的名言，道出她的理念：“任何道理都不可能凌驾于市场‘公开公正公平’的原则之上，而在三‘公’之中，‘公开’居于首位；而媒体的批评权与公众的知情权就是公开性的保证”。

今天中国传媒的种种坎坷，就是高尚全先生所说政改滞后于经改所累积的深层矛盾的反映。中国传媒的生存发展离不开市场经济，但只有吴敬琏先生所说的“好的市场经济”，才能给中国传媒带来希望。而推动民主法治，呼唤“好的市场经济”，正是传媒的迫切使命。

传媒无可避免地要涉及政治、投身市场竞争。今天的中国传媒，是政治角色，是经济角色，然而更应该是社会角色。在现代公民社会中，它承担着维护公共空间的使命。媒体是企业，但优质的媒体，一定是不以营利为惟一目的的社会企业。它的专业性，首先表现为它的公共性。它监督权力的运行，但自身亦要接受社会的监督。从这个意义上说，重新定义传媒属性，让媒体成为独任其责的社会角色的新闻改革，无疑是政治体制改革的一翼，也是社会体制改革的一翼。

未来十年，是攸关中国前途、也攸关中国传媒命运的关键十年。改革之路会不会受挫？基于法治的市场经济和权贵资本主义间的赛跑谁胜谁负？是否会发生经济冲突？经济冲突是否会引发政治危机？舒立团队正密切关注。2010年秋，国务院总理温家宝在40天中七谈政治体制改革。舒立第一时间在个人博客上发表评论：

……值得警惕的是，当前出现了一种论调：中国经济的巨大成功，反过来证明了中国政治上的成功。按此逻辑，中国60多年来几无变化的政治体制，先验地既适应计划经济，也适应市场经济；基于这种“中国模式”之“政治优势”，过去不必改革，今后也无需改革。这种论调无视当前经济发展与政治体制不相适应的现实，与中共已有的政改决策相抵牾，也是对昭昭民意的漠视。

这是舒立的敏锐，也代表着团队的品质。未来十年的大幕已经开启，新的大戏充满悬念。危机，冲突，奋进，挫折，衰亡，新生……波澜起伏的新故事将一幕幕展开。舒立团队，请当仁不让，和新一代改革者一起，担当起推动中国进步的历史重任！

香港大学新闻及传媒研究中心中国传媒研究计划主任<br>钱钢

# 推荐序2

转型期中国，文化、社会、政治、经济生活与金融活动，无不受到转型的影响。舒立对话，收录在这里的，自1998至2010（主体为2007-2010年），正是中国经济发展在前期“放权让利”改革结束后经历的最错综复杂时期。

中国社会这一次转型，是“文化－政治－经济”三重转型，以经济的转型期最短，大约需要三十年至五十年。各国人口生育率迁移（demographical transition）的数据表明，在两代人时间内，一个“人口经济”过程通常完成这一迁移，进入人口的老龄化阶段。经济转型的起始年份，按照通常的看法，是1978年。不过，主导经济的思想转变，应是1956年，以毛泽东《论十大关系》为标志。所以，从1978年开始的经济转型大约在2028年以前结束。

政治转型是一个复杂得多的社会过程，它首先依赖于本土社会文化传统和政治文化传统的转型，这就需要远比两代人更久的时间。例如，以1900年“欧风美雨”自西洋和东洋呼啸而来为开端，政治的转型已持续了百年之久，此即李鸿章所言“三千年未有之变局”。这一过程令人困惑的原因或内在紧张的原因，归根结底是我们数千年以来固有的情感方式与我们试图适应的新的生活方式之间的冲突，大国尤其如此。

制度（家庭的、教育的、医疗的、生产组织的和国家的等），马歇尔曾指出，毕竟要适应人们的生活方式和情感方式，故不能迅速改变。然而，中国社会这一次经历的转型却是迅速的，与各国转型相比，我们无论如何不能称之为不迅速的。在这里，我们熟悉的一切事物，在十年之内发生的改变，足以让我们每一个人感叹，更足以让每一个外国人或在海外生活的中国人感叹。

如此大范围的社会变迁在如此短促的时期内发生着，就激发了生活在稳态社会里的观察者难以想象的事件的丰富性和冲突的尖锐性。舒立，在我试图概括她的特殊禀赋之前，我必须指出，她首先和我们每个人一样，“赶上了这个特殊的时代”。

人类社会经历过许多特殊的时代。纵观思想史，在西方和中国，要指出这些特殊的时代并不困难。例如，王国维指出过，商周更迭，为亘古以来最大一变。这之后的秦至前汉，魏晋至唐初，宋末和清末民初，均可称为特殊的时代。

鲁迅自述，家道中落的人，最有机会洞察世事。类似地，特殊的时代，社会的起伏动荡远比平常剧烈，从而产生无数人家的兴衰更替，这就为思想者提供了难得的体验。思想的深刻程度，与事件的丰富性和冲突的尖锐性恰成正比。

有机会体验，并不意味着能够激发深刻的思想。前者是客观的，后者依赖于主观因素。思想的深刻性，更主要地取决于心灵的敏锐程度。另一方面，在同一社会环境内，一个人的体验孰多孰寡，更主要地取决于性情。性情，心理学的术语是“personalities”，直译是“人格”。我们人类的情感，延续时间最短的，称为“情绪”（emotion），稍长些的，称为“心情”（mood），更长些时间的，称为“性情”（temper）或更学术地称为“气质”（temperament），最后，我们性情当中能够维持毕生而不变的部分，心理学家称之为“人格”（最近发表的研究报告：受试者人格量表的得分在23岁至83岁之间无显著改变）。

舒立的性情——熟悉她的朋友们都知道，舒立是性情中人。这是一种人格魅力。哪怕出自相似的家庭和社会背景，有这种人格魅力的人，与没有这种人格魅力的人相比，可以有更多的体验机会。古希腊人相信，人格即命运。在舒立那里，这一信条可再度接受检验。

我和王烁（我替王烁作此猜测），属于1990年代后期，初识即被舒立的人格魅力吸引住的人。我记得一件小事，那时我因文笔较佳而常被报章主编们询问可否撰稿。某年某日，我赴三联书店董秀玉的宴请，席间一位主编再询撰稿事宜并再遭婉拒之后，终于启齿问了一个平常很难提出的问题：请问舒立给你多少报酬？众友静默，等待我回答。知道了我所得的报酬，那位主编大笑不已。我明白，我难以用报酬这样的理由推辞撰稿邀请。董秀玉迅速替我解围，她的解释：丁丁和舒立，当然友情更重要。十年过去，我仍记得此事。因为，董秀玉的解释，显然最中肯。

舒立的财新团队，几乎是一个关于中国新闻的传奇故事。我在舒立的编辑部也多次试图概括这一传奇的思想史涵义。我记得，比较令人信服的一种概括，我们称为“小圈子”的广泛“影响力”。例如，以马赫为思想领袖的维也纳小组是战前欧洲一个影响深远的小圈子，维特根斯坦、塔尔斯基、波普和哈耶克，以及许多重要的科学家和思想家，都受了它的影响，然后，这些影响通过这些重要的科学家和思想家带给包括中国在内的（例如洪谦老先生是石里克主持的维也纳小组的成员）文明世界更广泛的影响。又例如，在数学界有一个影响广泛的小圈子——“布尔巴基小组”，这个小组的成员通过一系列的文章和学术研究改写了现代西方的全部数学。最后一个例子是当代中国的，香港中文大学的陈方正教授在收集了足够多的素材之后，在一次学术会议发言时指出：中国经济体制改革最初的活跃人物几乎都源自陕西和山西的两个“知青点”。

不论如何，最终让我的小圈子假说获得了充分说服力的，是MIT一位统计物理学教授发现的“幂律”。根据这一规律，我们体验到的自然的和社会的全部事件，如果按照事件的重要性排序的话，统计而言可出现这样一种规律：在经历了许多，例如几千项平凡的事件之后，总会有例如一项不那么平凡的事件发生。让我们将平凡事件的集合记作集合1，后来发生的不那么平凡的事件的集合记作集合2，在经历了许多集合2的事件之后，总会发生一些比“不那么平凡”更重要的事件，这样的事件的集合记作集合3，诸如此类，我们于是可以有一系列集合，记作集合1、集合2、集合3、……。幂律的意思是：任何一类事件，足够多的集合 1 的事件的发生意味着要有一件集合 2 的事件发生，足够多的集合 2 的事件的发生意味着要有一件集合 3 的事件发生，……以此类推。如果在平面上画出重要性的级别及其事件数目的关系，那么，重要性的级别和各级重要性事件数目的对数，二者之间呈现一条负斜率的直线。根据幂律，我们有理由推测，当我们培养了 10 万名北大毕业生的时候，意味着大约有 1000 名可称为“出类拔萃”之辈的毕业生，在他们当中大约有 10 名可称为“天才”的人物，……依此类推，若要涌现出 1 名爱因斯坦这样的天才人物，我们或许需要培养 100 万名北大毕业生。

在社会思想的领域，小圈子之所以特别重要，是因为那些最重要的观念，它们相互之间具有强烈互补性。于是，我们必须寻找尽可能多的携带着较高级别重要性的观念的人，非如此而不能获得更高级别重要性的观念。

不难想象，这些携带着级别较高的重要性的观念的人，可能多么地难以相处。文人相轻的倾向，在中国始终很严重。舒立的性情，在职业优势之外，使她能够恰到好处地与这些携带着较高重要性的观念的人相处。

职业优势，是的，舒立在新闻界享有优势。例如，那一著名评语——“亚洲最危险的女人”，从海外新闻人的角度刻画了舒立的这一优势。从局内人的角度，多年前我为她的另一本文集作序时写过，舒立的优势源于她心智的特征。她具备一名优秀新闻记者的心智特征——在任何突发事件中迅速捕捉最重要的信息。什么是最重要的？这与上述关于重要性的观念有关，不过，你还必须具备足够强大的理解力，否则，即使你接触到这些具有较高级别重要性的观念，你仍无法理解它们。在任何特定的社会里，如上述，携带着具有重要性的观念的人总是试图接触与他们同类的人。但芸芸众生，他们到何处寻找他们的同类呢？媒体，只有媒体最可承担这样的功能。你可以试着通过一份影响广泛的媒体发布和阐释你的那些具有较高级别重要性的观念，并预期由此引来同类重要性的观念携带者的注意。舒立兼有二者。她是携带着较高级别重要性的人，同时还是最具影响的媒体人。我再重复一遍，这要求一颗强有力的心。

收录在《舒立对话》中的文章，我认为，难度最高且内涵最丰富的采访，同时也代表了这本文集的最高水平的，是“中信再出发”。我甚至建议读者直接去读那一篇，以便熟悉和适应舒立的风格。其次，从学术角度，我认为提出了最多的既是实践问题也是学术问题的最具挑战性的采访，是“工行应变”。对话的水平取决于对话双方所思的深切与广泛。舒立在这两篇采访中的对话者，前一篇是孔丹和常振明，后一篇是姜建清。作为经济学家和主持金融学教育的学者，我对这几位对话者的印象，如上述，因读了舒立的这两篇采访报告，十分深刻。

一颗强有力的心——情感的和智力的，如舒立这样的，随着更多和更深切的体验而不断进步。这样的预期，是可以确认的——从这本文集各篇文章写作的时间和它们的品质。

北京大学教授、经济学家

汪丁丁

# 目 录

Directory

## 第三辑 日本的反省

# 目录

Directory

## 第六辑 明天向何处？

# 第一辑
# 当金融危机改变了世界

# 为欧元定价

## ——专访欧洲央行行长特里谢

采访人：胡舒立

发表时间：2007-11-12

次贷危机此伏彼起，弱势美元重塑国际金融市场格局，欧洲央行行长特里谢接受我们的专访，谈欧元，谈次贷，也谈中国。

欧元利率继续维持在4%！法兰克福时间11月8日下午2时30分，64岁的欧洲央行行长特里谢（Jean-Claude Trichet）在此间新闻发布会上宣布。

至11月，特里谢八年任期刚好满四年。这位前任法国央行行长在欧洲央行舞台上的作为，越来越引起人们关注。“没有人能代替格林斯潘。但在格氏离开美联储之后，一位尽责的欧洲人将致力于成为全球中央银行家中的大长老。”英国《金融时报》评论说。

始于2005年年底，特里谢在欧洲央行作出持续加息抑制通胀的货币政策决策，被认为对于欧洲经济稳定发展作用显著。而今年8月9日，次级抵押信贷风暴升级之际，欧洲央行又在世界各大央行中率先向动荡中的金融市场注入巨额资金，以迅捷、决断和恰到好处的行动，显示出中央银行中流砥柱的作用。9月间，欧洲央行取消了计划中的升息措施，静观市场变化。至11月初，欧元对美元汇率继续上升，在11月7日已升至1∶1.4731之最高点，美联储10月31日减息对外汇市场的影响越发显著；而与此同时，国际油价仍在继续攀升，通货膨胀压力加大。

11月8日，欧洲央行新的决策日来临。特里谢宣布利率不变后，8日下午2时45分，伦敦市场欧元对美元汇率站在1∶1.4665，波澜不惊。当天，欧洲股市轻微波动，美国股市则在前一日暴跌300余点后暂归平静。在华尔街各大行接踵披露各自数十亿美元计地为次贷损失追加撇账之时，市场把欧洲央行按兵不动之举当做了定海神针。

的确如此。此前，欧洲央行最关注的指标HICP指数（消费者价格调和指数）从9月间的2.1%猛增至10月的2.6%。如果不是从美国刮起的次贷风暴冲击未止，欧洲经济可能更需要的是加息。“物价的中期趋势毫无疑问是上涨。”欧洲央行行长特里谢承认。

当然，利率保持不动的决定，在最后一刻之前已几乎不是秘密。当天早些时候，英国央行已经作出维持英镑利率不变的决定。虽然没有加入欧元区，作为欧洲的主要经济体，英国有必要在利率政策上与欧洲保持同步。

绑住特里谢加息之手的，还有另外一层这次没有直接说出口的理由。美联储自今夏以来频频减息，与此相应的是美元对欧元汇率加速下挫。如果欧美利差继续扩大，欧元升势不止，这是特里谢不愿看到的。人人都知道，早在2004年欧元对美元为1：1.3时，他就说过，欧元升值是“残忍的”。在11月8日决定不加息之后，他又在新闻发布会上说，“残忍之举从来都不受欢迎”。

这是一个“特里谢式的警告”，虽不直接却相当坚决。但在大洋彼岸，美联储主席伯南克似乎什么也没听见。同在8日，伯南克在美国国会参议院听证会上说，一个星期前美联储降息之后，信贷市场因受次贷危机冲击反而紧张加剧。同时，因为油价飙升，美国通胀压力正在积聚。经济放缓而通胀抬头，这是伯南克的两难苦恼。

欧美经济走势有了分野，货币政策协同出现分歧，次贷危机此伏彼起，弱势美元重塑国际金融市场格局。就是在欧洲央行作出决定的当晚，在德国法兰克福，特里谢接受了我们的专访，谈欧元，谈次贷，也谈中国——11月月底之前，他将造访中国。显然，人民币汇率会是此行的重心之一。

## 一动不如一静

记者：美联储刚刚在10月30日决定下调美元利率，而且有可能在未来进一步下调利率。今天欧洲央行决定保持欧元利率不变，主要是基于哪些考虑？

特里谢：基于欧洲央行的常规经济和货币分析报告，我们在今天的会议上决定保持欧洲央行利率不变。

自前一次欧洲央行开会议息以来的所有新信息，已经完全证实价格在中期有上行风险。此外，欧元地区货币和信贷仍然保持强劲增长。欧洲央行要履行职责，应对价格上涨风险，保持货币稳定。欧元区的经济基本面目前仍然保持稳定健康状态，中期来看也还是有利局面。

但是，正在发生的金融市场风险重估会产生持续的不稳定。我们的中期货币政策重点是保持价格稳定，这就要求对货币政策进一步下结论前还要全面考察更多信息。

记者：在决定利率之前，你考虑得更多的是消费价格指数（含油价与食品价格），还是剔除这两种价格因素的核心消费价格指数？此外，你还考虑过其他的什么重要因素吗？

特里谢：首先，谈到作决定时所要考虑的因素，我们采用的是一个穷尽式的方法，要考虑的是所有因素，包括所有能获得的事实、数据和信息，只要这些东西与我们的两大支柱策略——经济分析和货币分析——有关。

尽管这样，我们的主要目标和任务是保持中期价格稳定，也就是说使其增长率低于但是接近2%。我们还要保持这个目标的可信度，以此来稳定通货膨胀预期。

记者：你如何评价欧洲经济前景？如果美国经济放缓，欧洲还能保持强劲增长吗？

特里谢：基于现有信息、事实和数据，我们维持的基本判断是欧元区将保持与潜在增长率接近的增长，也就是说2%左右的增长。

尽管如此，考虑到金融市场波动绵绵不绝，以及实体经济中发生风险重定价，虽然整个经济图景乐观，但围绕着经济的不确定性水平仍然很高。

记者：在潜在通货膨胀风险和经济发展放缓风险面前，你如何取舍平衡？

特里谢：我们不去取舍平衡这两个风险。我们将经济的演变看做通胀风险的一个变量。如果经济增长，价格上涨的压力就会上升；反之，如果经济下行，则价格压力就下降。但我们的罗盘上只有一个指针，那就是在中期内保持价格稳定，因为这是盟约为欧洲央行规定的使命。

记者：你们的决策都是基于央行的独立性吗？你如何定义央行的独立性？它是平衡各方因素的结果吗？如果是，那么是哪些因素呢？如果不是，你的主要政策目标是什么？

特里谢：独立意味着欧洲央行不受任何外来影响，独立地作决定。正如《欧盟条约》所规定的那样，我们既不接受也不能去寻求外部的指示。任何其他机构包括政府都不能试图影响我们。

当然，我们生活在一个积极式民主社会里，因此跟其他独立机构一样要承担社会责任，要成为欧洲公民的依靠，要对构成欧盟的13个民主国家的人民负责。

【记者述评】

全球金融市场正在风起云涌，经济增长前景也不容乐观。当此情势，欧洲央行的货币政策选择是以不变应万变。

《欧盟条约》在赋予欧洲央行独立性的同时，也规定了其使命。其中最为重要的使命，是控制通胀。正由于此，在国际市场原油和粮食价格不断走高的背景下，虽然全球经济下行风险加大，欧洲经济亦有放缓迹象，但在此次欧洲央行议息会议前，鲜有预测其将降息者。

今年下半年以来，原油和粮食价格在高位基础上继续上涨，原油价格冲破每桶80美元之后，几乎不作停顿，迅速突破几个重要的心理关口，目前在每桶90美元以上蓄势冲击100美元大关。粮食价格涨势也毫不逊色于油价，以小麦价格为例，芝加哥商品交易所12月到期小麦期货合约价格从年初的每蒲式耳500美分涨至甚至一度超过900美分。

油价和粮价飙升，使得10月欧元区的通胀折年率高达2.6%，并连续两个月突破欧洲央行设定的通货膨胀控制线，按照欧洲央行一贯的政策，如果通胀继续保持这一位置，加息的可能性就会大大上升。

事实上，如果不是因为经济下行风险陡增，加息本该是欧洲央行的不二选择。

作为全球经济最为重要的引擎，美国经济明显放缓，已是不争的事实，9月新屋开工数大降10.2%，按年折算为119.1万套，为14年来最低。美联储前主席格林斯潘甚至称，美国经济陷入衰退的风险正在提高。

来自欧洲的最新数据亦表明，欧元区经济近几年来高歌猛进的势头正出现减缓迹象。欧洲经济研究中心（ZEW）公布的商业信心指数在10月间落至-18.1的历史低点，法国的消费者信心指数在三季度也大幅下降。二季度的经济增长率环比均比上个季度有明显下降。

IMF10月间发布的2008年经济预测全面调低了世界各国经济的增长率，美国今明两年经济增长均为1.9%，而去年则是2.9%，欧盟未来两年的增长率也被从去年的2.8%调低至2.5%和2.1%。

一方面是不断上升的石油、粮食价格引致的通胀风险，一方面是经济减速的风险。加息会提高资金成本，抑制经济活动，从而使得经济降温，这同样不是欧洲央行愿意看到的局面。身处两难之境，欧洲央行的选择是保持利率不变，静观其变。

影响欧洲央行加息的，除了日益增大的通胀风险，强势欧元给出口及经济带来的负面影响也将是一个重要考虑因素。

由于加息会导致欧元进一步走强，损害欧洲主要对外出口国的利益，在这些国家的政治家眼中，阻止欧元进一步升值已经成当务之急。今年以来，欧元相对于美元已经升值近7.7%，这对于那些依赖出口来保持经济动力的国家来说无疑是一场梦魇。

法国政府一直是敦促欧元贬值的中坚力量。欧元汇率的长期走强使法国出口大受损害，9月11日，欧盟委员会将法国经济增长的预期从2.4%下调至1.9%，并预计法国经济的增速将在第二年低于欧元区国家的平均水平。

汇率问题甚至将成为影响法美关系的重要因素。11月6日，在经历六年的空白期后，法国总统尼古拉斯·萨科齐(Nicolas Sarkozy)首次访美。在此过程中，萨科齐称美国不需要疲软的货币，并呼吁美国避免出现过于疲软的美元。

在欧盟内部，对于强势欧元是否符合欧盟整体的利益也有着不同的声音。在欧洲央行的成员国中，法国和意大利表现出对于强势欧元的极度厌恶，但在德国看来，欧元汇率的上升并没有严重损害欧洲经济，因为在购入以美元计价的原油时，强势欧元可以减少成本。

各国政府方面的抱怨没有换来欧洲央行的实质性措施。这种情况下，以萨科齐为代表的各国政府开始将矛头指向欧洲央行，并呼吁给予成员国政府参与央行货币政策决议的权力。

欧洲工会联合会（ETUC）亦参与其中。在近期的一份公开报告中，ETUC称："如果欧洲央行不采取行动，而是像2001年那样保持观望态度，我们就面临着欧元区经济再次倒退至长期萧条的可能，增长可能下滑并维持在2%以下水准。"

法国负责欧盟事务的国务秘书茹耶在欧盟议息会议召开的敏感时期也提出，欧洲央行应该考虑一系列因素，如强势欧元和高涨的油价。

除了欧盟内部的矛盾，某些外部因素同样在悄无声息地对欧盟的汇率和利率政策产生着影响。

IMF统计数据显示，截至2007年二季度，全球外汇储备中，美元所占份额由去年四季度的64.6%降至64.2%，而欧元的份额则由25.9%升至创纪录的26.1%。而且这个趋势正在延续。

在最近几个月中，各国央行均不同程度地减持了美元资产，欧元区经济的稳定性给欧元以强力支撑，而美元的不断贬值使得以美元计价的资产大幅缩水。无论是从各国央行外汇储备安全性还是从多元化储备品种的既定策略上看，减持美元资产均成为一种必然。而在减持美元的背景下，欧元就成了一个合理的选择。对欧元需求的增加，无疑会令欧元进一步走强。

面对这些压力，欧洲央行并未选择妥协。与执掌法国央行时情况不同，此刻的特里谢更关注欧元区物价水平。而欧元区各国经济发展的不均衡或某个国家在现有货币政策下利益可能遭受的损害，在欧洲央行的决策表上已经居于次要地位。

## 次贷与全球金融风险

记者：你如何看次贷危机？它给金融系统稳定、欧洲经济和全球经济带来何种冲击？这场危机已经结束了吗？相对于美国而言，这场危机对欧盟经济体的主要影响是什么？

特里谢：目前全球金融系统正经历一场重大市场调整，伴随着过激反应，也伴随着剧烈的动荡和不安。这是一个全球金融系统风险重估的过程。在中央银行们看来，这一重估不仅是可能的，甚至从某种角度来说还是及时的，因为全球金融业过低地为风险定价的倾向已经持续那么长时间了。

因此，我们还是得对现在的发展保持高度警觉，要恪守我们的职责，最主要的职责就是保持中期价格稳定，同时关注货币市场运行是否正常。这是我们过去、现在和将来都要做的事。

至于对欧盟经济的影响，谈到欧洲，基于现在获得的信息，事实和数据，我们一直都对各种进展保持着高度敏感。我们还是重申此前对经济增长水平在潜在增长率上下的判断，同时提示有下行风险。

记者：在次贷危机发生后，欧洲央行是第一批向货币市场注入流动性的央行之一。当时是怎么考虑的？有没有考虑过一些更激进的措施，比如减息？

特里谢：我刚才已经说过，我们的职责主要有两个，不要混淆了。一个职责就是为了保持中期价格稳定，然后决定央行该采取那种货币政策，这其中也包括了利率水平。我们必须考虑利率保持在哪种水平是合适的。另一个职责是维系货币市场的正常运转。这是我们在今年 8 月 9 日向货币市场注入 950 亿欧元的原因。当时货币市场已不能正常运转，其功能在恐慌情绪冲击下已瘫痪。

这笔 950 亿欧元的央行资金其实是隔夜拆借，利率是年利 4%，所有资金都有优质抵押。次日也就是 8 月 10 日，950 亿欧元资金全部回收。于是我们又注入了 620 亿欧元贷款，同样也是 4% 的利率，同样也是隔夜拆借。这 620 亿欧元资金在次日同样全部回收。随后我们又以同样条件向市场投入资金，这一次就少得多了。我们这样做，是要保持市场在恐慌情绪中仍能正常运转。

记者：中央银行在稳定金融系统时该发挥何种作用？面临当前的信贷紧缩现象，如何在平衡金融稳定的同时控制通胀？

特里谢：控制通胀，是《欧盟条约》给欧洲央行规定的最重要使命。如果这得到保证，在给定的利率水平上，我们还要采取恰当措施，保证货币市场运作正常。这两种职责之间没有任何矛盾，它们就是央行的主要职责，一点儿都不能含糊，我们必须肩负得起这两个职责。

记者：过去的几年里，全世界都存在流动性过剩的现象，这在今后会如何发展？如果次贷危机减轻或者结束，全球金融系统和经济将面临哪些主要风险？央行又能做些什么？

特里谢：中央银行们大体上一直认为，全球金融业对风险的评估并不一定正确。我们早就公开表达过这种意见。我们现在所注意到的重大市场调整在这个意义上非常重要，它与全球经济正经历的风险重估是同步的。我们必须得从危机中吸取教训，我们也必须改善全球金融系统中的很多因素，使其更好地发挥作用。在这个过程中，我们不会排除任何因素，无论是私营经济还是公共部门，我坚信应该鼓励所有机构从中吸取教训，总结经验。

其中一课就是市场需要更多透明度。这适用于所有私营机构、市场，以及市场中发明的各种金融工具。

抽象地说，我们可以得出上面这个教训，但是要从眼下的局面中得出一个具体的教训，恐怕还早，因为它还在进展当中。

【记者述评】

次贷危机“还在进展当中”，作为危机发源地和风暴中心的美国，“灾情”不断泛滥。近来华尔街各大行纷纷爆出数十亿美元计的次贷资产撇账，其中美林集团为79亿美元，花旗已公布了三季度亏损65亿美元，还未计入其所持次贷资产，有可能还要做近百亿美元的撇账。摩根士丹利最新披露的数字则为37亿美元。到目前为止，美林集团CEO和花旗集团CEO均已被迫辞职，《纽约时报》也开始谈论摩根士丹利CEO约翰·麦克的“接班人”问题。

欧洲央行静观其变，而在大洋彼岸，美联储的态度却要微妙得多，其处境也比欧洲央行艰难得多。两者的差别，并不仅仅是因为对反通胀的信仰程度有差别。

美联储的难题是欧洲央行所没有的：来自金融市场的动荡不断，而房市滞后的影响对于经济的打击难以预料。这导致美联储在次贷风波逐渐扩张的过程中连续降息，9月以来两次降息共计75个基点。

欧洲央行与美联储的“救市”力度不同，亦因两地市场受灾程度迥异。

危机爆发后，银行体系间的流动性一度遭遇空前的考验。欧洲央行和美联储迅速作出反应，不停向银行体系中注入流动性，但效果难以持续。在美联储降息之前，甚至出现注入流动性后股市掉头下跌的情景：有效的金融政策被执行前，市场并不相信这些“治标”之策，信心在逐渐衰减。包括伦敦同业拆借利率（LIBOR）在内的众多利率基准在借贷需求的推动下飙升。

银行间流动性抽紧使得信贷通道不畅；商业银行的房贷标准变得苛刻，某些正常的房贷贷款人同样难以贷款；收紧的货币和信贷状况不但令房市自愈的速度变慢，也会放慢经济前进的步伐；资产价格大跌还在打击消费者信心——美联储两次降息，也是自解困局之举。

当前，与欧洲央行一样，美联储也面临着两难困境：在食品和能源价格高涨所推动的通胀风险走高与次贷波及逐渐显露的经济下行风险之间，究竟将以何为重？不同之处只在于，美联储更加难以抉择。

美联储的态度，是否已从坚持抑制通胀转到希望刺激经济复苏上？从政策上看，美联储的降息十分被动。虽然公开声明中，美联储仍努力维持一贯的原则，但众多评论家认为，来自华尔街及其他各方的压力令其不得不有所妥协。每次在美联储议息会议前，市场均会大举压注美联储降息，并每每成真。

事实上，美联储不得不考虑的，是实体经济所受波及的程度。10月消费者信心指数降至两年最低。由于房市存货仍高，而商业银行对房屋信贷又大幅缩紧，谁也不知道这场房市动荡究竟要肆虐到何时。

“屋漏偏逢连阴雨”。世界能源价格却在不断上涨，11月7日，纽约商业交易所12月交割的原油期货价格冲高至98.62美元/桶。美国能源署的报告显示，过去一段时间，世界石油需求的增长速度远快于欧佩克的增产速度，而地缘性政治风险的加剧及炼油能力瓶颈等问题同样推动油价冲向高位。

能源价格的高位加剧了投资者对于当前市场状况的忧虑，尤其寒冬将至，市场对于取暖油的需求将加大，季节性因素可能使得这一状况更加恶化。油价高企除了令炼油厂成本压力大增，更是推动汽油价格上涨。

以上种种因素，导致市场出现对美联储第三次降息的推测。

在此微妙时刻，美联储的数位理事在公开发言中试图削弱市场对于降息的预期。美联储理事米什金认为，美国联邦公开市场委员会在过去两次政策会议上采取的宽松措施已经显著降低了经济增长的下行风险，“经济增长的下行风险已与通货膨胀的上行风险大体平衡”。

理事普洛舍亦称，虽然与三季度3.8%的增幅相比，四季度经济表现可能相对疲软，但是增幅仍可能在1%～1.5%之间。除非经济增长低于这一预期，否则他也不主张降息。理事莱克及亚特兰大联邦储备银行行长洛克哈特意见与此大致相同。

频繁的降息已经令美联储官员感到不安。正如他们所称，金融市场情况究竟是在变得更糟还是正在慢慢恢复，仍需要观察；即使是变得更糟，是不是由于经济运行的惯性所引起的，仍需再作论证。

无论是欧洲央行还是美联储，其考虑问题更侧重于宏观层面，这与金融市场的反应有所差别。金融市场总是试图对每一个刺激性的信息立刻作出反应，而在央行们看来，这种反应有可能是“过度”的，一旦刺激过后，或者重新出现利好刺激，市场将重返恢复的轨道。

可以想象，危机之后的欧美金融市场将有深刻反省。开放的金融市场令各国股市间的联动效应日益加强，而这种效应，在恐慌性的心理传染下，极有可能令各国股市仍将面临巨幅动荡。

针对金融市场的恢复，特里谢认为，风险重估的过程对于欧洲央行来说意味着新的挑战，欧洲央行必须提高风险管理的能力，增加市场透明度，加强对信用评级机构以及流动性风险框架的管理，尤其要重视那些复杂的结构性产品。

金融衍生产品在把次级抵押房贷的风险分散开来的同时，实际上亦把高度相关的风险延伸到全球的每个角落，一旦风险暴露，将产生前所未有的全球性共振。恐慌、抛售、流动性匮乏，这些问题在不断螺旋式自我恶化。衍生产品找不到交易对手，价格一落千丈，金融机构——尤其是对冲基金——理论上的风险控制机制骤然失灵。到底有哪些人，都持有多少次贷支持的证券化资产，直到现在，美联储和欧洲央行亦无从知晓。

这或许是特里谢强调透明度的原因所在：有了透明度，投资者心中有数，市场信心便不致丧失。然而，知易行难。在全球经济、金融一体化程度日益加深、交易主体和产品日益丰富与复杂的情况下，增强市场透明度，将是一个长期的艰巨挑战。

## 人民币与欧元

记者：目前美国经济正在放缓，有观察家认为来自中国和其他新兴经济体的需求会在一定程度上抵消美国需求的降低，你同意吗？

特里谢：所有国际金融机构，包括欧洲央行在内，都认为假使美国经济放缓，会在很大程度上被新兴经济体的需要增长抵消，特别是来自以中国为首的亚洲经济体的需要。这已经是他们的一个工作假设。

记者：中国对欧盟的贸易顺差在2007年不断扩大，几乎快达到中美贸易顺差水平。你如何评价中欧的贸易状况？将来的趋势会如何？

特里谢：来自中国的低价消费品快速增长并不可怕，因为这对于欧洲消费者和欧洲经济发展而言是重大利好。低价产品的进入提高了消费者的购买力，正如我之前解释过的，更广义上来说，经济会从更低的潜在通胀压力受益。

仔细考察一下欧盟与中国的贸易产品结构，就能明了这两个经济体的相对优势。事实上，欧盟对中国的贸易逆差主要来自欧盟的进口产品，包括：信息技术产品（占欧盟从中国进口产品的33%）和服装纺织品（13.2%）。中国是欧盟地区这两种产品的源头。

同时，中国也是整个世界这两大类产品的出口国。这反映了全球合作的趋势，那就是将产品生产转移到劳动力价格更低廉的中国去。即使在所谓的高科技产品类，中国在很大程度上，还只是局限于出口组装的电子元件这种劳动密集型产业。

有趣的是，在电力和非机电设备以及交通设施贸易上，欧盟对中国则是顺差。在这几类产品上，中国是欧盟这类产品的第二大出口目的地，占到整个欧盟对华出口产品的43%。这也说明了欧洲在生产资本密集型产品上的优势。

已经占据欧盟大部分市场份额的中国制造产品对一些欧洲制造商和工人构成的挑战，我们当然不能忽视。不过，不少企业已经开始依靠欧洲独特的比较优势，例如创新、技术经验丰富的劳动力、技术、优质名牌产品。

记者：中国对欧盟的贸易顺差与人民币与欧元汇率走势有何关联？你如何看待人民币汇率的争议？

特里谢：我们欢迎来自中国的竞争，但这必须是一场公平的符合世贸组织规定的竞争。最基本的一条，就是不允许有不公平的竞争存在，例如，出口商直接或者间接接受补助，或者出口商采取倾销策略。

被低估的汇率对其他国家的制造商来说也是负面的。事实上，在2003

年开始大幅增长的欧盟对中国的贸易逆差，始终伴随着人民币对欧元的贬值。尽管中国在2005年7月改革其汇率制度对美元升值，人民币对欧元却是一直在贬值。自2005年以来，人民币对美元和日元已经升值了5%～11%，但是对欧元而言，却贬值了8%。同一时间，中国对欧元地区的贸易顺差也增长了20%。

【记者述评】

美国经济疲软，日本经济积重难返，亚洲新兴市场经济尤其是中国经济对于全球经济的重要性之大前所未有。欧洲经济的主要拉力之一——出口，亦有赖于以中国为首的新兴市场经济以及产油国强劲的进口需求。

随着中国逐渐融入全球经济，也随着中国经济对全球经济的影响日益重要，中国与他国之间的合作、竞争甚至摩擦，也自然而然地增加。由于中国成为拉动欧洲出口的主力之一，人民币汇率问题，便也成为中国和欧洲之间经贸关系的焦点。

毋庸讳言，对于那些有着巨额经常性贸易盈余的新兴国家来说，特里谢的观点是，这些国家的货币应该升值。实际上，中国首当其冲。

对于美元，中国的名义汇率的升值速度相对较快，但对欧元在今年以来却还是贬值的。所以有经济学家推测，中国的出口构成中，对美国的出口及增速会有所下降，而对欧元区的会有所上升。从这个意义上来说，中国的出口在一定程度上可以比过去更好地抵御由于美国经济下降所带来的负面影响。但另一方面，人民币升值的压力将有增无减。

在10月下旬的G8峰会上，法、美等国加紧敦促人民币加快升值。其实，在近年来的历次峰会上，各与会国关注的重点无外乎两点，一是敦促美元不要过于弱势，另一就是敦促人民币升值。

9月，人民币实际有效汇率指数再次创下汇改以来新高，来自名义汇率和通胀两方面的压力的推动作用非常明显。与中国相比，中国的贸易伙伴的通胀水平仍较低。美国银行大中华区经济研究与策略主管汪涛认为，由于中国的通胀将会比较快地稳定下来并有所下降，所以实际有效汇率不会再以如此惊人的速度上涨。

实际上，由于中国的劳动生产率和经济水平发展比较快，如果不在名义汇率的调整上反映，就会从实际汇率上反映出来，也就是国内价格上升；而如果中国的名义汇率调整，则反过来会对通胀有一定抑制作用。

国内对于人民币升值的速度也形成两派截然不同的意见，有的观点认为，人民币升值不能太快，太快则冲击过大，可能对经济产生很大负面影响。但也有观点认为，加大人民币升值幅度，是解决困扰管理层已久的各种问题的最佳方式。从货币当局近期言论看，中国汇率政策仍将继续从国内局势着眼。这也就意味着，某些来自外部因素的压力对于人民币走势并不会有太多的影响。货币当局对汇率仍秉承谨慎安全的态度，小步升值的基调并没有改变。

如特里谢所言，虽然中国出口的贸易方向开始转向欧洲，但是贸易增长模式仍难逃脱“劳动密集型”的实质，产品附加值仍相对较低。随着美国经济放缓及美元汇率进一步走低，中国的贸易出口国别权重可能随之发生变化，但主动进行调整或许对自己更有利。

花旗银行首席经济学家黄益平表示，面对外部风险的最佳对策，在于进一步增强国内经济与政策的灵活性。中国对净出口的依赖度必须降低，汇率灵活性必须增加。其实，即使没有外部风险，这两方面对于中国经济持续高速增长都是必要的。

（注：本文记者述评均由张环宇、叶伟强撰写）

# 保尔森答案

## ——专访前美国财政部长保尔森

采访人：胡舒立、王烁、李昕

发表时间：2010-4-12

以前不可想象的事情，做起来并不困难，因为没有选择，“不然后果太惨重”，前美国财长保尔森在专访中说。中国能从中学到什么？

在5日下午飞抵北京一小时后，当天，亨利·保尔森（Henry Paulson）在他下榻的东方君悦酒店，接受了我们的专访。

这是保尔森2008年12月以来第一次访华，对他来说间隔已经很长。他来华次数截至2006年就超过了70次，直接叫他Hank（Henry昵称）的中国人数不清有多少。

尽管有出席博鳌年会这个很好的理由，人们猜测他此番较年会召开提前四天来京还有其他使命。4月12日，中国国家主席胡锦涛将出席在美国首都华盛顿举行的全球核安全峰会。美方想在此前就人民币汇率升值达成谅解的期待昭然。保尔森在北京数日间面见多位中国领导人。4月7日夜，保尔森在财长任上处理金融危机的重要搭档、现任美国财长盖特纳突访北京。把这些联系起来，不需要太多想象力。

但保尔森引人关注，还是因为他，加上美联储主席伯南克，代表了美国应付这场金融危机的艰苦努力。谈到保尔森，人们会想起他在白宫向众议院女议长、民主党人佩罗西单膝下跪的镜头。在一场无果的两党争论之后，在至关重要的银行不良资产救助法案（TARP）议会表决之前，那一跪浓缩了保尔森在危机中的全部努力——实用至上。他先后支持修改市价计值（mark to market）

会计准则，支持禁止卖空，甚至亲手注资投资银行。以前对他而言不可想象的事情，他说做起来并不困难，因为没有选择，“不然后果太惨重”。

我们问保尔森，他从这场危机中学到了什么？我们不仅想知道，这位出身华尔街的财长，在危机中，如何平衡自由市场原则、实用主义选择和道德风险，以拯救美式资本主义；我们也想知道，危机暂息后，他有没有为受创深重的美式资本主义找到一套有新意的表述。我们的问题与愿望，都攸关中国从这场危机中所学到的经验与教训。

4 月 5 日，在北京东方君悦酒店 17 层会议室，保尔森回答了我们的问题。他的答案不一定完全令人满意，但值得倾听。

## 在危机的顶点

记者：我们都读过了你的新书《On The Brink》，今天这本书的中文版也出版了（注：中文书名《峭壁边缘：拯救世界金融之路》，中信出版社，2010 年 4 月）。我们上次采访你是在三年前，很显然那以后你大多数时候都在应付挑战。能讲讲你学到了什么吗？

保尔森：那是一个非常艰难和有挑战性的时期，因为要处理的问题前所未有。当经历这些后，回顾过去我很高兴参与其中，因为我的金融市场经验、性格以及管理经验都使我能够帮助改善局面。

但是，我很高兴不再经历这一切。我知道当时在峭壁边缘，如果再有一个金融机构垮台，金融系统将会崩溃。

记者：早知如此，你还会不会来当这个财长？

保尔森：好多人问我这个问题。在最艰难的时候，布什总统几次对我说：“汉克，你应该欢迎这一切。”他的意思是，还好危机来临而你我彼此信任。如果不是这样，如果危机发生在总统上任之初，一切都要重新学习的时候，就大事不妙了。

记者：你说自己信奉市场，但在这场危机中，你也曾不得不做一些自己以前不愿做的事，比如赞同禁止做空，比如救援金融机构。

保尔森：我从来不相信无监管、不受约束的市场。我总是相信市场需要好的监管。比如，2001 年安然丑闻后，我呼吁通过萨班斯—奥克斯利法案，以遏制公司欺诈行为。

我确实非常难以接受救助濒于倒闭的金融机构，我相信那些冒风险者必须为损失承担责任。尽管如此，这个决定不难作出，因为没有选择，什么都比一场经济灾难好得多。

记者：如果有机会重来，你会让雷曼兄弟公司破产吗？

保尔森：嗯，舒立，别忘了伯南克、盖特纳和我都多次说过，我们当时无权救助雷曼兄弟。有人不相信。他们相信美国一定有权力这么干，尽管他们不知道这种权力是什么。

在 2008 年 10 月我们从国会获得过不良资产救助计划（TARP）授权之前，美国监管体制非常过时，权力有限，尤其缺乏紧急授权，在破产程序之外，来清算一个非银行类的金融机构，如雷曼兄弟。美联储和财政部也无权直接注入资金或者担保其债务。

雷曼兄弟跟贝尔斯登和 AIG 不同。就像我在书中所说，2008 年 3 月，当濒于倒闭时，贝尔斯登既有流动性危机，又有资不抵债问题。但当时有一个强有力的买家摩根大通银行，它既有能力解决资本金问题，又能为贝尔斯登的交易提供担保。2008 年 9 月，AIG 也面临流动性危机，但他们旗下有保险公司，其信用评级独立于母公司的信用评级，美联储可以为其提供贷款。

我们努力为雷曼兄弟找买家，但是找不到。为了让你的读者理解，简单来说，在法律许可的范围内，我们没有足够的权力解决问题。我在这本书里细述了所犯的不少错误、希望可以避免的错误。但是，最大的问题是我们没有一个正确的监管系统，也没有足够的授权来处理这些问题。

你得真正了解这场危机。雷曼兄弟是病症，不是病因。在那个周末，我们在设法挽救雷曼兄弟，同时 AIG 和美林也在坍塌。这些都是长期积蓄危机的爆发。我们想避免雷曼兄弟的倒闭，作出了非常艰苦的努力，最后却失去了唯一的购买者英国银行巴克莱，因为英国监管当局否决了这桩交易。

假设美国银行买下的是雷曼兄弟，那么美林就不会有买家了，而 Wachovia 和华盛顿互助银行也在苦苦挣扎之中。事后看来，如果雷曼兄弟被救了，危机不在那一天发生；如果我们没去国会要求 TARP 授权，此后很可能是更大的灾难。这是大选年，国会快要休会，议员快要回家。所以有人这么说——他们可能是对的——如果雷曼兄弟没有倒闭，我们没法获得国会特批的权力，当时有那么多金融机构在崩溃的边缘，下一个金融机构死掉只是时间问题。

【记者述评】

金融危机是一个不断演进的进程，而危机处理也同样。在2008年9月雷曼兄弟公司破产之前，保尔森在新著里说："我们只能凑合着往前赶，头痛医头脚痛医脚。"

雷曼兄弟破产是这场危机的顶点，也是转折。它既震撼了全球金融体系，也使所有利害相关者认识到，必须要有一套完整的能够重振市场信心的方案，一机构一策的方案再也行不通了。

不熟悉美国政治运作规则的人很难理解：为什么不救雷曼兄弟呢？因为用纳税人的钱去援救一家投资银行，不在财政部和美联储的授权范围内。2008年3月，政府支持摩根大通收购即将崩溃的贝尔斯登，为其担保部分潜在损失，已经引发轩然大波。在英国金融监管当局否决巴克莱银行于最后一刻收购雷曼兄弟之后，保尔森没有可能在没有私营机构参与的情况下单方救援雷曼兄弟。这在美国的政治游戏中不可接受。

不可接受的事情，仅仅在一个月内就变成可以接受。在布什全力支持下，保尔森和伯南克在国会休会前的最后一刻获得了7000亿美元的TARP救援方案授权。尽管这一方案此后仍多变化，从收购不良资产转为直接向金融机构注资，但市场逐步趋于平静。

这一切之所以可能，是因为雷曼兄弟破产了。

## 留给我们的教训

记者：监管机构需要获得什么授权？

保尔森：我在雷曼兄弟倒闭前两个月就建议过——在2008年6月和7月，但奥巴马政府今天还在与国会合作希望获得这些授权。美国政府需要从国会获得危机处理授权，以便在需要时能干预濒临倒闭的金融机构，不论其是否是银行，而且可以在法庭破产程序之外清算这些机构，以避免危及金融体系和整个经济。

记者：此次危机整体上可以看做“大而不倒”（too big to fail）的考验。国际特别是美国金融体系应该怎么面对这个问题？

保尔森：我的答案是：这些非常大和复杂的金融机构构成潜在危险，需要做几件事。首先是更严格的流动性和资本金监管要求，但最重要的办法是我刚才说的，政府有权力在法庭破产程序之外来清算任何公司，不管其大小或类型。纳税人不必像现在这样一次又一次地救助他们。

这很复杂，监管者必须非常有经验。监管者必须事先同这些大金融机构制定一个路线图，就像人们死前要有遗嘱一样。金融机构应该就他们如何被清算立遗嘱。监管不可能完美，总有公司会倒闭，必须要有办法清算他们，避免“大而不倒”的情况再度出现。

记者：金融危机很快从一国扩散到全球，这需要国际金融体系做什么调整？

保尔森：不会有全球监管，但需要全球协调。有一整套的事情要做，首先是更严格的资本金和流动性要求。标准化的信用违约互换产品（CDS）应在交易所交易，以增加透明度。非标准的CDS必须向其清算机构说明，并要缴纳更多的抵押。因此我们需要改革评级机构，改革资产证券化的过程。

必须强调，不仅是在美国，而且是在世界范围内，监管机构需要权力在破产程序之外清算濒于倒闭的机构。

另外，很多问题是政府政策造成的。美国很久以来一直提倡拥有房屋。拥有房屋是很好的事情，但是刺激走得太远了，以至于造成房价泡沫。我们需要重新考虑美国刺激房地产市场的政策。美国是全球不平衡的一极。美国人储蓄太少，消费太多。其他国家则需要消费更多。

长期以来造成的不平衡需要很长时间来改变。但在美国，我们过去没有足够的工具，没有一个有效的监管机制。金融市场总是走在监管系统前面，金融市场的创新导致复杂和不透明。规则和法律需要赶上市场的发展。

这就是为什么在担任财政部长时，甚至在雷曼兄弟的问题出现前，我们建议成立一个全面的监管制度。现在多个监管机构同时插手，各自关注局部问题，而不是全局。

【记者述评】

雷曼兄弟破产冲击全球，因为它以数百亿美元的资本金，30余倍的杠杆率，形成了近万亿美元的交易部位，而在进入破产程序后，全数冻结。全球金融市场所有主要玩家几乎都受影响，由此激发连锁反应，所有人都担心其交易对手会是下一个雷曼兄弟，于是不再与任何人做交易。全球金融体系的齿轮里突然塞进一根铁杠，系统接近停摆。

什么叫“大而不倒”（too big to fail）？过去这个词属于银行，因为只有银行才有足够大的资产规模。现在这个词属于所有将杠杆用足的金融机构，不管它是不是银行。它可以是一家投资银行如雷曼兄弟，也可以是一家对冲基金，十年前的对冲基金长期资本，就是先例。

保尔森的建议，是再大的机构也可以倒，只要政府有权处置危机金融机构，将其置于法庭破产程序之外清算。所谓置于法庭破产程序之外，指政府被授权可以以各种手段担保被清算机构的交易部位有序平仓，不至于整个金融体系停摆。这至少需要两大改革：第一，金融机构破产不一定非得走普通企业法庭破产程序；第二，政府获授权可用纳税人的钱，来保证其主持下的特别清算过程平稳有序，但这些钱是可能发生损失的。没有国会立法，这都办不到。

## 通胀即将来临

记者：你认为美国经济前景如何？

保尔森：我相信美国经济正在复苏。失业率仍很高，但金融市场和金融系统目前稳定，经济在恢复增长，房地产市场多半已经触底，只是需要时间恢复。我认为美国的表现远远超越欧洲。

华尔街改变很大，但欧洲金融机构改革的步伐更加缓慢，因为需要资本金和流动性监管条件要提高。美国国会还没有通过改革法案，但是现在谈论的很多观点都是正确的，我相信其中很多最终会成为法律。我并没有掌握什么消息，但是我相信关于信贷违约掉期、衍生品、评级机构的法案会通过。美国的金融监管会更加严格，会对资本金和流动性有更高的要求，最终监管权力覆盖范围会扩大到如我们所愿。欧洲对此有抵制，他们银行的资本金还不及美国同行多。

记者：美国经济在复苏中，那么危机以来采取的各种援助和刺激政策如何退出？

保尔森：这个问题非常重要。我所启动的那些救援项目，退出正在迅速进行。比如说向银行注入资本金的计划，银行正在募集资本还政府钱。美联储和财政部联手的TARF计划也是。有一些干预政策的退出尚未开始，比如对房利美和房地美的援助退出仍为时过早，联储还没有开始卖出其所持有的房地美和房利美的证券。我不想评论联储何时改变政策。美国很幸运有伯南克在处理这些问题。他从一开始就置身其中，他又懂市场又懂经济，他会找到解决之法。

记者：通胀形势会不会变得严峻？

保尔森：在未来几年间，美国经济遭遇通胀的概率很小。为了稳定金融系统而投入市场的资金，全部或者绝大部分，会在五年内收回。短期财政赤字显得高得惊人，因为我们正处于严重衰退中，也因为其中一部分并非政府开支，而是政府对金融机构的股本投资，这部分迟早会回来的。通胀不是未来几年内需要面对的大问题。

真正严重的挑战是长期财政赤字。这在很大程度上植根于美国目前的社会福利政策——社会保障、医疗保险、公共医疗补助制度等。我在美国也说，这是代际之间的问题。每个父母都愿意牺牲自己为孩子争取更好的生活，所以我不怀疑能够解决这些问题，但等得越久，回旋余地就越小，也就会为下一代留下更多负担。

记者：许多中国人担心美国印钞，将自己的问题全球化来解决问题。

保尔森：美国政府和美联储采取了必要措施，避免整个系统崩溃，让经济回到正轨。退出策略的确重要，伯南克是担当此任的不二人选，所以我并不十分担心退出。我更担心的是社会福利支出过高导致过高财政赤字，但这不是近期要务。我们还有时间处理这个问题。

记者：美国保持准零利率这么长时间，其他国家特别是中国应该采取什么样的政策措施？

保尔森：与中国一样，美国采取了刺激计划和应对金融危机的货币政策。中国需要美国能继续顺利走出危机，美国的复苏对于中国经济而言极为重要。对于美国来说，长期挑战是储蓄太少，消费太多。如果美国民众能少消费一点，多储蓄一点，那将是件非常好的事情，但目前我们这个国家仍然还没实践这一点。

【记者述评】

认为美国会通过印钞让全球来解决自己的问题，这种观点在中国观察者中相当普遍。保尔森没有直接回答这个问题。他把答案分作三截：短期，美国没有通胀问题；中期，此次放出去的货币将在五年内回收所以没造成额外的通胀压力；长期财政赤字问题很大，但这跟眼下有什么关系？

这些回答很有道理，但能化解中国观察者的担忧吗？

## 中国经济要向前走

记者：大规模的政府投入，加巨额银行贷款，中国经济目前的复苏健康吗？

保尔森：从 2008 年 12 月后我还是第一次来中国。但是我看得到，美国和其他国家都为中国所采取的行动感到庆幸。在此次全球衰退中，中国成为了世界经济的重要引擎。

包括刺激政策和巨额银行贷款在内的行动，不可能没有副作用。没有事情是完美的。有一些负面影响，比如沿海城市的房地产泡沫，还有银行贷款过剩，政策性贷款和商业性贷款区分不明，但我认为中国政府做了正确的事情，而我们都因此获益。

记者：有观察者认为中国可能重蹈日本 20 年前的覆辙。你有这个担心吗？

保尔森：中国和日本的情况很不相同。日本的错误为中国提供了可借鉴之处。中国正在制定自己的改革路径，正在经历向市场型经济转型，并且取得了卓越的成就。我认为最大的风险是不继续前进或者过于缓慢地推进这场使中国受益非凡的改革。

记者：普遍的看法是此次危机后，与其他国家相比，中国变得更强大了。你同意吗？

保尔森：中国经济在危机之中表现非常好。决策者行动迅速，采取了正确的措施。

我倾向于从中长期的角度看问题。无论是中国还是世界各国的人，都应当从这场危机中吸取恰当的教训。我们的教训不是金融改革和市场失效了。事实上，正是金融改革和市场化让千百万中国人和世界其他地方的人脱离贫困。

对于美国来说，教训是经济模式需要改变。我很高兴看到中国经济在危机中表现如此强劲，在未来的数年中仍然是世界经济的亮点。但是，相信我，没有哪国的经济发展会一帆风顺。

【记者述评】

保尔森特别能理解中国政府在2008年年底采取的以“4万亿”为标志的一揽子经济振兴措施。他在解决自己的危机的时候，已经完成了自我教育。禁止做空？他支持。救援金融机构，非做不可，因为不这样做的后果比这还要坏得多。副作用有，但可控。

但与许多人不同，保尔森没有混同事急从权与长期机制。他强调中国不要从这场危机中汲取错误的教训，不要放弃也不要放慢朝向市场机制的转型。他提醒，不管一国经济增长多么强劲，持续时间多么长，总有一天会有波折。

## 中美如何合作

记者：你在书中多次提到，与中国经济决策者们在危机期间保持着密切的联系。他们给你什么好建议了吗？来自中方的合作对于你处理危机有多重要？

保尔森：我担任美国财长之后，就启动了中美战略经济对话。这增进了理解和互信。我与中国同行经常对话。中美两国有相似的利益。世界金融系统稳定对于美国非常重要，对中国也是如此。中国在此一直具有相当的建设性。

我认识中国副总理王岐山很长时间，这当然很有助益。中美在各个层面相互交流。比如说，当需要召开全球领袖峰会的时候，布什总统要决定是叫 G7 还是 G20。他的决定是 G20，这也是我的推荐。在作决定前，我们咨询的第一个国家领导人就是中国国家主席胡锦涛。他表示赞同。我们因此知道中国愿意扮演重要的领袖角色，也知道开 G20 而不是 G7 是正确的。

记者：你说，没有危机什么也过不了国会山。你的中国同行没有这个问题，“4 万亿”说上就上。你会不会羡慕他们？

保尔森：首先，我十分感激，两次得到国会支持，采取行动阻止金融系统的崩溃。许多人认为这是不可能的。第一次是给予财政部处理“两房”（房利美和房地美）的无上限的授权。第二是通过 TARP 授权 7000 亿美元救援方案。美国的民主共和体制有很多优点，是一个伟大的体制，当然也有时让人感到折磨，特别是要做出艰难的复杂的改革，在危机出现之前，国会很难通过。

记者：中美之间未来经济合作的主要领域是什么？

保尔森：中美两国在有些领域有共同利益，有的则有竞争。应该很坦诚地面对这些不同领域，寻找解决之道。中国和美国是世界上最大的发达国家和最大的发展中国家。全球发展、国际贸易和投资的发展对双方都有利；孤立和保护主义对双方都有伤害。我们都是主要的石油进口国、能源消耗大国。因此发展和应用清洁能源技术，以取代石油，是两国共同的利益所在。气候和环境也是如此。在许多议题上不存在国家界限。

【记者述评】

在 2006 年担任美国财长之前，保尔森 70 余次造访中国。他与中国经济决策者们关系熟稔，与他们中的不少人保持着友谊。他在书中提到最多的其他国家是中国，中国副总理王岐山、央行行长周小川也都多次出现。在他犹豫不决时，后者还曾亲自劝说他要出任这一职务。

正因如此，当保尔森担任财长后即启动中美战略经济对话（SED）机制时，人人都认为，他找到了将长期积累的中国资本用来推进中美沟通与互信的最佳机会。

数年之后回顾，与创设时人们的期待相比，中美战略经济对话留下了遗憾，成果乏善可陈，突破几乎没有。在经历了 2001 年加入 WTO 五年过渡期后，中国进一步对外开放的动力有所失速，在三年中美战略经济对话中表现昭然。

在中美战略经济对话失色之时，G20峰会成为国际政治顶级舞台上最耀眼的新机制。正如中国一位中央银行家告诉我们的那样，以前只有G7首脑会议、G20财长和央行行长会议，没有过G20首脑峰会。G20首脑峰会，由美国总统布什发起，以寻求对全球金融危机的全球解决之道。从保尔森的回答中，我们得知：它起于保尔森的建议，决定于中国国家主席胡锦涛的支持。

## 人民币汇改

记者：你任财长时，从未将中国定性为汇率操纵者。你的逻辑是什么？奥巴马政府会不会更有可能将中国定性为汇率操纵者？

保尔森：不论是公开的还是私下场合，我都说人民币汇率采取灵活机制是非常重要的，符合中国和世界经济的利益的。能够灵活反映济状况的人民币汇率可以促进和谐的经济增长，更有效地控制通胀，控制房地产泡沫，也可以使社会更广泛地享受到经济繁荣的益处。

中国是一个主权国家，所以我们希望中国决策者认识到这对中国自己有益。这也是中国是否继续改革进程的一个标志。我们不为中国贴上货币操纵者的标签，我们只是敦促继续改革。

记者：中国这次会不会被定性为汇率操纵者？

保尔森：我不作猜测，我已经不是财政部长了。

【记者述评】

人民币再次启动汇改，公认只是个时间问题。纷纭说法，区别只在是本月，本季度，还是下半年。两大事件值得关注：第一，中国国家主席胡锦涛将参加4月12日在美国首都华盛顿举行的核安全峰会。第二，现任美国财长盖特纳宣布推迟向国会提交对其主要贸易伙伴汇率的评估报告。中国是否操纵人民币汇率，是人们对这份报告最关心的内容。公开原因是希望此举给中国政策调整更大的空间。这两者表明，4月12日之前所剩无几的时间，有可能构成中国再启汇改的第一个时间窗口。

不过，推迟发布报告之举，也有隐含的威胁之意，它使人更倾向于猜测报告的结果是负面的。美国财政部每半年向国会提交该报告，被认定操纵其汇率的国家，可能受到贸易制裁。中国从未被认定为汇率操纵者。

4月7日晚间，刚刚结束访问印度的美国财长盖特纳，“出乎意料”地出现在北京，并在4月8日同国务院副总理王岐山会谈。除了会同王岐山商谈汇率问题，即将在5月下旬在北京举行的第二轮中美战略与经济对话，也应是两人会谈的话题。王岐山和盖特纳分别领导两国对话的经济部分。

## 金融开放

记者：三年前采访你时是在财政部，你说中国应进一步对外开放金融业。你说中国应在既得利益长得太大无法控制之前开放。但很明显，此次危机之后，中国决策者不太愿意往前走。你还准备如何说服他们吗？

保尔森：开放金融市场，也是在中国法规之下的。中国将以管理本国金融机构同样的方式来管理合资或外资机构。他们都是在中国市场运行的。市场化的汇率机制对中国和其他国家都有利。长期来看，一个如此巨大的经济体，其产品，服务和贸易都深入融合到世界经济之中，没有开放的金融市场和市场化汇率机制是很难的。

我的逻辑是，更有效率的资本分配有助于创造新的产业、就业和增长。更多的金融产品和投资机会也有利于中国人分流储蓄，创造财富。更多的产品和投资机会、储蓄机制和利率并不能使他们放进银行的钱带给他们足够的收益。因此，我主张中国逐步放开金融市场。

中国在金融市场改革以及银行和其他金融机构私有化方面所做出的成就，是非常显著的。无论什么时候说这些，中国的决策者在长期改革方向上都没有变化，区别无非是节奏。

当然，也正像你说的，危机发生的时候，中国副总理王岐山跟我说：“Hank，我们的‘老师’有麻烦了。”

记者：中国没老师了。

保尔森：（笑）对我这样在市场中度过一生的人来说，这话让人清醒。（王岐山）总是很坦诚。

【记者述评】

许多致力于改革的人士认为，此次金融危机，中国在经济上受创有限，但改革开放之路受挫，影响更为深远。中国经济增长的动力，内部以经济自由化为主，外部以对外开放融入国际体系为主。在金融危机之后，两者都有所失速。国家干预主义不仅大占上风，还隐有固化可能。对外开放特别是金融对外开放的声音在金融动荡之下失声。中国30年来固然走所谓自己的道路，但自己的道路是不变量，变量基本来自“以美为师”。

在这个意义上说，“我们的‘老师’有麻烦了”，有麻烦的还有学生。危机之前和危机之后采访保尔森，保尔森敦促中国保持改革开放进程的理据和逻辑始终如一。这是好事，因为一以贯之；这又不是好事，因为推进中国改革开放的思想指导，老调重弹不够，要有新鲜内容。它在哪里？

## 怎样作自我评价？

记者：你担任过高盛CEO，你经历了一场金融危机，你还写了一本畅销书，接下来你会干什么？

保尔森：我打算把大部分时间放在自然保护、环境和能源方面。多年来我一直对此很感兴趣，现在能重新投入。比如在中国，我建立了一个环保方面的对话，参与云南自然保护项目，设立了自然保护委员会的亚太区理事会。我很关心环境和能源效率问题。我计划在这方面投入更多精力，也期待能对中国有所贡献。

记者：你会把投资银行的经验用于你说的这些事情上去吗？你还有可能回投资银行业吗？

保尔森：我想用我的能力，我对市场的理解，做一些能帮助别人的事情，做一些应对环境挑战的事情。如果这些事跟金融市场有关，那是自然。但我不会回到这个行业。另外说一句，我觉得清洁能源技术的发展和应用十分重要。

记者：你跟高盛还有关系吗？

保尔森：我在高盛工作了32年，回忆很美好。但是去华盛顿任财长时，我已经终结所有联系，卖掉所有股票。现在和高盛没有丝毫关系了。我希望所有的金融机构都好，但并不和其中任何一家有关联。

记者：从1到10，1最低，10最高，你给自己打多少分？

保尔森：历史留给历史学家来写。无论是投资银行家还是财政部长，我都尽到全力。在财政部，我权力不够，手段不足，又面临前所未有的挑战，但我们作出的主要决策都是正确的。

系统性崩溃的后果是不堪设想的。我在书里也写道，当雷曼兄弟倒下、AIG摇摇欲坠的那段时间，连最好的蓝筹公司都不能短期融资。继续下去，无论大小公司，不能融资，无法购买库存，不能支付供应商，不能发员工薪水。失业率完全可能一下飙升到25%，回到大萧条时代，上百万人找不到工作。我们避免了这场灾难的发生。

你知道在美国，“救市”是非常让人反感的词。调查显示93%的美国人反对救市。所以我们向民众说明，这些行动不是为了救华尔街，是为了救普通美国人。我和伯南克去国会作证，要求国会给我们权力时，整个金融系统已经冻结，经济在几个月之后会急速下行。国会是给了我们权力，但我们很难因为避免了没有出现的灾难而获得表扬。所以我说，让历史来裁判吧。

【记者述评】

“你很难因为作出困难的决定避免了一场灾难而受奖，因为受益者没看到灾难的后果”，这句话的镜像更适合中国：不能因为作出容易作的决定，避免了一场危机，就觉得政府干预模式不可战胜。保尔森说得好，让历史来裁判吧！

（注：韩薇、孙慧霞、龚橙对此文亦有贡献）

# 面对危机必须做出快速有效的反应

## ——专访美国财政部长盖特纳

采访人：胡舒立、叶伟强、黄山、汪旭、李增新

发表时间：2010-5-31

“有中国人担心美国对中国的成功不舒服，也有美国人担心中国得益以美国受损为代价。但这不是我们的看法。”

如果不是因为半年多前在伊斯坦布尔曾经谋面，很难把推门而来的盖特纳与位高权重的美国财政部长立即联系起来。

年轻、瘦削、随意，步履匆匆，盖特纳在人群中可能被忽略。不过，蒂莫西·盖特纳（Timothy F. Geithner）已经担任美国第75届财政部长18个月。在视经济恢复为第一要务的奥巴马政府，盖特纳无疑是总统第一助手。

5月25日晚，第二次中美战略与经济对话（S&ED）在北京落幕之后，我们在北京东方君悦酒店的一间贵宾厅，对盖特纳做了专访。

时间并不宽裕，想问的话题很多，我们略去了开场白直接提问，接二连三，盖特纳则迅即作答，语速很快，谈中美关系、谈欧元危机、谈美国监管，谈“中国模式”、谈希腊危机“美国阴谋论”。话毕，握手，他起身便走，同事叶伟强匆匆赶至门口，再补充了最后一道问题。

采访严肃，主题宏大，但开场有趣。他重述1981年在北大学中文的一段经历。有一天他在天坛公园附近游逛，有个中国人兴奋地走过来，问他来自哪个国家。

“我在北大看到宿舍楼附近有‘文革’时期的油漆口号，‘打倒美国’。所以犹豫了一会，最后还是告诉他我来自美国。结果他说，美国人跟中国人很

像，都很直接、开放、坦诚、乐观。”

在交谈中，引用“打倒美国”，盖特纳笑着讲中文，此前他看我们的名片，说“财新”，发音很准。

与其前任亨利·保尔森的始于事业中期的“中国缘”不同，盖特纳在学生时代就初识中国。其父彼得·盖特纳多年来一直是美国国际机构的驻外官员，曾在福特基金会任职28年，而且是该基金会第一任驻华代表。跟随家庭，小盖特纳少年在非洲，中学在亚洲读书，而且早在1983年从美国达特茅斯学院毕业之前，就已经两度来华学习中文。他在美国的本科与硕士研究生专业，也都是亚洲研究。

不过，早年经历并没有使盖特纳的事业进入美国式“中国通”轨道。他1985年毕业后，在基辛格事务所工作三年，即加入美国财政部，此后经历了墨西哥危机、阿根廷危机，以及后来始于泰国、印尼，波及面越来越大的亚洲金融危机。

以其能力和经验，盖特纳在财政部拾阶而上，从负责国际货币和财政政策的助理部长、主管国际事务的副部长高级助理，最终于1999年担任了主管国际事务的副部长。

在国际货币基金组织短暂工作之后，2003年11月，纽约联储主席出缺，他出任此职，成为这家机构有史以来唯一没有华尔街背景的当家人。盖特纳似乎总是与危机结缘，2007年始，又是在他的纽联储任上，美国金融危机爆发。

后来的事情便为人们熟知了：盖特纳与美联储主席伯南克、时任财长保尔森，成了美国金融危机期间最重要的三位经济决策人。去年1月26日，他接替保尔森，出任奥巴马政府财政部长。从此，美国政府出台的金融机构救助计划有了“盖特纳计划”之名。

美国《大西洋月刊》不久前刊登了一篇长篇特写，说在盖特纳职业生涯的每个关键时刻，尽管不是第一选择，最终他都会获得那个别人认为他太年轻所以不见得够格的重要职位，然后干到最好。

离开采访现场，盖特纳直奔机场飞往欧洲。那里有另一场危机，等待着这位49岁的美国财长。

## “中美两国都在改革政府与市场的关系。这一改革极为重要，影响深远”

记者：今早在中央党校演讲反响如何？你日程如此紧密，为什么还要抽空去人民大学附中跟中学生打篮球？

盖特纳：我去跟中学生打球，就是让大家注意到球馆的照明系统。人大附中体育馆的照明设备来自美国爱荷华州一家公司。这家公司生产节能灯具，中国业务增长迅速。不仅波音、通用电气、道康宁或者卡特彼勒等全球公司，地处美国腹地的小企业也能在与中国的交往中获益。

我去党校的原因更简单。我想让在座的中国高级官员问我关于美国经济和金融改革的问题。不知道你当时在不在，一开头我就谈美国在推动创新上的经验教训。我列出了一个包含十个经验教训的清单。当然，这是非正式的。在总结这些经验教训的时候，我们心中有中国当前所经历的挑战。这些经验教训对中国官员们应该挺重要。

在演讲最后，我告诉他们一个故事。还是我在中国学习时，路过天坛附近的一个市场，一个人兴奋地走近我，问我来自哪个国家。我当时犹豫了一会。你知道，当时是 1981 年，我在北京大学的宿舍里，还是可以看到油漆的“文革”口号——打倒美国。

最后，我还是告诉他我来自美国。他说，很高兴见到美国人，希望我知道，美国人跟中国人很像，都很直接、开放、坦诚、乐观。我们具有共同之处。这是一个很好的故事。

这个回答对你来说是不是太长了？

记者：这次中美战略与经济对话达到主要预期没有？双方存在什么分歧？如何寻找双赢？

盖特纳：你看，战略与经济对话启动才一年，可以说刚刚开始，但你听对话的基调，看讨论话题范围，从金融改革到医疗卫生，从技术政策到出口，真是令人印象深刻。我认为对话极其有效。

美国公司在中国有大量的成长机会。中国当然也从美国的经济复苏中受益。两国都来到全球舞台，都带着强烈意愿去参加 G20。中美在危机最糟的时候，对需要采取的战略有着清晰的共识，全世界都看到了这一点。中美联手应对危机是很令人欣慰的事。战略与经济对话很重要，我们会努力增强该机制，进而加强对共同利益和共同挑战的理解。

中美对一些事情存有分歧，这不可避免。但正如我昨天以及一直表示的，中美两国经济优势互补。我知道有些中国人担心美国对中国的成功感觉不舒服，也有美国人担心中国得益以美国受损为代价。但这不是我们的看法。我们的看法是：两国优势互补。

另外，中美两国都在改革政府与市场的关系。这一改革极为重要，影响深远。我不知道中国未来产生的模式会是什么，但它肯定正在改变。

记者：这场危机后，你对所谓中国模式和美国模式有没有新的思考？

盖特纳：很明显，美国金融机构冒了过多风险，犯下严重错误，现在正努力修补。政府迅速增强金融体系，并推动监管改革方案，后者已经非常接近于达成。奥巴马总统的金融改革方案，致力于遏制金融机构过度承担风险，在整个金融体系内降低杠杆率。

话说回来，在为创新提供资金支持上，美国金融体系令人难以置信地有用。我讲个经典的例子，其实是萨默斯先讲的：你是一个辍学大学生，在车库里搞出一个新发明。你没领带，也没西装，但就可以拿着这个发明出去融资，开始你的事业。这就是美国体制的优势，我们将保留这些优势。

中国模式当然会不一样。跟美国相比，中国处于截然不同的发展阶段，也会吸取美国的教训。但是，美国模式依然（富有韧性）。美国有 9000 家金融机构，除了大金融机构，还有各种各样的小型机构。这一市场结构很有韧性。美国还有非常活跃的资本市场，包括债券市场、股票市场以及资产证券化市场，以帮助企业募集资金。美国企业还有其他创新方式对冲风险，去募集资金。这些都是美国制度的优势。

看全球金融改革的基本轨迹，其他国家从美国的错误中学习，同时也会复制美国的强项。美国的强项总是很全面的信息披露、很高的会计标准、很有力的系统性制衡机制，以及对投资者的强有力保护。

如你所知，我们犯了错误，但美国的优势是能修补漏洞。

记者：你对中国经济增长有无担心？过去几十年间，新兴市场发生过好几场危机。有人相信，下一场震撼世界的新兴市场危机将发生在中国。

盖特纳：在金融改革与渐进自由化之间寻求平衡，中国领导层有非常高明的理解，他们已经在管理这些挑战上展示令人印象深刻的技能。

就像你在今天中美对话中看到的，美方的主要关注是，当中国继续推动本国创新和技术发展时，不要采取一种不利于或歧视美国公司的做法，不光是那些在中国有业务的美国公司，也包括那些向中国出口的美国公司。这对我们非常重要。不可能在一夜之间解决它，但我们取得了很大进展，中国作出了重要的政策调整，同意有关非歧视的一整套原则，同意让所有相关方共同努力，在未来几个月里取得进展。

这就是为何我在中央党校演讲时努力反思美国模式的优缺点。根本问题是：推动创新需要鼓励竞争，保护知识产权，需要金融体系提供激励，需要允许新的市场加入者，需要让利率和汇率、价格提供动力。

【记者述评】

在中央党校演讲，同中学生在配有美制照明系统的球馆打球，凸显盖特纳此次的"人文"目的——接触未来数年有望登上国际舞台的中国领导人，接触中国最有希望的一批年轻人。

盖特纳给中央党校学员介绍美国的成功经验教训，包括：保护创新和知识产权；对竞争持开放态度，而不论这种竞争来自国内还是国外；对市场新入者的开放，包括小公司；将储蓄引向生产效率最高的投资以及最有前途的创新；教育体系鼓励创造力和挑战意愿；政府大规模投入基础科研，社会对失败持宽容态度；通过市场、价格信号、利率、资本价格、汇率在内的一系列手段鼓励创新；制衡既得利益集团，防止其控制影响监管和激励机制的结构。

在专访盖特纳之前，中国美国商会会长孟克文（Christian Murck）告诉本刊记者，后者对在华美国企业关于中国经商环境的关注"清单"有如下描述：政府采购、技术转让要求、一定行业对外资的持续性限制等。美中贸易全国委员会会长傅强恩（John Frisbie）也对我们指出，采用非歧视性税收优惠和研发扶持计划，而非通过政府采购项目和优先采购方式来推动创新，才是国际社会普遍遵循的准则。

相信盖特纳在对党校学员提供美国经验的同时，间接传递了上述美方企业界的意见。从7000亿美元救市计划的推出，到成为转折点的对大银行的“压力测试”，这些行动或者盖特纳亲身介入，或者直接领导，使美国经济处境目前好过欧洲。对银行的“压力测试”更是其标志性的举动。在20世纪90年代时，作为美国财政部普通官员的盖特纳，就曾建议其日本同行对日本国内银行进行“压力测试”。

今年4月间，本刊专访过盖特纳的前任、布什政府的财长保尔森。保尔森提到，中国副总理王岐山在危机中曾对他说：“我们的‘老师’有麻烦了。”保尔森的回应是，“这话让人清醒”。显然，自奥巴马以降的“谦卑”，并没有在盖特纳同他中国同行的交往中丢失。一方面当然拜中国兴起之势，另一方面，也是盖特纳对亚洲和中国的了解使然。在中央党校讲座中，盖特纳特意提及他在20世纪80年代初在北京的两段暑期学习经历。

也许在盖特纳看来，说服而非要求，才是真正推动中国改革——不论这个改革是汇率形成机制还是关于“自主创新”——的关键方法所在。因此，才会有盖特纳关于人民币汇率改革“取决于中国的选择”的表态。

盖特纳在任何对中国的评论上都小心翼翼。他只说美国，避免对中国事务的“指手画脚”之嫌。

盖特纳领衔的经济部分对话取得了相当多的成果。就美方此前关注的中国“自主创新”规定可能对美国企业造成的歧视方面，中方承诺在世贸组织政府采购委员会7月会议前，提交政府采购协议修改方案，并对政府采购法关于“本国产品”的认定标准草案公开征求意见。

## “希腊主权债危机最终产生什么影响，要取决于欧洲决策者做什么”

记者：希腊主权债务危机会不会引发欧元危机？

盖特纳：这场危机最终产生什么影响，要取决于欧洲决策者做什么。他们已经给出了一系列有力的财政改革和金融救助措施。他们通过政策改革恢复财政可持续性，以促进经济增长；通过为一些国家提供金融支持，来稳定金融体系。市场现在希望看到这些措施得以实施。我认为欧洲会非常快地实施这些计划。

记者：有人认为美国银行对于欧元危机的升级，起到了推波助澜的作用。甚至有人提到这是美国的阴谋。你怎么看？

盖特纳：这种看法毫无依据，只是企图将注意力从根本问题上引开。当前美欧合作非常密切。美国正在进行金融监管改革立法，其间美欧有非常密切的磋商，譬如讨论如何将衍生品市场放到阳光下，让它更为公开透明。在这些问题上，美欧观点非常接近。当然，我们不会支持德国上周采取的那种单方面行动（指德国单方面禁止“裸卖空”欧元区国家国债、德国金融机构股票和CDS）。从历史来看，这些做法既没有效果，又会挫伤信心。

【记者述评】

“如果你有一支火箭筒，而人人都知道你有，你多半就不必使用它。”当2008年秋恳请国会批准对“两房”的救助时，美国前财长保尔森如是说。

这不适用于后来的美国金融危机，也不适用于当前的欧洲债务危机。5月10日，欧盟委员会宣布了总额高达7500亿欧元的金融稳定计划。至今，时间已经过去大半个月，但投资者对欧元区经济依然悲观，欧元指数也跌至近四年的低点。7500亿欧元的“火箭筒”，到底管不管用，谁也没底。

当盖特纳结束了中美战略与经济对话，于5月26日在伦敦会见英国新任财政大臣奥斯本时，他的忠告是：“金融危机的基本教训是，你必须要快速有力地反应。”

在盖特纳看来，欧盟的金融稳定计划已经具备了必需的“元素”，但“市场想看的是行动”。

7500亿欧元救助方案公布以来，欧洲央行仅仅着手让自己的分支机构购买希腊债券。而救助计划中总额高达4400亿欧元的“特殊目的载体”（SPV），到底会如何使用，谁也说不清。而使用救援计划时，申请所得的贷款会有什么条件、利率是多少，也没有下文。因此，对于救助计划是否能够阻止欧洲主权债务危机蔓延，投资者心存疑虑。

即便这一切都有了答案，本轮陷入主权债务危机的欧元区国家，是否能成功地紧缩财政开支，仍将是巨大的疑问。7500亿欧元的“火箭筒”，确实足以帮助希腊渡过一时的难关，但雅典街头的示威队伍表明，结构调整要难得多。

“阴谋论”不仅在中国有市场。5月8日，在讨论救助希腊的会议上，欧元集团主席、卢森堡首相容克将欧元的连续下跌，归咎于“全球有组织的攻击”。但是，根据国际清算银行的最新数据，全球外汇市场日交易额总计3.2万亿美元，欧元交易超过三分之一。欧元毕竟不是泰铢，如此大的市场，投机者真能操纵于股掌之间？

欧元问题的种子，在其诞生第一天就已播下。单一货币政策覆盖下的欧元区各国，拥有独立的财政权和税收权。此次主权债务危机的各主角，虽然竞争力大幅下降，但在统一货币体内，仍能享受到较低的汇率波动和低廉的融资成本，因而以借债度日。而欧盟区没能严守惩罚机制，给“搭顺风车”开绿灯，这才是欧元受主权债务危机拖累、不断下跌的主因。

## “要确保构建一个体系，在机构‘失败’（倒闭、破产）时有足够的抗压能力”

记者：你从这场金融危机中学到了什么？

盖特纳：最基本的教训是，如果任由金融体系中的风险积聚，（监管机构）又没能很早介入控制风险，金融体系又不具韧性，不能吸收冲击的话，损失可能是灾难性的。一个相关的教训是，当危机开始蔓延的时候，要迅速采取压倒性的金融补救措施，以控制恐慌。这是至关重要的。

这也是所有金融危机的经典教训：必须在金融市场的核心，控制杠杆率和风险规模，确保有更强的冲击缓冲层、更厚的资本规模、更保守的融资。但当错误已经铸成，世界面临巨大风暴，政府必须迅速、强有力地采取行动。

我认为，中国和美国对迅速采取行动有相似的看法。我想再强调，必须及早地采取一切必要手段来解决问题，只有这样才能更快、更低成本、更有效地解决问题。相反，如果采取试探性的、逐步升级的措施，就不可能达到这种效果。我觉得这是从所有金融危机的历史上得出的最基本经验，也是我们在上任时指导我们工作的信条。奥巴马总统就职以后，就立刻迅速果断地采取最强有力、最全面的措施来解决危机。

记者：你认为美国目前的金融改革能够有效地防止金融机构“大而不倒”吗？

盖特纳：在目前各国金融改革措施中，美国金融改革方案是控制风险、确保“失败”可控的最好政策框架体系。将来还会有危机。现在采取的措施，就是要确保构建一个体系，在机构“失败”（倒闭、破产）时有足够的抗压能力。

我们要在稳定、韧性与创新、竞争之间寻找平衡。过去是失衡的，这次危机才具有这么大破坏力，金融改革的基本策略是要构建一个更有韧性的系统，有更厚的冲击缓冲层。这样，在将来机构犯错时，或者全球经济又面临下行或衰退时，金融体系能够承受压力、吸收损失，政府也可以让企业倒闭，而不需要担心对全球实体经济构成冲击。

我认为这会成为全球金融监管协议的基础，这也与G20原则相符。

记者：金融危机之后，一些国家的保护主义抬头。各国政府应该如何保持开放、合作？

盖特纳：对比20世纪30年代，甚至70年代和80年代危机后的情况，这次危机后保护主义抬头的程度小得多。本次危机的一个重要特点，就是各国很早就表示要保持市场开放，反对保护主义。这非常重要，对于市场信心也很有帮助。

【记者述评】

“迅速、强有力的措施”在执行起来谈何容易，政府救助究竟要多么有力，才能构成真正的“压倒性”（overwhelming），挽救市场信心？历史能够给出方向，却无法给出方案。如何把握救市措施的“度”，依然是美国政府的一大挑战。

2010年5月20日，美国参议院通过了《2010年重建美国金融稳定法》。接下来，将与美国众议院于去年12月通过的《华尔街改革与消费者保护法》合并，再次在两院获得通过后，即可送交美国总统签字生效。

与医改立法过程不同的是，美国政府没有再采取“提出原则后放由国会完成具体条款”的“中立”立场；这一次，白宫、财政部和美联储对法律制定不断施加影响。围绕着增加金融机构资本充足率、降低杠杆率，两院法案版本的核心是解决“系统性风险”问题和“大而不倒”的道德风险。

两院版本目前仍有较大分歧。从参议院法案，将成立一个由各家监管机构负责人构成的金融稳定委员会。这个“九人小组”将负责协调不同机构对系统性风险的管理。相应地，也赋予美国联邦存款保险公司（FDIC）等机构，对可能威胁到金融系统的机构要求更高的资本金，或对它们进行分拆、合并、破产、清算的权力。最终法案还可能设立专门的“资产重组基金”，用来保障机构破产清算有序进行，而资金则来自金融行业，避免再由纳税人承担损失。

美国金融改革法案还将建立消费者保护委员会，对按揭、汽车、消费贷款、信用卡业务作出具体规定，要求金融机构用简单易懂的语言，告知消费者潜在风险和违约责任。该机构还有权废除违规法同。

最受争议的，是对金融衍生品的监管条例。

按照美国财政部的指导原则，未来金融衍生品需要在第三方中央结算系统中结算，对买卖双方作出资金规模规定，每笔交易也要按比例缴足保证金。

按照“沃尔克原则”，美国金融机构将被禁止“自营业务”操作；按照农业委员会主席布兰琪·林肯（Blanche Lincoln）的提议，还可能要求银行将金融衍生品交易部门“剥离”主体公司。目前，如何在最终法案中体现“沃尔克原则”还因两院版本不同存在较大争议，但目的只有一个：解决金融机构风险吸入和杠杆率问题。

每轮危机之后，贸易保护主义都会接踵而来。1930 年，美国国会通过法案，大幅提高进口关税，引发各国间的贸易战争，加剧了世界经济大萧条。而本轮危机之后，“购买美国货”条款也赫然出现在美国 7870 亿美元的经济刺激计划中。

虽然 2008 年 11 月，参加首次 G20 领袖峰会的各国首脑，承诺在 12 个月内不再实施任何限制贸易措施。但当他们再次聚首伦敦之时，全球有 17 个国家采取了 47 项限制贸易措施。而一再错过最后期限的多哈回合谈判始终难有进展。危机高峰之时，甚至有人预言，这是全球化的终结。

还好在贸易保护的路上各国没有滑得更远。世界银行 5 月 25 日发布的报告显示，随着经济逐步复苏，从2009年四季度开始，贸易保护案件数量开始回落。2010年一季度，全球新发起的反倾销、反补贴和特保案等临时进口限制贸易救济案同比下降20%。世界变平之后，也许真的不会再回头。

# “再危机”中看欧洲

## ——专访欧洲复兴开发银行首席经济学家伯格洛夫

采访人：胡舒立

发表时间：2010-7-1

欧陆式资本主义中社会主义成分更多，其政府也迅速通过国有化，实现了金融救助。

我和埃里克·伯格洛夫（Eric Berglöf）结识于2004年。那是在瑞典，我参加一次关于媒体发展的专业研讨会。研讨会给人印象很深刻，那是我第一次去瑞典，而且注意到这个国家的知识界和商界是何等关注重大国际问题。第一次听俄罗斯记者讲在那里做新闻的艰辛，如何随时准备着付出生命的代价；第一次听到关于盎格鲁—撒克逊传统模式与大陆（欧陆）新闻模式的比较分析，等等，许多个第一次。

相比之下，我讲中国的新闻转型，显得不那么新鲜典型，我自忖讲得不很清楚，听众们兴趣也不是很大。只有一个瑞典人专门过来找我，一次次地聊，不是谈新闻，而是谈整个的经济社会转型。他问中国总是问到点子上，对情况很熟悉。再谈，原来我的许多熟人，例如，钱颖一、王一江、李稻葵、白重恩，正筹措着要回国，但还没有正式回来的、优秀的中国留美经济学人，他居然全认识，甚至在考虑着怎么帮助他们在回国工作时得到资助。

这个瑞典人就是埃里克·伯格洛夫，欧洲最重要的转型经济专家之一。因为地缘政治因素，瑞典这个国家特别重视研究俄罗斯和东欧。埃里克从20世纪90年代初获经济学博士学位之后，便将研究重心投入这一领域，跟踪了苏联及东欧经济转型的全过程；后又从东欧跨入中国，不仅研究关注中国经济转型，而且与中国学界有很多深入交往。我们相识时，埃里克是瑞典转型经济研究院院长，而且在斯德哥尔摩经济学院任教。他还担任过瑞典首相的特别经济顾问。

自2006年1月始，埃里克担任了欧洲复兴开发银行首席经济学家，并出任该银行总裁的特别顾问。这家总部设在伦敦的银行成立于1991年1月，是一家类似于世界银行、亚洲开发银行的国际级“政策性银行”，持股者包括美国、欧盟等30多个国家。其宗旨，就是帮助和支持中欧和东欧国家向市场经济转型。无疑，埃里克以转型经济学专家身份出任该行首席经济学家，正是实至名归。

这些年常遇到埃里克，有时我请他参加会议，有时我们一起参加会议，但总是匆匆见面，匆匆告别。在这次世界金融危机中，欧洲并不轻松，特别是东欧的转型国家中有不少素称先进者，都受到很大冲击；此次欧洲主权债务危机再起，迅速波及欧元区和欧盟，在所谓的“后金融危机”时代给人带来的心理震撼，或更大于危机本身的经济冲击。如何更好地理解这一切？如何看危机中的转型经济体？我想到了埃里克。

正巧，我们到多哈开会，没有“任务”，有机会长谈。也是事前约好了，他先从伦敦飞纽约公干，再从纽约飞多哈开会，然后，我们在下榻的酒店长谈了一个多小时。埃里克看上去有些疲倦，但谈起专业问题，便一扫倦意，变得兴致勃勃起来。特摘录我们的交谈在此，与读者分享。

## 欧元区应该走哪条路

记者：此次欧元危机，独立货币政策的缺失引起了人们的广泛关注。很想听听你的看法。

伯格洛夫：这确实是欧元区面临的根本挑战，它也面临着选择：是加强欧洲内部的财政协调，还是放弃这种努力，由此可能导致欧元毫无出路。这是摆在欧洲面前的大问题。

记者：你怎么看这个问题？欧元区应该走哪条路？

伯格洛夫：我认为，在整体的欧洲计划中，欧元区占有非常重要的地位。

这就需要在欧洲的核心国家之间加强财政协调力度，扩大公共政策的执行范围。

记者：但是，每个国家都有自己独立的政治体系，又相互紧密联系。这一想法执行起来非常困难。

伯格洛夫：没错，因为其他国家被迫接受欧洲大国的导向和政策。货币政策的分歧尚且如此，财政政策的分歧就更甚。因为财政政策直指社会构建、收入分配等核心问题，所以，执行起来会非常困难，但是，我认为，这是创建一个更加协调一致的欧洲的唯一出路。

记者：欧元危机的代价是什么？目前，我们能找到多种理由来解释危机产生的原因。比如说，假设美国没有经历这次金融危机，那会不会是另一番情形？

伯格洛夫：即便如此，欧元危机也会潜伏，在将来某个时候发生。当然，我们知道，金融危机一旦发生，紧跟着就会有财政危机。基本上每次严重的金融危机都会伴随着财政危机，这正是目前欧洲面临的情况，财政抵抗力最弱的国家常常最先遭受打击。回到危机之前，再回望财政局势，本来还是相当可持续的。但是，对财政平衡需求的加大，显然是导致财政危机、使得这些国家遭受重创的原因。陷入危机后，经济下滑，产能下降，税收减少，财政收入也就随之萎缩，均是对财政平衡需求加大所致。

记者：这么说来，即使美国没有爆发金融危机，欧洲的危机也迟早会到来？

伯格洛夫：这很难说，金融危机总会存在，它是市场经济的一部分。我想，如果没有爆发金融危机，欧元危机或许不会持续这么长时间。但是，希腊和其他一些国家要区别对待，希腊财政的可持续性相对较弱，而西班牙和葡萄牙，虽然也需要调整，但这两个国家有可能在较长一个时期内成功克服危机。在希腊，危机或许不可避免。

记者：不久前，美国财政部长蒂莫西·盖特纳在北京时接受了我的采访，当晚就飞伦敦，然后飞德国了。美国会怎么帮助欧洲解决这次危机呢？

伯格洛夫：这届美国政府对欧洲的关注远超上一届。他们认识到了欧洲经济在全球经济体系中的重要性。欧洲是世界最大的经济力量，重要性不言而喻，可此前美国并不这么看。然而，美国能做什么呢？很难有所作为。美国也参与了协调过程，三周前，美国提供了货币互换额度，力图使经济更加稳定、灵活，他们确实付出了努力，但是，这根本上是个欧洲问题。

## 量力而行的福利政策

记者：世界经济危机时期，欧洲的政治家很喜欢指责华尔街，“欧陆式资本主义”更受推崇。这次欧洲危机，似乎欧陆模式又出了问题。你对此怎么看？

伯格洛夫：这有点讽刺意味。危机发端于盎格鲁—撒克逊模式，其结果也已显现。相对于欧洲大陆模式来说，或许在欧盟模式中更为明显，而欧盟模式与欧洲大陆模式又是截然不同的。以往放松管制和依赖市场信号的做法已逐渐改变，政府对经济尤其是金融领域的干预将会加大。同时，我们还将看到经济具有更大缓冲，资本需求增加。这可能更多地与欧洲大陆模式有关。从这个意义上来说，它不是对欧洲大陆模式提出的挑战，而是把各个国家、各种不同的民主制度统一到单一货币体系下所面临的挑战，也就是我们现在所见。

记者：我明白你关于货币的看法，我是想讨论欧陆模式。欧陆式资本主义中社会主义成分更多，社会福利水平高，追求社会平等；另一方面，其政府也很迅速通过国有化，实现了金融救助。

伯格洛夫：我刚才谈的也是这个问题。此次危机的教训不应该是缩小社会福利或加大市场引导，或许正相反。一些国家的财政力量暴露出了问题，原因不在于它们的社会福利高，而在于相对税收而言，它们的政府支出太大。以希腊为例，税收收入基数很低，而政府开支非常大。希腊的根本问题是他们不愿意纳税，穷人不纳税，越来越多的富人也不纳税。相当一部分财富设法逃税，并将资产转移到国外。这不是社会福利的问题，而是欧洲内部政策协调的问题。斯堪的纳维亚国家的经济发展不错，但也遭遇了危机，其中有些国家还是重要出口国。欧洲受到的打击还包括贸易冲击，所以，许多经济体，例如瑞典经济的产出，就受到重创。不过，它们也很快走出了阴影，问题的根本不在社会福利上。

记者：危机冲击之下，欧陆国家的社会福利制度不会受影响吗？

伯格洛夫：我想发达国家可能情况各异，但是，福利国家还未见变化的迹象。显然，各国都要应对全球危机的影响，着手解决危机引发的本国财政问题，但这更多是个短期调整，而非根本挑战。当然，如果资源有限，也无法付诸实施。

记者：你认为福利国家制度不是问题，那么，危机的关键是什么？

伯格洛夫：据我观察，无论如何要建立更安全的金融体系，政府会对金融体系产生影响。虽然我没有十足的把握，但是，这显然是未来的趋势。应该加大各国的影响力。危机前，我们就看到了国际协调的倾向，力争将拥有大银行集团的国家都纳入协调行动中。这些国家运作、管理、监督这些大银行集团，但是，那些附属于大银行的国家却鲜有影响力。现在的趋势是“所在国准则”的约束力减弱。尤其在欧洲，大银行跨国运作业务，而那些拥有大银行集团的国家，本应担负起监管责任，却收效甚微，致使接受这些银行业务的国家受到银行经营的影响，从而更多地开始监管这些银行。这一全球计划被称为20国集团峰会进程的一部分，实际上就是给予各国更大的权力，以调控在本国经营的银行。所以，这是全球协调的问题，而不是发表各国政策声明，谈论收入分配、公民服务的问题。这是着眼于各国金融体系跨越国界并力图调控金融体系的问题。

## 转型之难

记者：你是东欧转型问题的专家，能谈谈危机对于这个地区的影响吗？

伯格洛夫：这个地区跟欧洲其他地方是不一样的。总体来说，东欧国家非常依赖出口，所以，金融危机对他们的打击就是国际贸易大幅下滑。如果考量平均产出，这个地区的重要性不容忽视，其中俄罗斯尤为关键，它是20国集团中受危机打击最大的经济体。

但这还是实体经济，贸易受到重创。在金融业方面，东欧国家非常依赖外国银行。再看资金流动方面，新兴市场的资金外流最少，而世界其他地区，如亚洲、拉美的资金外流更多。东欧国家是非常开放的经济体，贸易体系很脆弱，但是，对金融危机的抵抗力相对较强，当然各国有所不同。波兰经受住了危机的考验，经济没有衰退。波兰国内经济强劲，对贸易冲击的抵抗力较强，也有财政盈余。这都使波兰面临全球危机时适应力更强。

匈牙利是个例外，财政薄弱，债务累累，长期受大量财政赤字困扰。全球危机来袭时，它成为东欧最脆弱的国家，不得不求助于国际货币基金组织、欧盟的资助项目，来稳定本国经济。现在，匈牙利债务依然很多，不过，其财政调整走在了东欧国家的前列，它们在短期内做了很多工作。如果没有国际支持，匈牙利也不会幸免于危机。

记者：欧盟国家和非欧盟国家的表现有什么区别?

伯格洛夫：可举两个同属欧元区的国家为例，克罗地亚和斯洛伐克。危机来临时，两国都受到贸易冲击。尤其是斯洛伐克，汽车产业规模大，受危机打击严重，不过，复苏的速度也很快。所以，他们是更传统的V型衰退，经济下滑幅度大，复苏却也快。其他地区经济下滑幅度也很大，可复苏很慢，欧盟国和非欧盟国都有这种情况。不过，总体来说，欧盟成员国似乎能稍好一点度过危机。

比如，波兰和捷克都表现不错。捷克的金融政策相当平衡，在全球危机弥漫之际，它就调整银行体系，准备应对危机。捷克提出，“我们不会很快加入欧元区，我们会坚持长期目标，但是，在接下来的五年内，我们不会加入”。这样，私营经济从业者就不断进入，建立起本地货币市场，而不是依赖欧元。他们向新的市场注资，以帮助应对货币风险、利率风险等，这就使得捷克银行体系具有了很强的适应性。

类似情况在欧洲国家也已出现。尽管明年爱沙尼亚可能加入欧元区，但距离欧元区迎来下一个成员国将有很长一段时间。对那些等待加入欧元区的国家来说，这并非易事。从另一个角度来说，这也给了他们一段时期来作准备。危机的一个教训就是：如果还没做好充分准备，就不应该急于加入一个货币同盟。希腊和葡萄牙的例子说明，毫无准备或者造假加入货币同盟，要付出很大代价，基础并不稳固。东欧要作准备，他们还对欧元区的远景有一些疑问：欧元区的财政政策、货币政策能否更加协调一致？ 会不会是另一种情形？当然，东欧人甚至也在考虑欧元区有可能解散。

记者：你怎么看待俄罗斯经济？

伯格洛夫：俄罗斯不同于欧洲其他国家。它非常依赖石油和自然资源，制造业活跃。但是，它出口的不是精良的工业制成品，所以，跟欧洲其他多元化的国家不同。俄罗斯受到全球危机的重创，多个方面遭受打击，石油价格、金融体系都未幸免。私有银行未能吸纳大量私人存款，所以，只能到别处筹款、借贷。它被拒之于国际市场的大门之外，不得不从根本上改变经营模式，其银行体系在危机中已失效，而从俄罗斯中小企业借款也非常困难。俄罗斯度过了非常艰难的一段时期，不得不认真反思自己的银行体系。

现在，经历了危机的俄罗斯主要决策者们认为：要拥有强有力的宏观政策、财政框架，努力建立长期储备，合理利用资源。危机过后，他们谈深层改革的态度也与以往不同，对于深层改革和竞争性、透明度所持的态度更为开放；对财政投资和使用财政资源的态度变得更为谨慎。

记者：在你看来，俄罗斯已经是个市场经济体，还是仍处于转型早期？

伯格洛夫：显然是市场经济，但它是非常不完善的市场经济，因为它过度依赖少数几个行业，这在发达经济体中都很难运作，何况它还处于初级阶段。俄罗斯还得完成转型，它在价格开放、贸易开放等方面取得了相当大进展，但在深层次的政府体制改革、廉政服务方面，还有很长的路要走。

记者：你如何看待俄罗斯和中国的市场经济之间的异同？

伯格洛夫：俄罗斯和中国完全是两种类型的经济，很难加以比较。与俄罗斯不同的是，中国经济具有多元化的特性。当然，俄罗斯经济也有多元化的一面，但是，它非常依赖自然资源，经济结构与中国很不一样；另外，政府对于市场机构的干预以及政府政策的实施也不同于中国，它比中国更趋向于传统的市场经济。但是，在中国，市场竞争的效用明显优于俄罗斯，所以，中国的私有化进程与俄罗斯不同，涌现出了一批新企业。俄罗斯的私有化是从上层开始的，还存在不少城镇只靠一个大型企业支撑的问题。城市中的成千上万人受雇于仅有的一个企业，这和20多年前的情形没什么两样，得花大力气改造。我们现在合作的一家银行拥有俄罗斯最大的卡车制造企业。这个企业有5万名员工，运营面积相当于一个曼哈顿。这个企业也曾试图改革，可操作起来非常困难。这些企业包揽了很多事情，包括社会服务、交通等。俄罗斯政府工作的核心目标之一就是重组这些企业。

这个卡车制造企业还没有完成私有化，只是被政府接管，并引入了外国投资者戴姆勒来实施重组，但它还是国有性质。如果让戴姆勒接管其工厂来负责重组，可能是个更好的选择，这样，可以在政府和私营经济之间划出界线。不过，中国也有类似的问题，解决起来也很棘手。

记者：目前不少人在谈论“中国模式”，你对此有什么看法？

伯格洛夫：中国和我所了解的任何一个经济体都不一样，要在世界其他地方再造出中国经济是非常困难的，中国政府调控经济的手段很多。其他国家的市场经济，都是用尽可能简单的途径来管理，我们看到，中国是试图控制各个行业和省份，操作起来非常复杂。当然，中国在应对全球危机的过程中取得了不俗的成绩。在产出过剩、资产泡沫的问题上，中国政府遇到了极大挑战。中国政府机构的复杂性不是一天两天形成的，我认为，从长远来说，中国领导人会把简化政府结构作为一个努力的目标，使政府运作更高效。

记者：现在美国、欧洲都轮流经历了危机期。下一阶段，你认为新兴市场中是否潜在着危机？

伯格洛夫：危机发生后，欧洲经济的前景不容乐观，对投资者的吸引力也不如从前。大量资本涌入新兴市场，也引发了一些新问题。尤其是短期资本进入新兴市场，带来不稳定因素。新兴市场确实能由此获得用于自身发展的资源，但是，也给其金融体系带来不稳定风险。所以，新兴市场还要加强自身建设，吸引投资，尤其是长期投资。短期投资组合产生的收益有限，外国直接投资才是急需的。在这方面，中国比其他新兴市场做得好。应对全球失衡是我们面临的真正挑战。要创造条件，使资金流入逆差国家、流入具有长期增长潜力的国家，我想这是我们面临的任务。

# 第二辑
# **中国是世界的什么**

# “入世”谈判是这样完成的

## ——专访外经贸部首席谈判代表龙永图

采访人：胡舒立、胡碧野

发表时间：2001-11-5

此次上海 APEC 会议确实对发起新一轮谈判作出了很明确表态，从政治上推动了新一轮谈判的进行，我认为新一轮谈判的前景从来没有像现在这样好过。

### 找到共同语言后，对话才真正开始

记者：中国“复关”和“入世”的谈判历程很漫长，是否应当理解为其间政治因素起了很大作用？

龙永图：可以这么说。中国“复关”和“入世”谈判是在改革开放的历史进程中发生的。本来，中国恢复在关贸总协定的合法席位应该是很容易的事情。1971 年，台湾的代表被关贸总协定驱逐出去以后，当时关贸总协定的总干事就向我们发出了邀请。如果我们当时对关贸总协定有足够了解的话，复关是一个非常简单的事情——由我国驻日内瓦的大使写一封信给关贸总协定的总干事说，中国表示愿意加入。然后，他们开一次会议，可能中国就已经加入了。

当时中国没有加入。由于历史条件的限制，中国认为关贸总协定是一个“富国俱乐部”，关贸总协定的主要成员都是发达国家成员，所以中国决定不参加。1971 年、1972 年，“文化大革命”还没有结束，作出这样一个决定，也是很自然的。

中国为什么过了十几年后决定在1986年申请加入关贸总协定呢？主要就是改革开放进程使中国领导人觉得，再不加入可能在经济上遭受很大损失。中国在正式提出恢复在关贸总协定席位之前，也参加了关贸总协定的一些谈判，主要是关于纺织品的谈判。当时，全球纺织品协定要分配“配额”，中国的纺织品当时在整个中国的出口中占了1/3。如果不参加关贸总协定组织的全球纺织品谈判，中国就不可能在全球纺织品配额中拿到自己的一份。所以，中国在1983年参加了纺织品谈判，并拿到了一部分全球纺织品配额。中国纺织品出口随后在五年里几乎翻了一番，尝到了甜头。

所以说，当时中央作出“复关”的决定，是出于中国对外开放的需要。

记者：记得谈判从1987年开始很顺利，但后来却充满了曲折。

龙永图：应当说，谈判一开始是顺利的。主导整个关贸总协定的成员主要是美国和一些西方发达国家。虽然关贸总协定是一个经济贸易组织，但是他们在作出到底吸纳谁成为关贸总协定组织成员决定的时候，有很多政治方面的考虑。中国谈判之所以一开始比较顺利，主要有两个原因。一个原因是，美国的主要对手苏联还没有解体，而且没有进行任何经济体制方面的改革，而中国的改革从1978年以来已经进行了很多年，西方看好中国的改革进程。虽然在很多方面没有达到关贸总协定成员的要求，但还是想把中国吸收进来。

但是，1989年“六·四”风波后，以美国为首的西方发达国家中断了和中国的谈判。现在说中国入世经历了15年谈判，其实真正的谈判大概是13年，中间中止了两年多，一直到1991年下半年才重新开始。

那时，中国不仅仅把恢复关贸总协定地位看成是一场恢复国际外交和经济地位的谈判，更看成是打破当时西方对中国围堵和制裁的重要政治举措。当时，中央领导同志亲自做工作，李鹏总理出面给关贸总协定所有成员经济体的政府首脑都写了信。中国复关谈判就是在此背景下恢复的。

在整个谈判的过程中，政治因素不断起作用。正因如此，这样一场非常技术性的贸易谈判，常常是由高层从政治上进行推动。这也是国际贸易谈判的一个规律吧。

比如在这个谈判的第一阶段，我们碰上的最大困难是当时中国不承认在搞市场经济。后来，小平同志提出来，在社会主义条件下也可以搞市场经济。这对我们当时谈判代表团是一次思想上的大解放。从此以后，我们和外国谈判代表算是找到了共同语言，开始了真正的对话。

## “少数人在谈判，多数人在喝咖啡”

记者：在过往的谈判中，最主要的对手就是美国了。为什么中美谈判格外艰苦呢？

龙永图：中美谈判之所以非常艰苦，我想，首先是因为美国财大气粗，谈判地位非常强。美国在关贸总协定历年谈判中的方式和态度都是：我要求一、二、三、四，你必须做到一、二、三、四，而且，“在这些问题上没有谈判的余地”。美国人与我们谈判的时候，一开始口气也是这样。美国这一套屡屡在关贸总协定谈判上得手，所以他们认为，谈判就是这么一场游戏。

恰恰中国人不吃这一套。所以谈判一开始并不是所谓实质性的谈判，而是对谈判态度的谈判。美国人花了五六年的时间，才适应了中国需要平等谈判地位这样一种要求。我这几年的一个很大的收获就是，让外国人知道，你与中国人相处需要平等的态度。这是经过了很大的努力才争取到的，很不容易。

比如说，美国有一个谈判代表，名字我不想提了，我们可以说彼此欣赏，他卸任以后讲了我很多好话。但是我们谈判的时候，是最针锋相对的。我一直到现在还感到遗憾的是，一次他在我的办公室谈判的时候，我把他赶出了办公室。因为他那天讲的话太让我生气了。他提出一个要求，凡是美国肉类检查机构检查合格的肉类，应该无条件地进入中国市场。我说，那么我们为什么还要商品检验机构呢？中国是主权国家，美国肉类是一定要检查的。他说，你没有必要检查。你们自己市场上的那些肉在美国通通都不合格。我生气了。我说，建议你最好离开我的办公室。

从个人来说，我与美国的历任谈判代表也就是我的谈判对手都变成了好朋友。毕竟，他们不过代表自己国家的利益，我们也是一样。

记者：“打态度”只是第一步，接下来的实质性谈判都遇到过什么样的冲突呢？

龙永图：最重要的当然是实质性谈判。美国人的实质性要求可能是最多的，这其实也不难理解，只有小国要求才会少。比如说，我们与冰岛代表团的谈判，大概进行了一小时就结束了。为什么呢？因为冰岛的产业结构单一，是鱼类出口大国。冰岛大使告诉我，只要解决几种鱼的关税，就可以结束谈判。我记得在日内瓦，一个天气很好的早晨，我和冰岛大使谈判。他说："这就是我的要求。"整个要求还不到一页纸，我一看，上面所列鱼的品种与中国的出产差别很大，对中国渔业不会有任何重大的影响。我表示可以同意单子上的要求。一小时结束谈判，然后就签字了。

美国就不一样了。美国贸易代表说，美国的经济结构和出口结构非常全，对于中国进出口的6000多种税号全部都有兴趣，所以"我们都必须一个一个谈"。

这完全没有道理。就算美国经济实力再强，也不可能6000多种商品都是强项。比如说，难道冰岛产的那几种鱼类品种，也是美国的强项吗？与美国谈判的第一个阶段，就是打破它所谓"全面谈判"的要求。一个一个地排除，最后剩下了4000多种。这4000多种产品，再加上它最感兴趣的银行、保险、电信、分销还有律师等，构成了漫长谈判的内容。

美国当然是摆着一副代表世贸组织所有成员"领头羊"的姿态来谈判。事实上，它的领头羊地位是得到许多成员认可的。这也是为什么世贸组织130多个成员经济体，只有30多个成员经济体与我们进行了谈判。其他100多个没有谈判的其实就是相信美国的谈判立场能够充分代表他们。

在世界贸易组织的谈判当中，得有一定的经济实力，才能进行谈判。世界贸易组织进行的谈判，不可能发生美国和孟加拉进行非常艰难的谈判这种事情。过去的关贸总协定有很大的咖啡间，周围都是会议室。那些会议室里面，美国和欧盟、日本和欧盟、美国和加拿大这些对手去谈判，而世界贸易组织的其他成员特别是那些小的成员经济体代表，基本是坐在咖啡间里喝咖啡，等待消息。这就是关贸总协定谈判的景象——少数人在谈判，多数人在喝咖啡。

在这个意义上，关贸总协定或世界贸易组织是一个很不公平的地方，没有经济实力，很难参与真正的谈判；但从另一个意义上讲，它也是平等的。根据关贸总协定无条件最惠国待遇的原则，美国和加拿大、美国和欧盟关在小屋子里面所谈的结果都会完全、无条件地适用于所有成员。如果美国经过艰苦谈判，把日本汽车的关税拿下来了，美国代表就会很骄傲地从会议室里出来表示，美国已经和日本达成协议，从多少降到多少。那么外面喝咖啡的所有成员都会喝彩，因为这些条件将适用于他们。世界贸易组织的游戏规则就是这样。

所以说，美国在和我们进行谈判的时候，从某种意义上说，确实代表了世界贸易组织大多数成员在和我们谈。因此，对美国的谈判的复杂和艰难也有其合理性。

我知道她（美国贸易谈判代表）绝对是要想谈成协议的。4 点半到 7 点半有 3 小时的时间，足以把最后的文本全部“clear”，全部解决。

记者：听说在 1999 年 11 月 15 日中美达成协议之前六天的谈判，曾经出现非常激烈的场面。当时美国人摆出随时准备走的姿态。能否介绍一下，转折是怎么出现的？

龙永图：那几天的谈判真是高潮迭起，一会儿觉得有望，一会儿又觉得无望。美国谈判代表的表演水平很高，我后来说，美国人做戏太厉害。我与他们谈判时间太长了，很知道美国人作秀的技巧，特别是女谈判代表。我知道他们对那次谈判是志在必得的。因为他们在 1999 年 4 月已经失去了一次机会，结果后悔得不得了。

记者：1999 年 4 月朱镕基总理访美，未能与美达成 WTO 协议，后来你们离开美国后去了加拿大。有传说，说是克林顿总统特别后悔，还希望你们回来再谈？

龙永图：是。美方公布中美谈判清单后，美国企业界反响很大，认为这是一个很好的谈判结果。美方谈判代表也这样认为。但是，当朱镕基总理访美与克林顿总统会见时，克林顿总统说，很抱歉，我觉得谈得很好，但是，这次不能签订协议。美国谈判代表团在听到这个消息以后，有很多人哭了。由于上层的政治决断，那次不能够达成协议。他们的失望比我们还大。

记者：1999 年 4 月，本来谈判就要成了，为什么美国最高层又作出否定的决策？

龙永图：因为克林顿总统对于中美谈判所达成的协议作出了错误判断。他认为可能得不到国会的支持。后来知道整个美国商界和国会都很支持后，克林顿很后悔。当我们还没有离开美国的时候，克林顿总统就打电话给朱镕基总理说，能不能够把谈判班子留下来，作一点最后的修饰，就可以达成协议。朱镕基总理说，美国人想达成协议时就要签字，不想达成就不达成协议，天下没有这样的事。不谈了，要谈到北京去谈。

美国人一直追我到加拿大，我记得在离开加拿大前，美国贸易代表还两次打电话给我，想确定在北京谈判的时间。她要求，我们前脚到北京，他们第二天就赶来。我说，你们也给我们一点休息时间吧，还要倒时差呢。她说这个事太急了。我们回到北京后第二天，美国谈判代表团就赶来了。

到了 11 月以后，他们摆出一个很强的谈判阵容，而且用高压的手段，想榨取更多的东西。我们知道他们很心虚，4 月的那些东西已经完全能够满足他们的要求了，所以我们根本不想作任何新的让步。

记者：当时，你们已经知道底牌，胸有成竹了。

龙永图：不过，当时我们确实也想达成协议。中央主要从中美关系大局来看，5 月我驻南使馆被炸事件后，中美关系很困难，双方都需要转机。中美关系对双方来讲，毕竟太重要了。而中美达成世贸协议，可能会成为中美关系的转机。

我理解，江主席和中央其他领导同志，就是想用中美达成协议使中美关系从最困难的局面中走出来。从中美关系战略全局考虑，中国是愿意达成协议的。但是达成的协议必须是双赢的协议。美方到最后，还提出了很多超过 4 月间条件的无理要求，我们一个一个把它拿掉了。但是美国人总觉得他们还得拿到一点新东西，才能解释为什么不在 4 月接受这个协议，所以也表现出很强硬的态度。他们做戏一直做到最后一刻。

到了 11 月 14 日晚上 7 点钟以后，整个美国谈判代表团全部消失。我们打手机、打到饭店房间都找不到他们，打通的唯一一次电话，对方说他们现在都想休息，有些人到酒吧间去了，有些人逛商场去了，准备次日早上起程回国。他们还给礼宾部门打了一个电话，说是人很多，要求安排一个开道车，并在机场上给予一定的礼遇。一切迹象都表明，他们明天是肯定要走了。

当天晚上 11 点钟，我打电话给美国的驻华使馆代办（当时他们的大使在美国国内）。我说，作为常识，在经历这么一个世界瞩目的谈判以后，双方总得见一次面吧，至少需要商量一下如何对新闻界发布此次谈判的结果。大概一小时以后，美国贸易代表给我打电话来了。她说，出发之前见一见是必要的。我说，好啊，你看几点钟见。她说能不能 4 点半钟见。

凌晨4点半，我心里就笑了。我想，如果你们打算走，为什么要4点半钟见我们，你们不是10点钟的飞机吗？七八点钟见一下，半小时不就解决了吗。我说，是不是太早了？她说，不早，我们还习惯于美国的时间。

我知道她绝对是想要谈成的。4点半到7点半有3小时的时间，足以把最后的文本全部"clear"，全部解决。我很快就报告了上边，我觉得谈判成功的可能性很大。果然我们4点半钟去了以后，他们把谈判的协议文本全部准备好了。然后我们就开始一页一页地核对文本，最后剩下七个问题。她说，这七个问题，中方必须接受，如果不能接受，前面谈的几十页上百页协议都不能作数，谈判还将以失败告终。我说，很抱歉，如果要签订协议，就是这个东西，那七个问题免谈。这七个问题是他们在这几天谈判过程中施加强大压力一直想要解决的。

我把情况作了汇报，上面很快作出了决策。在最后关头，朱镕基总理出现在谈判第一线。最近网上说，我透露了中美谈判的最后细节，实际上当时香港的报纸上，斗大的标题写出来是朱总理出现在谈判现场。我并没有泄露什么，全世界都知道是朱总理亲临谈判第一线，最后结束了谈判。 可以告诉你，朱镕基总理谈判技巧非常高明。他到了以后，马上跟我说，龙永图，你看看还有什么问题，把它写下来，不要多说；这些问题你都已经跟我谈过很多次，我都已经知道细节了，但是我要知道是哪些问题。他说，只用一张纸。我把七个问题写下来。朱镕基总理说，如果他们决定改行程，我可以跟他们谈。话一说完，美国人就来了，根本就不谈什么改行程的问题了——他们根本就没订那天的飞机。朱镕基总理也不跟他们多说，就说，这七个问题，有两个问题我可以让，其他你们必须让步。如果接受，马上可以签订协定。我不是来跟你谈判的，我是来作决策的。五比二应该说是不错了，而且让的那两个问题也不是什么特别要害的问题。但是作为谈判代表，我们把这七个问题作为底线把了这么多年，所以一旦要让的时候，也不太甘愿。当然大家都知道对谈判的定义就是妥协的艺术。美方拿到这两个让步，喜出望外，他们生怕我们一点面子也不给，七个问题都不让步。这实际上是给了一点面子，给了一个台阶，使大家有了签订协议的可能性。所以美方很快就答应了。

记者：这就是说，朱镕基总理以两个问题的让步，换来了五个问题的不让步，同时换来了整个中美协议。

龙永图：关键是换来了整个中美的协议，换来了中美整个关系的转机。朱镕基总理讲，不是他自己来的；那不是他的意思，是江主席的意思，是政治局常委的决定。对那七个问题当中两个问题作出让步，也不是他个人的决定，而是执行整个最高领导层的政治决定。在这样一种谈判的关键时刻，的确需要政治领导人从战略和全局的高度作出决定。

多年谈判的经验告诉我，在谈判最关键的时候，不管是中美谈判也好，中欧谈判也好，还是世界的谈判也好，没有政治领导人的推动，谈判很难进行。这可以说是贸易谈判的规律，也是我们这几年从贸易谈判中学到的很重要的一条。

记者：七个问题中让步的两个问题，是在保险与金融方面的让步吗？

龙永图：两个问题不包括在保险与金融方面的让步，我们没有在保险和金融方面作出任何让步。

## "中国与欧盟的谈判，很大程度上是满足欧盟作为强大经济体的自尊心要求"

记者：刚才谈到的中美谈判，是整个15年谈判中最艰难的一个环节。在经历了惊心动魄、峰回路转之后，当时大家就觉得，中国可能在1999年内入世。但是，马上中国又面临和欧盟的谈判了。为什么又会出现一次挫折呢？

龙永图：国际关系是很微妙的。美国固然财大气粗，但欧盟也觉得其15国的经济总量比美国还大，也是不可等闲视之的力量。长期以来，中国一直希望与欧盟先达成协议，以此来推动与美国达成协议。但是欧盟15国各自有很强的声音，所以欧盟在协调15国的立场时，也是非常困难的。一些欧盟代表悄悄跟我说，"我们在政治上是不可能和你们先达成协议的"。我知道他们的苦衷。所以我们和美国先达成了协议，达成协议以后马上和欧盟达成协议，因为欧盟提出的要求和美国提出的要求基本上差不多。世界贸易组织就是这些规则，世界贸易组织开放市场的要求就这么多，不可能一个最强大的谈判对手谈判出来结果以后，还有什么不满意的地方。

但是，到最后，欧盟和美国产生了攀比的心理。欧盟代表跟我们讲，打个比方，在一个晚餐会上，你不可能把请美国人吃的菜单，同样请我们吃一遍，我们有我们自己的要求。中国与欧盟的谈判，很大程度上是满足欧盟作为强大经济体的自尊心要求。当然，欧盟有一些具体的问题需要我们解决。与欧盟的谈判花了好几个月，基本上就是花在解决欧盟的特殊关切的问题上。

记者：为什么与欧盟谈完之后，又持续了一年多呢？

龙永图：结束与欧盟谈判后，就进入多边谈判的进程了，因为中国与30多个国家都进行了双边市场准入谈判。按照世界贸易组织规定，要把30多个谈判达成的协议综合成一个协议。中国加入世界贸易组织时不会有37个协议，而只会是一个综合协议。在综合出这个协议的过程中，有很多技术工作要做。比如说，我们和哥伦比亚达成的咖啡的关税水平是15%，与巴西达成的咖啡的关锐水平是12%，那么根据世界贸易组织的规定，归纳整体协议都要取最好的谈判结果。这是很复杂的一个工作。

还有，要把我们中国十几年谈判的结果归纳成一个报告书。15年谈了什么东西，中国作了哪些承诺，外方提出了哪些问题，这就是中国加入世界贸易组织的法律文件。这个法律文件的起草过程也出现了很大的困难。

开始我们都认为，既然和美国、欧盟谈判都已经结束，应该是很顺利了。但实际上并非特别顺利。其中有他们的原因，也有我们的原因。他们的原因，是西方国家对中国的信任度始终不是那么高，始终怀疑中国是不是能够履行承诺，所以要用大量的律师班子来堵住一切可能出现的法律漏洞，使得中国在今后履行协议的时候能够真正像承诺的那样做。

从我们这边的角度来讲，确实也存在法律意识不强的因素。比如说，中国人喜欢讲“原则同意”，同意什么呢？常常还不知所云。举个例子，开放外贸经营权的这个问题上，我们说，“原则同意这三年内，全面开放中国的外贸经营权”。最后法律文件起草的时候呢，人家就说，三年开放，你不可能现在不开放，三年以后就突然放开。你跟我讲一讲，你第一年放什么，第二年放什么，第三年又放什么，你放开的标准是什么，你对外资企业怎么放开，国有企业怎么放开，民营企业怎么放开。他要白纸黑字写进来。所以在后来整个起草法律文件的过程当中，又花费了很多时间。

我认为最根本的一点，是他们对我们的信任度还是有些问题。他们怀疑中国在加入世界贸易组织的谈判中作出这么多的承诺，到底能不能够履行。这种怀疑到现在可能还存在。

## “到了重大的时刻，我不流泪。可能是因为在重大的时刻，想得更多的是理性上的东西”

记者：15 年谈判是一个非常困难、艰苦的过程。“黑发人谈成了白发人”。你从 1992 年开始就担任复关谈判的秘书长，后来又成为入世谈判首席代表。这些年来入世是件有争议的事情，以你扮演的角色，有的人称你为“民族英雄”，有的人说你是“卖国贼”，这两种评论都非常极端。你怎么看？

龙永图：你刚才讲到的评价，可能都比较极端。从我本人来讲，我们无非就是做了一件应该做的事情。对于我们的褒贬很多都是因为对情况不了解。在这样大的历史进程当中，我们所作的贡献是非常有限的。而对我们的误解，随着时间的推移，将逐渐消失。我自己一直是以非常平和的心态来对待。什么事情，事后总有一个结论，就像历史上很多事情一样，哪怕当初并不能有很明确的判断，历史会作出公正的评价。

记者：有报道说，在这 15 年谈判过程当中，你曾经流过好几次泪，真的吗？

龙永图：我从来不太爱哭的。谈判中我唯一一次流泪是在 2000 年年初与欧盟大使的谈判中。这位欧盟大使是有名的中国通，也是我的朋友，但也是非常典型的以为自己的民族是很优越的那种人。当时中美已经达成了协议，中欧谈判已经接近尾声，只剩下很小的几个问题。他跟我谈判的时候，突然采取一种非常强硬的手段。他说，如果中国不能答应某个问题，欧盟就不可能支持中国加入世界贸易组织。我知道他在唬我，作为朋友，为什么要这样做呢？

我压力最大的时候，不是在中美达成协议的时候，而是在中美达成协议以后。因为全国、全世界的期望值，都是中国很快要加入世界贸易组织，所以我压力最大的期间是 1999 年年底到今年 9 月在日内瓦全面达成协议。没有期望值的时候，我没有压力，因为当时中央对于我们整个谈判的指导思想就是不急不躁、水到渠成，水到渠成就行。我对于自己掌握谈判的节奏是非常有信心的。我真正着急是在 1999 年 11 月中美达成协议以后，当时全国老百姓有那么大的期待，中央也有很大的期待，如果不能很快解决，如何交代？

但是事情一拖再拖，开始觉得是1999年，后来觉得是2000年，而有很多事情我又无法向公众披露，也不能到处去讲发生了什么样的事情，所以那段时间我的情绪有很大波动。可以理解，当你一件事情快成功，但是有可能出现重大转折、曲折的时候，心情是很着急的。

欧盟大使跟我谈话后，我一夜没睡觉，第二天我本来答应对外经贸大学的学生作报告。但是我血压一下子很高，于是向同学们表示道歉。我说我今天不能够作报告了，我就讲起前一天的事情，我那次流泪了。这是出于心理压力的一种发泄。

但是，我从来没有在最关键的时刻，比如说你们大家都知道的几个最关键时刻流过泪。1994年年底的那一次冲刺，我和很多同事作出了最大努力，希望中国在世界贸易组织诞生之前成为创始成员。当时我的心情是，既然中国当年是关贸总协定的创始成员，也应该成为世界贸易组织的创始成员。而且，我坐在世界贸易组织观察员的位置上太久了。当时关贸总协定和世界贸易组织开会，我还不愿意去开会，我就不愿意坐到观察员的角落里，我就不愿意享受这样一种"待遇"。世界贸易组织和关贸总协定所有的成员都讲完话后，你才有资格讲话。这是一个大国代表很难忍受的耻辱。

1994年其实是非常有希望突破的。但是，因为国内一些部门之间的协调不够和对中国加入世界贸易组织的意义认识不够，扯皮拖了后腿。比如说，那次谈判开始时，形势很好。澳大利亚和新西兰代表跟我们说，坚决支持中国，但是希望中国解决一下羊毛的进口配额问题。当时上面给我的授权是每年进口16.9万吨羊毛，而澳大利亚和新西兰要的是18万吨。他们说，如果中国同意这个18万吨，澳大利亚和新西兰全力支持中国。澳大利亚和新西兰是西方国家，如果西方国家谈判的营垒出现了分裂，那么中国复关的机会就很大了。我很想同意他这个18万吨，但是与代表团其他成员商量的时候，他们堵死了任何可能性。我只好按16.9万吨这个数字谈，最后拒绝了澳大利亚和新西兰的要求，于是那次谈判澳大利亚和新西兰坚决站在美国方面与我们进行了非常强硬的谈判。使我感到沮丧的是，1994年我们实际进口了31万吨羊毛，远远超过18万吨的要求。当时管理很松散，"一般贸易进口"、"加工贸易进口"以及其他贸易形式的进口不一而足，而管理则是分兵把口，各管其事，连全国每年进口多少羊毛都没有一个清楚的概念，所以拿出了一个奇怪的16.9万吨配额，而澳大利亚、新西兰这些国家知道自己每年出口了多少，明明知道当时中国平均每年是进口22万吨，要18万吨并不过分。在这种情况下，我就感到我们当时整个经济管理体制，特别是我们的进口管理体制有很大的问题，需要改革的地方实在太多了。

1994年冲刺没有冲出去，应该说很大的问题在于内部协调和管理体制。所以我感到的是失望，而失望的人特别是我这种人是不会哭的。

然后就是1999年，我看到报纸上说，1999年11月，中美达成协议以后，我哭了。错了，我激动的时候是不会哭的，有什么好哭的！最后达成协议时，我当时脑子里面想到的，不是达成协议这个事情，而是一直在想，哪个问题要再那么谈一点就好了。我有很多的遗憾，我那天并没有出席签字仪式，我一直在想着那些谈判的条款。我从来没有感到什么胜利的喜悦，更没有哭。你们看电视可以看见，我那天甚至没有笑过，因为我当时还在想谈判细节，哪一点我更好地把握一下就更好了。我是个责任心很强、追求完美的人。

有些人说，这次到了9月最后全面结束谈判的时候，我也哭了。又错了，我当时也是一点笑容也没有。只是外国人在给我敬酒的时候，出于礼貌我笑了。我感到如释重负，总算了结了。我没有什么激动心情，更谈不上什么哭。有时候我看到网上的新闻标题“龙永图别流泪”，我流什么泪？但是，也不能说我是没有感情的人，我是很有感情的。有时候看一个普通电视剧的时候，我会流泪。但是到了重大时刻，我不流泪。可能是因为在重大的时刻，想得更多的是理性上的东西。

记者：我们最近采访了入世前后的法律修订工作。你对这个问题有什么评论？

龙永图：中国外经贸法律体系中所存在的主要问题，首先是透明度的问题。过去有很多所谓内部的文件，现在得把过去大量的内部文件着手整理，要么废止，要么公开，或者就是经过修改以后公开。这是我们加入世贸组织所作承诺的一部分。

第二个问题是，加入世界贸易组织以后，我们过去缺少的许多法律法规现在需要着手制定了，比如说反倾销法、反补贴法，还有关于保障条款的法律，我们只有建立这样一些国内法律，才能用以保护自己的利益。根据世界贸易组织的规定，世界贸易组织的规则并不是自动适用于某一个成员，这个成员必须把世界贸易组织的法律条款转化成自己的“国内法”，然后每个成员按照自己的“国内法”来实施。

记者：你如何评价刚刚在上海结束的 APEC 会议？这次会议对即将在多哈召开的 WTO 部长级会议会有积极影响吗？

龙永图：这次 APEC 会议是在世界经济出现困难、世界贸易组织也处在困难情况下召开的。世界贸易组织新一轮的谈判能不能够进行，不仅仅是新经济现象出现以后应该制定一些新的游戏规则的问题，更重要的是恢复大家对世界贸易组织信任的问题。因为 1999 年西雅图会议失败，确实对多边贸易体制有很大冲击，怎样来挽救世界贸易组织江河日下的态势？此外，全球区域经济的发展也是对全球贸易体制的一个挑战，在这种情况下怎么处理好区域经济和多边贸易体制的关系，也是一个很重要的问题。此次上海 APEC 会议确实对发起新一轮谈判作出了很明确表态，从政治上推动了新一轮谈判的进行，我认为新一轮谈判的前景从来没有像现在这样好过，APEC 会议作了很大的贡献。

# 这是发展中国家能得到的最好的东西

## ——专访 WTO 副总干事门多萨

采访人：胡舒立

发表时间：2002-4-20

“这是发展中国家能得到的最好的东西，中国首次启动这样的机制，本身就表明中国加入 WTO 得到的益处。”

米格尔·罗德鲁思·门多萨（Miguel Rodruez Mendoza）是资深贸易政策问题专家，1999 年 11 月被任命为 WTO 副总干事，所主管部门包括农业和大宗商品部、理事会和贸易谈判委员会部、规则部、贸易与金融部、贸易政策评估部。

来自委内瑞拉的米格尔·罗德鲁思·门多萨多年来一直经历着国际贸易的风风雨雨，也一直是多边贸易体制和自由贸易坚定的鼓吹者和推进者。

4 月 13 日，在海南博鳌金海岸酒店，这位现任 WTO 副总干事告诉记者，中国通过 WTO 争端机制解决中美钢铁贸易上的争端是个好事，表明中国可以从 WTO 得到益处。

“这是发展中国家能得到的最好的东西，”他说，“中国首次启动这样的机制，本身就表明中国加入 WTO 得到的益处。”“对发展中国家来说，最重要的就是多边主义。多边比双边好，我们不喜欢单边主义，不喜欢成为‘大家伙’实施贸易限制的对象。最好的保护机制就是多边贸易机制。”

门多萨在过去的 20 年中一直活跃在国际贸易舞台上。他在 20 世纪 80 年代是拉丁美洲国家经济体系（SELA）的首席顾问与协调员，负责协助拉丁美洲国家和加勒比海国家的国际经济谈判；80年代末至90年代初，出任委内瑞拉的总统国际贸易顾问和入关谈判首席代表；90年代，先后担任委内瑞拉外贸部长和美洲国家组织首席贸易顾问。1999年11月，就在西雅图WTO部长会议前夕，他被聘任为WTO副总干事。

门多萨对WTO解决贸易纠纷的机制很有信心。他说，在1995年WTO组织建立以来，已经处理了200多例这样的纠纷，作用非常显著。“我得说，人人都觉得，这是WTO最重要的机制。在绝大多数情况下，如果一个国家败诉，就要服从贸易争端机制的决定。所以，这个机制很有效，而且对发展中国家非常有利。”

“有利”并非指发展中国家必然是仲裁中的赢家，但这是个独立机制，而且发展中国家在许多情况下可以赢。门多萨说，WTO成立后处理的第一起贸易争端，就是他的国家委内瑞拉反对美国石油进口政策的一起案子。“你猜谁赢了？委内瑞拉！可是在1985年，我们和美国也有过一次石油贸易纠纷。它采取了一项不利于委内瑞拉石油出口的政策，我们能怎么办？派代表团去华盛顿商谈，请他们考虑该如何如何。而他们不肯考虑，我们则无法做什么。可这一回，我们赢了，美国人必须改变他们的做法。”

在WTO组织，有一个“争端解决机构”负责贸易争端的仲裁。这是个政府间机构，所有WTO成员都是这一机构的一部分。而WTO秘书处负责提供专业人士来协助解决问题。争端解决分两步。第一步，例如中国正在做的，就是安排双边磋商。现在中美之间正在进行这样的磋商。如果磋商不成，则进入第二步，组织一个三人专家小组来作出仲裁。

小组的人选是确保仲裁独立的关键。据门多萨介绍，这三个人可以由争端各方协商挑选，例如在中美钢铁贸易案中就可以由双方共同提名，但如果双方无法达成一致，就由WTO来确定三个专家。他们是三个独立专家，独立研究这一争端，提出独立报告。该报告将确定美国启动保护性条款究竟符合还是不符合WTO的规则。

仲裁不是一蹴而就的事情，但不会拖得很长。“在正常情况下，时间是九个月到一年。”

门多萨并不愿意提供一个数字，来说明这样的纠纷案中的各方各种情形下的胜负比例，因为现实总是更复杂。然而，初始入世的中国如果首次启动仲裁机制就输了官司，会不会影响百姓对 WTO 的信心呢？他不觉担心。“这不会成为问题。美国人输过多次，也赢过多次；欧盟也是有输有赢。大国也是有输有赢。比如加拿大，一个非常遵守 WTO 规则、重视多边贸易体制的国家，也在贸易纷争中输过多次。这不意味着多边贸易机制不能很好发挥作用。”

如果贸易仲裁需要近一年，中国即使赢了，等候仲裁期间也会因为美国为钢铁进口征税遭受损失。门多萨承认：“这很不幸，但事情只能这样，没有其他办法。如果中国说，美国错了；美国却说，它是正确的，就必须通过一个独立机制来解决这一冲突。这正是 WTO 的作用，是解决问题的唯一办法。”“关键在于毕竟可以通过这样的机制来解决问题了，这对发展中国家是非常有利的。”

美国大幅提升钢铁关税会不会引起贸易战？在回答这一问题时，这位 WTO 高级官员显出某种谨慎。“当美国提出采用保护条款大幅提升钢铁关税时，我们看到了主要国家的反应，好像会出现某种贸易战。”不过，并没有出现贸易战。事实上，所有相关国家都在研究这一事项，相互之间商议，寻求理性的解决办法。他觉得这是当前的主要倾向。

“虽然欧盟等国对这一措施非常光火。但我感觉，这一纷争尚未达到不可控制程度，大家都在以理性的态度解决问题。中国提交 WTO 仲裁就表明这一点。”

“一旦同意开放某一领域，客观上就加高了未开放领域的壁垒。所以你们必须重新评估开放的后果。事实上，你必须考虑最终开放所有的领域。”

门多萨自称无法对中国加入 WTO 之后哪些领域做得好，哪些领域做得不好作出评价。“你们在那么多领域都做得很好，而且我不是中国经济专家。”

不过，除去高度赞扬，他也向记者谈到了 WTO 会对中国执行入世承诺进行评估。这是不同于中美协议的由多边体制执行的评估。在入世谈判时，中国曾有承诺，表示接受一种“特别监察机制”（special supervision mechanism），由 WTO 组织定期评估和监察中国入世后履行承诺的情况。门多萨透露，他们现在正在考虑确定一种办法，尽快实施该机制。

同样需要评估的还有中国自己，门多萨称为“再评估”。那就是性质很不相同的事情了——中国在 WTO 谈判中作出的承诺体现了一种开放的顺序，但也包括开放的限制。那些没有承诺开放的领域，包括那些保护度依然很高的行业，在中国加入 WTO 并全面履行承诺之后会出现什么情况呢？作为来自发展中国家的自由贸易专家，记者要求门多萨提出看法。他的说法就是“再评估”。

“这必须由中国自己来重新评估。你说得对，一旦同意开放某一领域，客观上就加高了未开放领域的壁垒。所以你们必须重新评估开放的后果。事实上，你必须考虑最终开放所有的领域。”

他举了一个例子。例如中国打算保护和发展某一机械设备工业，设定了某种程度的保护，比如 30%。但这个领域只是生产中间产品，提供给其他领域。所以，如果在这个领域进行高度保护，就影响了未来经济活动中的竞争度。所以，将来就需要重新评估这种保护措施——是继续保护该行业（中间产品），还是为了确保出口，维护最终产品生产领域？怎么做都是有成本的。“当然，服务领域有一些不同。服务业牵涉到许多环节，许多是管制的对象，有些牵涉到国家安全，情况比较复杂。但规则一样，必须评估保护的后果。”

“当然，现在你们主要是遵守你的承诺，不必超过承诺。承诺是谈判的结果。但承诺实施之后，你可能会发现已经进入一种较前不同的机制，要求其他领域也开放市场。这不是谈判的问题，只是你会被要求开放市场，要求其他领域为了中国的产品和服务而开放市场。”

门多萨说，在 WTO 已经不再使用“回合”一词，而改用“多哈谈判”。“‘回合’意味着一遍又一遍，各种事情放在一起。我们不愿意这样。”

门多萨目前的主要工作，是按 WTO 总干事穆尔的布置，管理协调多哈会议后谈判组织工作。

据他介绍，WTO 秘书处从 1 月开始着手组织谈判，在过去三个月内主要做了三件事。第一，确定了谈判结构和谈判方式。其中包括根据多哈的议题确定各个谈判组的主管。本月 24 日还将组成贸易谈判委员会，负责管理谈判过程。第二，所有的谈判组都在准备文件，确定时间表和主题。第三，也是他认为非常重要的，就是在实施一项计划，帮助发展中国家更多地参与谈判。

上一轮“乌拉圭回合”谈判用了八年，而此次多哈宣言确定，要在 2005 年年初结束谈判。听记者反复使用“多哈回合”一词，门多萨说，在 WTO 已经不再使用“回合”一词，而改用“多哈谈判”。“‘回合’意味着一遍又一遍，各种事情放在一起。我们不愿意这样。《多哈宣言》没有提‘回合’，只说‘多哈谈判’、‘多哈发展计划’、‘多哈议程’，但没说是‘回合’。这是 WTO 的谈判，应当有另外的称谓。”

至少在目前，门多萨认为谈判能否如期完成尚无把握。未来谈判涉及的敏感问题甚多，他觉得以农业问题为最。在这个领域，所有的国家都有利益，农产品贸易对农业国家关系重大，对其他国家也如此，是个高度敏感的领域。农业不同于工业，一直有更多的管制，更多的保护。

“这不仅是南北谈判，不仅是南南谈判，是多方谈判。发展中国家有43%为向其他发展中国家出口的农业国。这个比例非常大。他们会施加巨大压力，要求其他发展中国家开放市场。而同时其他发展中国家会拒绝开放市场，因为对其农业影响过大。这是最难解决的问题。当然其他问题也很大。所以，我们付出非常大的努力，来帮助发展中国家来了解谈判的进展。”

虽然来自发展中国家，但门多萨像记者过去采访过的关贸总协定或世贸组织其他高级官员一样，不愿意过分强调世界贸易格局中的“发展中国家与发达国家之争”。他没有回答记者关于两者主要分歧何在的问题，而是强调不能说只有两个集团，不能简单地说这是南北谈判，可能是“南南、南北、北北，各方的谈判”。

在谈及“9·11事件”对国际贸易格局的影响时，门多萨表现了同样的谨慎。“我不能说在‘9·11事件’之后，我只认为，因为在多哈部长会议上，发展中国家发挥了非常重要的政治角色，他们再也不能被忽视了。”“这就是我们总是努力去帮助一些缺乏足够能力来参与WTO谈判的国家全力参加的原因。”

历史经验证明，区域自由贸易协议与多边贸易机制是协调一致的。从未有过地方性自由贸易协议伤害过多边贸易机制。那些努力想加入区域性自由贸易谈判的国家，往往也在推进多边贸易机制

在出任WTO副总干事之前，门多萨作为美洲国家组织的首席贸易顾问，一直在积极参与筹建美洲自由贸易区（Free Trade Area of the Americans，即FTAA）。

所以，他在听记者谈到FTAA与WTO的关系时显得胸有成竹，而且对采访已经超过预定的一小时并不介意。

“一提到地区性协议与多边机制的关系总有争议。一旦地区谈判有进展，人们就开始担心他们想干什么？是否与多边机制相协调？但历史经验证明，区域自由贸易协议与多边贸易机制是协调一致的。从未有这样的地方性自由贸易协议伤害过多边贸易机制。那些努力想加入区域性自由贸易谈判的国家，往往也在推进多边贸易机制。应当实事求是。”

最大的担心是地区协议会不会成为某种壁垒。门多萨以亚洲的情形举例

说，现在中国、东盟，可能还有韩国和日本，要筹备建立自由贸易区，但不可能使这样的协议成为排他性的。不能说只与区域的贸易伙伴进行交易，对他们开放但对其他人关闭边境，或是对世界其他地区的产品提高壁垒。大家都要与WTO的规则相一致。事情就是这样进行的。FTAA也是这样的。它要与WTO相统一，它被限定在一定范围内。

他说，不能为了本国的利益在地区内搞保护主义，必须真正地朝向自由贸易前进。在这一过程中，也可以对多边体系作出贡献。

正在进行的FTAA谈判和多哈谈判，被门多萨形容成一种合力，具有许多互补之处。“如果你能在地区性自由贸易谈判中走得更远，就会帮助多边贸易体系。在美、墨、加进行北美自由贸易区（NAFTA）谈判时，正是乌拉圭回合谈判的最后两年。NAFTA国家大量使用其合力，推进关贸总协定谈判。”

门多萨很看好东亚可能出现的自由贸易区，认为这正是亚洲地缘经济的一部分。人们是在努力合作，推进地区经济发展。应当继续前进。“亚洲与拉丁美洲相对有一个很大的优势，就是地区间贸易本来就很发达。这正是建立自由贸易区的良好基础。”他说。

# 世界银行如何对中国发生作用？

## ——专访世界银行行长沃尔芬森

采访人：胡舒立、Anna Kaye

发表时间：2002-7-5

“现在我们所触及的一系列课题都是中国政府认为我们可以有所贡献、我们也自认为可以有所贡献的领域。”

詹姆斯·沃尔芬森，69岁，生于澳大利亚，先后毕业于悉尼大学和哈佛大学，获哈佛大学商学院MBA学位。1980年以前，沃尔芬森曾先后任所罗门兄弟公司的执行合伙人和投资银行部主管、施罗德公司副主席和执行董事、亨利施罗德银行公司总裁；1980年，沃尔芬森创建投资公司詹姆斯·D·沃尔芬森公司，并担任该公司总裁兼首席执行官；1995年3月，沃尔芬森由当时的美国总统克林顿提名成为世界银行行长；1999年，沃尔芬森获得世界银行执行董事会一致同意而连任，任期将至2005年。

作为全球最大的开发援助机构，世界银行一直是中国改革开放的支持者与积极参与者。20多年来，世界银行共向中国提供了350多亿美元的长期建设资金。此外，双方还通过技术援助贷款、部门调研等形式支持中国在一些重要经济领域的改革。

世界银行行长詹姆斯·沃尔芬森于1999年提出了“全面发展规划”。他认为，随着世界银行从仅仅资助发展项目转向人类和社会发展、机制和机构等更为广泛的问题，对这样一种关乎发展的更加全面的框架的需求也日益突出。这种发展计划必须是各国自己制订的，是得到政府、援助机构、公民社会、私营部门及其他参与者共同和有力的支持的。在启动全面发展规划时，世界银行把注意力集中在几个主要方面：

——结构：良政治理和廉洁的政府、有效的法律和司法框架、秩序良好和接受监管的金融系统、社会保障制度和社会计划；

——物质：供水和污水处理、能源、道路、交通和通信、环境和文化问题；

——具体战略：针对农村、城市和民营部门。

从2000财政年度以来，世行对中国的贷款承诺出现显著的下降。在6月30日结束的2002财年，世行对中国的贷款承诺仅为5.63亿美元。而即使在1990年，在强大的国际压力下，世行仍然向中国发放了超过6亿美元的软贷款。

这种下降背后的原因是什么？是否意味着世行对中国所处的发展阶段的判断，进而对中国的援助战略发生了变化？世行近年来强调自己作为“知识银行”的作用，那么，如何在中国发挥这种作用？如何在贷款银行和知识银行两者之间保持平衡？对这些问题，记者进行了广泛的采访，包括世行中国代表处、财政部以及一些贷款项目单位。5月28日，就与中国有关的更广泛的问题，记者对来中国访问的世行行长詹姆斯·沃尔芬森进行了专访。

记者：此次您访问中国有何感受？

沃尔芬森：在访问中，我看到中国正在被引入正确的方向。我没有听到多少人对发展方向表示异议，我听到他们争论的是方针政策是否得以实施，是否实施得足够快，以及是否进行得成功。我想这是下一届政府将会面临的挑战。现任领导人在确立方向上的作为非常出色。中国加入了WTO，进行了金融系统改革，在改变公共部门和私营部门的文化和治理腐败方面取得了进展。不过，我认为，在教育、男女平等和艾滋病等问题上，他们应该鼓励加速行动；在一些问题上，他们自己也承认行动得不够迅速。

在中国，有两件事要记在心上，一是规模，一是时间。要记住，这不是一个百万人口的国家。鉴于中国的复杂性和悠久的历史，我认为现在需要的是毫不动摇地坚持已经确立的方向。做到这一点并不容易，也不是现任领导人能够完成的，而是要由下一届领导人继续的事业。但是，我感觉中国人有一种精神。回顾1976年至今的变化，我想我们必须承认中国的成绩的确令人瞩目。

记者：我们注意到一种变化，20 世纪 90 年代后期以来，世行在中国的角色逐渐由贷款银行向知识银行转变。您能否谈谈世行在中国的战略变化？

沃尔芬森：我们在中国开展了总计 360 亿美元的 240 多个项目。过去我们所做的大多是国际开发协会（IDA）融资，即无息贷款。然而中国已经不再是穷国了，中国拥有数千亿美元的外汇储备，具有强大的经济实力。IDA 的规定不允许我们继续提供 IDA 资金。这不是世行的决定，而是股东的决定。我们正试着将世行贷款和其他机构的赠款进行融合，从而将长期贷款的总体成本降至 2% ~ 3%。

但是，借款不是中国真正的问题。我想现在我们之间的关系已经达到了一个新的层次，即相互尊重的层次。有时，中国政府认为我们工作出色，但有时我想他们认为自己知道得比我们更多。我想，现在我们所触及的一系列课题都是中国政府认为我们可以有所贡献、我们也自认为可以有所贡献的领域。通过专注于由世界银行和国际金融公司（世界银行集团负责促进私人部门投资和发展的机构）参与的金融改革、教育、卫生、农村发展等方面，我们与中国政府合作取得了突出的成绩并使数千万人受益。我们现在正重新研究农业和农村信贷问题。

对我们而言，在中国工作，真正重要的额外好处是在这里做的每件事都是上规模的。它不是使 10 万人受益，而是使上千万的人受益，其组织的方式和进展都是与小项目不可同日而语的。一想到可以将从中学到的东西用于帮助其他国家，我们就感到欢欣鼓舞。

如何管理这些大型项目？我想新型的关系应是：第一，中国政府认为我们可以作出巨大的贡献；第二，我们确实可以有所贡献；第三，我认为我们可以相互学习。这是这种关系的新基础。在我看来，这非常好。

记者：世行在中国的首要任务是什么？

沃尔芬森：没有单一的首要任务，但是我认为教育问题、农村发展问题、金融改革问题和治理改革问题是重中之重。我个人还非常关心卫生领域的一些问题，特别是艾滋病，我们可以在项目上与政府合作。但是我们将与政府相互补充。顺便说一下，我们还有基础设施支持项目。因此世界银行在中国的项目多种多样，其中 75% 的项目集中在西部。如果想了解我们工作重点的划分，那么可以说 3/4 是在贫困地区。我们寻求能够使情况大为改观的领域，而不是这方面做一点，那方面做一点。

记者：您所说的治理改革，是指公共治理还是指公司治理？二者之间有何关系？

沃尔芬森：我想这二者确实在许多方面有着紧密的联系：在国家银行金融系统中，在社会运转方式中，它们均联系紧密。你们的政府有多个层级……如此一个大国，需要考虑如何加强政府的能力，特别是随着权力下放到地方一级，以及在电子政府等技术使工作形式发生巨大变化的情况下，如何把握巨大的机遇。有了电子政府，透明度将大大提高，可能还会减少政府机构的成员，但这在中国不是一朝一夕就可以实现的。

对于国有银行也是同样的道理。我听说四大国有银行每个银行都有 20 ~ 30 万员工。这是一项极大的挑战。私营部门同样也面临巨大的挑战。会计标准、透明度、治理规则、对股东负责……以前你们没有这些问题，你们由政府来治理，管理者由政府任命，几乎不担负什么责任。银行经理们不知道自己应对谁负责。一些国有企业依然是这样。所有这些都是变革的一部分。我在北京的国家会计学院说过：现在要对三种人进行培训：要培训会计师，然后培训客户，再培训董事会成员……有大量工作要做。

我们所谈的是要改变全世界的 1/5！这是一个巨大的挑战。但是我认为在此过程中政府看待事物的方式在改变，正向好的标准看齐。中国可以制定出色的法律，但是之后必须进行司法改革。如果没有好法官，没有好律师，没有好客户，只靠好的法律条文是建立不起太多公正的。这是一个良好的开端，然后必须将各个方面相应建立起来。我是说，中国的领导人应该活 200 岁，那样他们就可以将所有的事情做完了。

## “每个人都对建立诚信的制度负有责任。每一位公司经理及社会公众都有这种责任，不可能把这完全交给为数不多的监管机构”

记者：世行为什么如此关注中国的金融改革？这是否意味着中国有可能爆

发危机，或者会对世界造成巨大影响？

沃尔芬森：不。我们关注这个问题，是因为中国总理将该问题确定为重要问题。如果银行的不良贷款率达到26%，那就得采取行动了。这不是我的话，而是他的话。中国需要进行清理，加强管理，支持较小规模运作的新银行从一开始就有良好的标准。必须逐步这样做，将不良贷款从系统中清除。这需要时间。美国的储蓄贷款协会就遇到了这个问题。但是它有较强的能力非常迅速地将其清除出去，通过将坏账打包出售，将其清理掉。

记者：中国正在广泛开展银行改革，世行将在其中发挥何种作用？

沃尔芬森：我们目前在监管层开展工作，但是也对一些银行做投资。国际金融公司投资了多家小型银行，派人加入董事会，并引入国外的做法，介绍怎样在当地做得更好。因此我们现在对监管和投资两者兼顾。

记者：在公司治理方面，世行在中国采取了哪些具体行动？

沃尔芬森：我们正在与私营企业合作。现在我们不仅通过国际金融公司与规模较大的公司合作，而且正在与中小型企业开展更多的合作，通过研讨会和教育为他们提供培训。这只是整个过程的一小部分。

记者：作为前投资银行家和世行行长，您对中国发展资本市场有何建议？发展与监管二者可否取得平衡？

沃尔芬森：市场中不应充满欺诈且缺乏有效监管。我想那太危险了。中国政府正在试图建立监管框架，包括有效的报告制度和有效的公司治理结构，并控制步伐以确保能够顺利引入这种框架。政府针对腐败采取了重大行动，现在正在培训会计师，希望培养出一批守规则的会计师。中国需要做的是建立一个框架，鼓励诚信。

但我想提醒你的是，即使在那些你认为已经建立良好机制的国家当中，也会遇到令人震惊的事情。比如美国20世纪80年代的储蓄贷款机构危机以及最近的安然公司破产事件。所以，在这方面也不能绝对保证人们就可以按照规则行事。我们所需要的是建立起有力的、独立的监管机构。

这里我再一次强调文化的重要性。每个人都对建立诚信的制度负有责任。每一位公司经理及社会公众都有这种责任，不可能把这完全交给为数不多的监管机构。改变一种文化和相信一种文化是需要时间的，每个人都必须参与进来。这需要时间，但我觉得建立这种诚信的文化是可以实现的。一个国家接近国际标准也有助于这种文化的实现。

## “当涉及国有资产私有化时，一定要确保透明度和极大的公开性，并使之可以接受调查。这样做才有可能遏制所谓的任人唯亲的资本主义”

记者：现在中国人普遍担心中国会落入“裙带经济”（Crony Economy）的发展模式陷阱。我们应该如何避免或者说克服这个问题？

沃尔芬森：我想首先最高层领导人要有这样的愿望，即确保在重大问题上不会发生腐败。不幸的是，在亚洲经济危机中我们看到，由于政企联系紧密，导致出现了一些腐败。因此要避免发生腐败，需要领导层的决心。

其次，当涉及国有资产私有化时，一定要确保透明度和极大的公开性，并使之可以接受调查。这样做才有可能遏制所谓的任人唯亲的资本主义。

国有企业改革过程中一个最大的问题就是，在民营化完成后依然保持裙带关系。在俄罗斯和部分东欧国家就存在这种现象。但这个问题不仅仅局限于东欧，这其实也是东南亚金融危机的起因之一。韩国总统金大中说过“这就是问题的根源”。他指出了一些政客和企业家之间的关系，也指出了他们和一些金融机构之间的关系。这种危险确实存在。在这方面媒体所能发挥的监督作用是非常重要的，同样重要的是公众能够发表意见。

记者：中国有没有可能避免这种情况发生？

沃尔芬森：我认为新兴市场经济体由于缺乏透明的传统，因此都比较难。但是我想从目前中国最高层领导人身上体现出的正是其政策的正确表达。政策从表达成为现实是需要时间的。人们必须明白：我们不可能一天就改变一个人，一年就改变一个国家。这需要时间和耐性。还必须让人们了解这个过程正在开始实施，因为必须改变很多人的思维方式。

我们姑且不谈中国，而回想一下部分东欧国家早先的情况：那时这些国家宣讲的理论都对，但实践中犯了不少错误。然而10年之后，俄罗斯现任总统普京在扭转寡头体制方面则有力得多，纠正了错误。因此这绝非一夜之间就能实现的，而需要始终如一地采取行动。我猜这正是中国需要做的，即不仅需要现任主席和总理，而且需要下一届主席、再下一届主席以及再下两届主席坚持变革。

一般在一个社会中，腐败不会仅限于最高层，而是社会问题的一部分，从上至下渗透至社会的各个层面。富国有腐败，发展中国家也有腐败，腐败不是发展中国家专有的问题。但是如果要摆脱这个问题，就必须要从根本上改变国家和社会。人们必须理解依法治国，做正确的事情才符合每个人的最佳利益。

记者：亚洲危机之前，世行曾对亚洲奇迹的诸多方面大加赞许。而我们注意到，与之相似，目前世行亦在盛赞中国诸多方面的经济改革与成功。然而，现在是否已是下结论的时候了？哪些变数会使这种发展前功尽弃？中国是否可能会经历其他亚洲国家类似的命运？许多专家对于农村发展、收入差距和不良贷款等社会发展方面的问题忧心忡忡。对此您持何观点，您预期中国的未来将会如何？

沃尔芬森：想要回答这个问题，需要从多方面考虑。首先要知道，这是一个 13 亿人口的经济体，从一开始就存在巨大的贫富差距。你们已经使 2.5 亿人口摆脱了贫困。我第一次来中国是在 1976 年。可以说，从 1976 年到今天，我看到中国发生了翻天覆地的变化。上次我来中国是在六年前，与上次相比，此次我看到了巨大的变化。因此首先必须承认中国无疑是取得了进步的。我想即使是那些持批评态度的人也不能说中国毫无起色。无论是 6%、7% 还是 8%，用任何标准都是巨大的进步。

但这并非意味着一切问题都已解决了。中国的国家领导人将问题提了出来：不良贷款的问题、边缘化问题、家庭贫困妇女人数增加的问题、艾滋病问题、南北水资源分布不均问题、东西部发展不平衡问题。中国的确面临着许多问题。但这些不是批评，而是对事实的观察，是需要正视的问题。就我而言，我对这些政策的观察是：关于这些问题已经不再有什么秘密了。这些问题就摆在那里。是的，中国可能无法按时实现目标，可能不会事事顺利。如果事事顺利反倒令人惊奇了，这在世界上任何地方都是不可能的。因此我确信前进的道路上肯定有坎坷。但是在我看来，重要的是这个国家充满了紧迫感，并且正在大规模地解决这些问题。我敢说，这个方向是被明确地指出并被充分领会了的。这不是现任领导人所能完成的任务，而是要由未来的领导人完成的任务。

（注：官青对此文亦有贡献）

# 如何看待中国崛起

## ——专访英国首相布莱尔

采访人：胡舒立、曹海丽
发表时间：2005-9-19

“所有这些事情，最终都将回到同一个根本点上来，即你们如何管理中国崛起的进程。”

9月5日，第八次中欧峰会在北京开幕的当天下午，在长安街旁的中国大饭店20层豪华贵宾室，英国首相布莱尔这样告诉记者。

他在解释欧盟解除对华武器禁运还存在什么障碍。虽然没有明确提及，但他暗示，对华武器禁运的解除要与台海局势的缓和挂钩，因为解除禁令“不能导致其他地区的紧张形势”。

在那一刻，在离此三公里之外、同在长安街边、遥遥相望的北京饭店18层，中欧谈判代表们正在就解决巨额中国纺织品欧盟压港危机的细节锱铢必较，谈判几度濒于破裂。

中国崛起，这是一个如此复杂的进程。它是一次系统重调——一个实力迅速增长的国家，一系列演进中的目标集，面对一个既满怀期待又疑虑重重的世界。

作为欧盟轮值主席国首相，布莱尔所讲的“所有这些事情”，包括中国与欧盟贸易争端的解决与否及解决方式，包括欧盟对华武器禁运是否解除，也包括中国与其他国家如何协同管理能源需求，还包括中国企业海外扩张的方式与方法，更包括中国能否以及以何姿态在国际舞台上发挥更大作用。

"所有这些事情"，如布莱尔所说，既以"你们如何管理中国崛起的进程"为因，亦将塑造这一进程本身；在许多时候，更是中国崛起的内容所在。

9月5日，布莱尔接受我们独家专访，畅谈的，正是"所有这些事情"。

今年52岁的布莱尔是当今个人魅力名列前茅的西方政治领袖。他显见得对受访驾轻就熟，整个过程中均很放松，回答问题时身体微微前倾，右脚自然地叠放在左脚内侧。知情者告诉记者，"他喜欢困难的问题"。

当晚9点，中欧宣布达成压港危机解决协议，基本原则是——分担责任。

记者：作为西方世界的领袖之一，你怎样看待正在崛起的中国？

布莱尔：我想，每个人都在试图理解并接受（come to terms with）中国崛起的政治和经济含义。我的看法是，中国的崛起对于我们（西方世界）来说，不是一个威胁而是一个机遇。因为从贸易和经济的角度，我们将从开发中国市场中获益良多。所以，我是乐观的。

记者：大家都在谈，中国的崛起带来了许多挑战。你认为这些挑战是什么？

布莱尔：最大的挑战是，美国和欧洲一向是世界的两大权力核心，而现在中国兴起了。人们当然会问——这意味着什么？我的说法是"理解并接受"（come to terms with）它。我不认为人们对此感到恐惧，实际上，他们更多的是心存疑问——这究竟意味着什么？（比如说）在解决朝鲜核问题上，在处理中日关系问题上，中国的兴起将带来什么？欧洲和美国究竟该如何与中国合作？从商业和（各国）就业的角度讲，这意味着什么？

（另外）中国的劳动力成本低廉，而中国的出口每年增长20%至30%。很自然地，人们对此有所担心，但同时这里也存在大量机遇。

记者：中国公司收购外国公司的情况正在增多，今后还可能更多。这些行为是引发关于中国崛起的大讨论的诱因之一。其中的一个重要案例是，中国海洋石油股份有限公司最近试图收购美国优尼科石油公司，在美国引发重大政治反应。你对此如何看？

布莱尔：你知道，目前正在发生的贸易摩擦是在纺织品领域。我认为这属于自然的摩擦。中国的公司们正在成长，这是必然的。因为中国正在具备更大的商业和政治力量，在某些层面将会导致担忧产生。但我认为，总的方向是中国与世界之间的贸易额不断增长。这类分歧总会时不时出现，但我认为，这就是新生事物出现在世界舞台上时引起的自然摩擦，仅此而已。

记者：中国的能源需求增长，是否对其他国家的能源供给和能源安全造成了影响？

布莱尔：我认为，在这些问题上相互协作是很重要的。我对当今世界的看法是，这个世界基本上是互相依存的。能源供给与能源安全是影响到所有人的问题。现在，中国的能源消费可能在未来几年内出现戏剧性的增长，因此，我们很有必要努力合作，以合理的方式解决与各方相关的问题。

中国很关心能源价格的稳定，我们也一样。所以，我们不能单纯追求自身利益，而要努力讨论大家应当共同做哪些事，怎样开拓长期、稳定和安全的能源供给，以使中国的经济保持增长，同时不给其他国家造成伤害。我认为协作是很重要的。

记者：中国人民被告知，加入 WTO 后，中国将进入自由贸易的世界并享受其带来的好处。现在发生的诸多贸易争端多少使他们感到挫折。你认为中国人民应当调低期望值吗？

布莱尔：不，因为我认为不管发生什么，在未来五年内，中国与欧洲的贸易将发生戏剧性的增长。但是，对欧洲某些行业来说，这将造成巨大冲击。所以我们必须妥善管理这一变化过程——不是要停止这一变化过程，而是要妥善管理。

欧洲有些国家如英国，比较支持自由贸易；但在其他一些国家，比如意大利，有相当大比例的人口受雇于纺织业。当来自中国的巨额廉价纺织品进入他们的国家，他们一定会很忧虑。但这是管理整个变迁过程的一部分，它并不意味着变化不会发生。

记者：中欧纺织品贸易争端一波未平一波又起。你对这类中欧间存在的贸易问题的解决持何种看法？

布莱尔：英国的基本立场就是支持自由贸易。（不过）当前，作为欧盟轮值主席国，我们必须代表全欧洲的利益。一些欧洲的（纺织品）生产厂商们认为存在不公平贸易的情况，并担忧我们能否与中国达成协议。我认为，我们最终将会解决这个问题。我们必须往前走。必然如此。

记者：欧盟内部各国之间就此有很多分歧，达成一个统一的贸易政策是否可能？欧盟内部有没有可能出现更多的保护主义声音？

布莱尔：这的确很困难。但我要说，总的方向是非常清楚的。以欧洲与美国的关系为例，欧洲与美国之间贸易纠纷不断，但这些纠纷并不妨碍朝着越来越自由的贸易进步的大方向。与中国也很有可能是同样情况。总会有各种各样的局部争议出现，但这不意味着方向变化了。方向将保持不变，那就是贸易将越来越趋于自由化。

记者：中国与英国都是联合国和世界贸易组织等多边国际机构的重要参与者和支持力量。这些国际机构同时也是国家间竞争与合作的舞台。你认为，中国的崛起对这些机构的现有格局将发生什么影响？

布莱尔：这对我们大家都是个机遇，因为中国获得了如此巨大的力量。合作对彼此都有利。英国以及其他国家没有理由反对、阻止中国的兴起。中国的兴起是个现实，这一现实必然带来种种政治影响。我认为这些机构将因中国的参与而更加壮大。

记者：为什么联合国当前需要改革？作为安理会常任理事国之一，英国在这个问题上持什么立场？

布莱尔：我们支持联合国安理会成员国的变化，但这一改革必须获得所有各方的支持。每个国家对此有不同的看法，比如中国对日本的看法就非常鲜明。我们必须努力达成一致。让我们拭目以待。

记者：随着实力的增加，中国有可能在国际舞台上发挥更大的作用。你寄望于中国在一些重大国际问题如反恐战争以及中东问题上提供何种合作？

布莱尔：对于中东问题，最重要的是要理解，中东所有问题都彼此关联。如果中东问题要以某种合理的方式取得进展，就必须尽力解决以色列—巴勒斯坦问题，并且在中东建立更有效的和更稳定的政府。对于中东那些以宗教狂热信仰立国的政权，我感到很担心。我觉得这种情况并不健康。

在与一些国家比如说与伊朗的关系上，中国的合作可能会是关键的。欧洲正在努力使伊朗遵守国际原子能机构的裁决，中国可在此发挥作用。在这一议题上，中国显然能够向伊朗施加压力，并说服伊朗采取合作态度。

记者：此次中欧峰会期间，中欧签署了《在防止全球气候变暖、利用可再生能源方面进行合作的协议》。在美国不愿承认地球气候变暖是一个重大环境挑战的情况下，中国与欧盟在此议题上将寻求合作，是否能取得重大进展？

布莱尔：这对我们来说非常重要。中国经济增长的国际影响，从石油市场就可见一斑。中国的需求增长是推动国际油价上涨的主要因素之一。中国完全有权发展经济。中国人为什么不能拥有自己的汽车、电视机和优越的生活方式，就像欧洲人和美国人一样？

因此，中国的发展是正当、正确和必要的。但我们必须管理这一变迁所带来的在环境上的后果。这正是我们建议在欧洲、美国和中国间展开对话的原因。

记者：但美国的布什政府并不认为这是一个严峻的问题。

布莱尔：我感觉，美国（对这个问题）的接受程度高于人们的想象。尽管美国不认为气候变暖是个首要问题，但他们很关注石油供给和能源安全。不管是出于什么原因，我想美国对于参加对话是有兴趣的。重要的是，不要把所有的指责都指向美国人。因为其实欧洲人的立场与他们也相去不远。如果中国的经济迅猛增长而不限制自身的能源需求，欧洲和美国都将很难采取相应的限制措施。这就是你们面临的难题。

记者：此次峰会的另外一个成果是，中国与欧盟之间将就劳工问题展开对话，这是一个突破。你从这一对话中有何期待？

我想，这是一个我们必须持续讨论的话题。事实是，无论如何，无论根据什么计算方法、进行何种讨论，中国的劳动力成本大幅度低于欧洲国家。欧洲与中国竞争的唯一办法，就是投资于科学、技术和知识。我不是说没有必要讨论这个话题，但我个人的看法是，这些不过是次要话题。

记者：欧盟原计划于今年内取消已经存在 15 年之久的对华武器禁运政策，后来因为来自美国的压力而延后。你认为欧盟取消对中国出口武器禁令是否可能？

布莱尔：是的，我确实认为是可能的。我认为禁令会被取消，不过它的前提是，要保证取消禁令不会加剧其他地区的紧张局势。从原则上讲，这是必然发生的，你也会看到这一天。

记者：取消这一禁令的最主要障碍是什么？

布莱尔：武器禁运出台之时的理由现在都已经消失了，所以禁令本身完全过时了。但是，我们必须确保，如果取消禁令，不会导致出现其他紧张局势，以至于造成更大的困难。我认为我们会解决这个问题。所有这些事情，最终都将回到同一个根本点上来，就是你们如何管理中国崛起的进程。

（注：王丰对此文亦有贡献）

# 保尔森信号

## ——专访前美国财政部长保尔森

采访人：胡舒立、李昕

发表时间：2007-3-19

美国财政部长亨利保尔森在华盛顿接受我们的专访，谈中美经济关系的长期目标与短期进展、原则共识与节奏分歧。

“保尔森几乎把布什政府的一半内阁官员搬到了北京。”去年12月14日至15日第一次中美战略经济对话在北京举行的时候，一位观察家如此惊呼。包括美国商务部长古铁雷斯、贸易代表施瓦布、劳工部长赵小兰、卫生部长列维特、能源部长伯德曼及财政部长保尔森本人在内，不下十位美国部长级高官云集北京，参加中美建交以来最高级别、最大范围的战略经济对话。主持这一对话的，正是新上任不久的美国财长亨利·保尔森。

中国一方的团队由中国国务院副总理吴仪领队，参加者包括了财政部长金人庆、商务部长薄熙来、中国人民银行行长周小川、卫生部长高强等高级官员。中国总理温家宝直称，中美双方官员参加的规模和层次都是中美历史上“前所未有的”。

2006年9月20日，在新加坡参加完国际货币基金组织与世界银行年会后，保尔森直飞北京，首次以美国财长身份访华，中美战略经济对话机制随之宣布启动，将此前近十个不同等级的中美对话机制纳入其框架，级别与频率同步提升。过去两国间常设的最高级别经贸对话为一年一度的中美商贸联委会。而新的中美战略经济对话机制将一年两次在两国首都轮流举行。

按美国政体，财政部长直接向总统报告，而且在政府序列中，于总统、副总统、国务卿之后排位第四。此时，由保尔森担任中美对话机制的美方联席主席，系美国总统特别代表。这正式明确了保尔森身为小布什政府对华经贸政策主要协调人和枢纽的作用，亦凸显了中国在美国对外战略格局中的重要地位。

在中国一方，中国副总理吴仪的身份是中国国家主席特别代表。中国国家主席胡锦涛表示，中美应充分利用中美战略经济对话机制的职能，深入探讨两国共同感兴趣和关切的双边及全球战略性经济问题，“为两国高层决策建言献策”。

从现在起不到两个月，吴仪领衔的中国经济高官代表团将于5月间造访华盛顿，展开第二次战略经济对话。

两次战略对话讨论的主题不会有很大的区别：人民币汇率改革、中国金融市场和其他服务业领域的进一步对外开放、知识产权保护、能源安全战略及节能技术合作……一个长长的单子。

双方在大多数领域达成原则性共识，但具体日程表各自不同。美方越来越多地提醒保护主义色彩日渐浓厚的美国国会将倾向于要求政府采取对抗性的手段，更强调加速改革比减速对中国自己更有利，获得“近期进展”的愿望越发强烈；中方则坚持对外开放进程要根据自身国情而定，更倾向于审慎稳健的渐进路线。这样的对话几乎可以肯定会延续到5月间的第二次战略经济对话再启。

再没有什么比今年3月7日保尔森担任美国财长之后的三次中国之行，更能充分说明美方对第二轮战略经济对话的期望之高，以及中方相应的看重与回应。当日下午，正在参加人大政协“两会”的中国国务院副总理吴仪专门请假前往首都机场与保尔森匆匆一晤。她向保尔森转达了胡锦涛主席致布什总统的口信：中方高度重视中美战略经济对话，将确保对话取得成功，促进中美关系深入发展。

正是在保尔森此次访华之后，筹备华盛顿第二次中美战略经济对话之前，记者在华盛顿采访了美国财政部长保尔森、美国贸易副代表巴提亚以及中美两地的一批专家。本刊在此推出专题报道，以图在这一有关中美关系前景的重大事件中，为读者提供富有价值的阶段性的权威信息与分析。

美国财政部办公楼紧邻白宫。长长的大理石走道，两侧墙上悬挂着各个时期的纸币。进门处依次排列着三个人的照片——总统布什、副总统切尼和财政部长保尔森。

上大楼二层，左侧转弯，被引入一间很大的办公室，四五个人在各自桌前紧张工作。亨利·保尔森过来与我们握手，随即带我们进入同样宽大的里间。

一套沙发，一张大办公桌，随处摆放着本人与家人的生活照。这就是现任美国财长的办公场所了。

3月的华盛顿春意初现。在办公室里，今年60岁的保尔森穿白衬衣，系蓝底白条纹领带，一边招呼我们落座，一边问要喝些什么，乍看来与昔日那位熟识的高盛投资银行家并无两样。仅一分钟之后，他便说，“开始吧”——显出了身为政治家的超常繁忙。

我们禁不住问道：“怎么样，当投资银行家和当政治家的生活有什么两样？”

“这是截然不同的工作。”可能是因为劳累，保尔森声音显得比过去更为沙哑和低沉，神情中略显出疲态。他与记者交谈时语速不快，字斟句酌。

“我很高兴我作出了这个选择。尽管我很怀念在高盛的朋友们，到华盛顿来对我来说很难。但是，我在这里工作面对的所有议题非常有趣，充满了挑战性。我为自己的决定感到高兴，不过这份工作丝毫不轻松。”

采访进行得很顺利，时间不很长但保尔森有问必答。在一旁的新闻秘书提示时间已所剩无几，我们还是相继问完了准备好的最后两个问题。他的回答也都耐心周全。半小时的采访中，他手拿一瓶健怡可乐，时常后仰在沙发里，双脚搭在茶几上，随意也放松。

当然，谁也不会因其轻松举止而低估保尔森的能量。坐在我们对面的这个人，他的雄辩、犀利、果决和雄心勃勃人所共知。如不是这样，保尔森不会成为美国最大投资银行高盛集团CEO，不会被《财富》杂志评为“华尔街最有权势人物”，也不会出任小布什政府的第三任财政部长。

在保尔森的前任奥尼尔与斯诺任上，美国经济政策实际均出自白宫经济政策班子，两任财政部长备位而已。保尔森与他们不同，这个从布什总统到华尔街都爱称其为“汉克”的人，被公认为布什政府任期内最有政策制定权力的财政部长。他上任之时，颇有评论认为，白宫需要他为政府经济政策注入公信力，远胜过他需要白宫提供这一职位。

小布什政府试图通过推行长期、大规模的减税来应对经济放缓，结果给财政造成极大的压力。另一方面，美国的贸易赤字持续增长，财政和贸易“双赤”危局深化。保尔森接手财长一职，可谓临危受命。

即使从2006年7月间出任财长一职算起，到2008年年底美国总统大选之前，保尔森的任期也只有两年有余，现在则只剩下18个月。中国显然在他紧迫的日程表上排名列前。保尔森深知自己的比较优势何在：在高盛期间他曾访华不下70次之多，对中国经济增长的动力与制约有亲身认知，与中国的领导人及财政经济部门负责人有频繁的第一手接触，高盛在他执掌时期在中国大型国有企业改革进程扮演着重要角色（重组—公司化—改制—上市—兼并收购）并获益良多。

今年5月，第二次中美经济战略对话将在美国首都华盛顿举行。我们对保尔森的采访恰在3月14日进行，正是他访华归来之后，筹备下一步对话之前。

频繁奔波于太平洋两岸的保尔森既对中国国情抱以同情的理解，更深谙美国国会和民众对中美贸易逆差的恐惧和担忧。他称，自己的工作就是帮助国会和民众认识到与中国贸易带来的好处，同时也试图让中国领导人理解，减缓改革的风险远远大于加速的风险。

瑞信集团的一份分析报告认为，自上任以来，保尔森已经“重写了美国的对华经济政策”：他大幅淡化处理人民币汇率问题：因为人民币汇率并不是美国制造业转移的主因；相反，敦促中国进一步开放金融服务业成为他日程表的重心所在。此外，他还推动中美作为世界经济的两大引擎在能源和环保等全球议题上进一步合作。保尔森在美国共和民主两党内的广泛关系及与中国的长期交往史，使他成为担当这一使命的最佳人选。当然，他同时面对着两大挑战：一个正在形成更多保护主义色彩的美国国会；他还被期待在与中方的会谈中达成具体成果。“这使得他必须在大洋相隔的两个首都都扮演外交官角色”。

“我很尊重他。但我并不了解他在中国政府的人脉是否足够深广，也很怀疑他是不是能在未来的18个月取得进展。”美国参议院一位不愿意透露姓名的政策分析人士告诉记者。

他还说，这是一个矛盾。保尔森出任财长的意义，在于重振美国人对布什政府的经济信心。但保尔森本人的兴趣所在，又是进行中美战略经济对话——这可能是一个无法完成的使命。

在资深投资银行家和政治生涯之余，保尔森还热心环保，爱好鸟类。在他办公室的茶几上有一尊黑色猎鹰雕像。采访结束之后，他向记者展示了在中国云南拍摄的照片，“我在那里也看到了猎鹰”。

2003 年年初的云南之行，保尔森前往考察大自然保护协会在澜沧江等地区的自然保护项目，我们的记者也曾前往采访，谈及往事他记忆犹新。

随后，我们一起走出里间办公室。保尔森匆匆话别，甚至来不及与记者握手，即转向一位工作人员，开始了紧张的工作。

## “资本市场对于中国正在进行的改革至关重要”

记者：你刚刚从中国访问归来。上个星期，你在上海期货交易所发表演讲时，提到中国股市“不断加剧的波动性”（exacerbating volatility）及其影响，这指的什么意思，能不能更详细地阐述一下？

保尔森：用短短几句话概括一个演讲是很困难的。我当然注意到了中国进行资本市场改革中取得的进步。我们需要很多的改变，很多积极的改变。但是，中国的资本市场还不能代表中国的经济。资本市场改革取得的成就落后于其他领域。正如我在演讲中所言，资本市场对于中国正在进行的改革至关重要。要使更多的中国人分享经济发展的成果，使中国经济超越制造业出口的增长模式，资本市场都是关键。我相信，发展资本市场的关键在于建立更强劲的机构市场（institutional marketplace），有大量高度专业的投资者，还要建立强劲的债券市场。

据此，我提出通过开放引入竞争正是关键之一。中国资本市场越早开放引入竞争，就能越快地建立起中国应当有的成熟资本市场。如果等待的时间太长，成熟资本市场的建立将会变得更加困难，因为许多在政治上经济上强势的有既得利益的国内企业将变得难以撼动（entrenched）。为了中国自己的国家利益，资本市场应当开放。像我在演讲中所说的，这在全世界上有很多成功先例。事实上，中国比绝大多数发展中大国的限制都多。这里我指的并不是中国对加入 WTO 承诺的履行情况，中国已经履行了 WTO 承诺。这是在我看来怎么做对中国更有利。我对此做了很多研究，我在高盛的时候就经常想这个问题。

所以，我有意使这番演讲有人同意，有人不同意，希望由此激发讨论并带来变革，但是我当然没有忽视（中国资本市场改革）已经取得了很多成就。

记者：你刚才谈到市场的剧烈波动，应该采取什么样的措施来减少波动呢？

保尔森：每个市场都存在波动性，从波动性可以看到市场的基本面，因为从长期看，市场是追随基本面变动的。但是，我相信，资本市场越发达，越广泛多样，投资者越成熟，市场的波动性就将越小，就越能反映所在经济体的实际情况。

## 短期进展与长期目标

记者：你如何评价去年 11 月首轮中美战略对话的成果？我们注意到，美国朝野对于通过这一机制解决中美间多个重要经贸议题抱有很大期待。事后所谓的失望声音也很响亮。很明显地，身处你的位置，来自美国国会、业界和媒体的压力一定很大。

保尔森：首先，我对中美战略经济对话的成果十分满意，认为在北京举行的第一次会谈十分有建设性也富有成果。其次，美国国会是民众意见的反映，而美国民情普遍对贸易抱有担忧。很多人相信各国从贸易中获益不均，即使在美国国内也是各个行业受益不同。在世界很多国家都能看到保护主义的压力。中国也有这种情况，许多国内企业不希望有竞争；许多人都支持自由竞争，但前提是不在他们自己的领域进行竞争。所以说保护主义是一个世界性的潮流。

美国现在保护主义压力很强。我力图向人们阐明中美关系极为重要。这个关系有多个层面，在未来很长时间都占据重要地位；而且，两国经济关系是其中非常重要的部分。真正的成果只能通过中长期努力实现，涉及许多结构性问题，涉及中国超越 WTO 承诺的继续开放，以及在许多领域加强透明度等。

记者：在民主党于去年秋天重新成为美国国会多数党之后，很多人担忧与中国的贸易摩擦将会加深。对此你有何看法？

保尔森：这是我们刚才谈过的问题。美国民众担心贸易的冲击。提高生活水平带来的好处是渐进的，但是丧失工作的痛楚是深切而直接的。我个人认为，有些工作机会丧失不是因为贸易，而是因为科技进步和劳动生产率提高，但他们的痛苦是同样的。所以我的工作就是帮助国会成员和民众认识到贸易带来的好处。

美国是世界上对贸易最开放的国家。我希望这可以继续保持下去，因为这对美国有利。我希望保持美国的开放，也相信其他国家应当加快开放的步伐。

记者：你多次谈到期望看到短期进展，主要是哪些期待？

保尔森：我需要一些短期进展，让美国人民了解我已经了解的情况，这就是中美两国在改革的原则上并无分歧，分歧仅在于时机的选择（timing）。所以当我谈到美国关注的一些事情时——对人民币灵活度的关注，我相信这是符合中国利益的，因为更灵活的人民币汇率对中国有利。保护知识产权是另一个这样的议题。

中美战略经济对话的框架涵括了众多双方可以合作的议题，比如整个服务业。我还是想说加速改革进程对中国有利。我在美国这边屡屡提到，中美两国在过去五年里贡献了世界经济增长的50%。如果中国发展顺利，我们两国将成为最主要的经济伙伴，这符合美国自身的利益，是一个双赢局面。所以加速开放，在WTO承诺之上进一步改革，是与中国利益相一致的。

我们已经谈了许多议题，能源、环境、科技合作等。在即将进行的第二次中美战略经济对话里，一个重要议题就是创新型社会（innovative society），这是个可以互相学习的领域。

但最重要的是就长期原则和长期问题进行合作，所以需要有足够的进展。要让两国人民以及我们的国会看到，在就长期合作讨论的同时，短期内有实在的进展。

记者：第二次中美战略经济对话5月将在华盛顿举行，你这次是否会采取与上次有所不同的策略？

保尔森：我换个方式来回答这个问题。下一次中美战略经济对话在美国举行，正值美国国会召开期间。我需要考虑如何创造一种可能性，请中方主席、吴仪副总理或者其他领导人与美国国会领袖们交流。吴仪副总理非常出色，我对她充满信心。

我访华时要和国会交流。在去年12月首次战略对话启动之前和对话之后，我都与他们进行了沟通。因为5月的对话即将到来，我还会专门向他们介绍将要讨论的计划，在这一轮有哪些议题。对话结束之后，我们还会讨论我们的长远目标，介绍有关进展。我会反复提醒国会，我们在与一个非常重要的国家打交道，一个主权国家，一个重要的经济伙伴。中国经济的持续发展不仅对中国有利，也对美国有利。这就是基本战略。

## “在汇率问题上原则一致”

记者：人民币汇率形成机制改革接近两年。期间人民币汇率从 1 ：8.27 升至 1 ：7.74 左右。中国选择的是一个渐进和稳健的道路。你对此怎么看？

保尔森：我本人一向反对着眼短期的思考方式。我觉得只有那些通过长期努力完成的事情才是重要的事情。但我已经转入公共职务，我现在也已经懂得，我们需要拿出一些短期进展向人们展示。我很赞赏中国政府正在着眼于和谐的增长，着眼于更广泛地分享改革的成果，着眼于环境问题。

我深信中国已经进行了深入改革，区别在于我也认为，像中国这样庞大多样的经济体，而且已经如此融入世界贸易系统，减缓改革的风险远远大于加速改革的风险。资本市场半行政控制半市场驱动是很困难的。所以，对我来说进行推进并不是很难，因为这种推进符合中国的利益。

如果我们在谈论一个中美间的零和博弈，那推进当然会难得多。但我想，我所谈的议题都是可以取得双赢的。所以我坚信改革和竞争。

记者：如果人民币升值过快，将会带来什么风险？

保尔森：我们并没有看到人民币的迅速升值。而且如果从真实的、贸易加权的角度来看，恐怕还能说人民币在贬值。我觉得如果中国要建立一个强大的金融市场，就必须接受货币的市场信号。具备能够反映市场信号的货币是好事。所以，我们想看到是加大汇率灵活性，最终实现浮动汇率。这样我们可以进入这样一种状态：人们不再讨论汇率应该是多少，因为汇率由市场来决定，取决于经济基本面。

在这里我想重新强调，我们在汇率问题上是原则一致的。中国在 2005 年 7 月启动人民币汇制机制改革，此后人民币逐步升值。这是好事。如果我们有原则分歧，就会非常困难，对吧？但我们在原则上是一致的。

记者：中国准备建立一家外汇投资公司，据我们了解，原中国财政部副部长楼继伟将出任董事长。这家公司的使命是将一部分多余的外汇储备用于投资。这也是中国政府化解巨额且仍在高速增长的外汇储备的办法之一。你对此有何看法和建议？

保尔森：我读到了此事，我支持。我相信中国能在衡量风险的基础上为储备资产寻求更高回报的行动是积极的事情，特别是如果此举对发展经济体的一些关键环节有帮助的话。不过，我对此事细节了解不多，只是认为这是件好事。

记者：你有什么具体建议吗？

保尔森：没有。但在我看来，这是个非常有建设性的步骤。

## “与世界经济领袖之一的中国加强合作”

记者：美国方面提出，中国应成为国际体系的“负责任的利益攸关者”。这一方面代表了对中国发展成就的认可，另一方面，实际上也对中国提出了一整套新的要求——你是利益攸关者了，你要负起“责任”来，所以你要这样，你不要那样，等等。但是，中国人会问，现有国际体系的主要力量，特别是美国，自身可以作出什么调整来更好地适应中国的兴起？

保尔森：美国在非常积极地推进国际货币基金组织的重组，中国会有更大的份额，目前已经在第一阶段的改革中走出了一小步，我们期望以后会有更多的改变。我们支持中国加入美洲发展银行也很重要。另外，近期来的 G7 会谈一直有中国参加，中国在这些讨论中积极参与。总而言之，无论在 WTO 框架之内还是其他范围，我们都期望与作为世界经济领袖之一的中国加强合作。

记者：对你而言，银行家和政治家的角色有何不同？

保尔森：财政部长是一份与高盛 CEO 截然不同的工作。我很高兴自己作出这个决定，尽管我怀念高盛，怀念在那里的朋友和工作。我本来没打算离开高盛，所以说来华盛顿并不是容易的选择。但是这份工作面临的所有议题非常重要、有趣和充满挑战性。我为自己的决定感到高兴，但是这份工作丝毫不轻松。

# 没有开放政策，就没有奥运会

## ——专访前澳大利亚总理、现任外长陆克文

采访人：胡舒立、王烁、王欢

发表时间：2008-8-18

奥运会是一种象征。它为中国的全球化进程提供了一个平台，不仅从市场的角度，同时也从全球政治秩序的角度。

8 月 9 日，在接受我们专访的同一天中午，专程前来出席奥运会开幕式的澳大利亚总理陆克文（Kevin Rudd）举行了一次特别的午餐会。主宾是中国投资有限公司（CIC）董事长楼继伟，中方出席者包括宝钢集团、中信、中钢集团、中铝、中电投集团、中海油、国开投、大唐集团、中国冶金科工集团、中石化的“一把手”，澳方出席者则有必和必拓集团、力拓集团、FMG 集团的董事长或者 CEO。中国所有对澳大利亚资源感兴趣的最大公司以及澳大利亚主要的资源公司，在一张 10 米长、1 米宽的长桌上把酒言欢。

“他们的市值总和，既超过中国的 GDP，也超过澳大利亚的 GDP。”陆克文事后这样告诉我们。再没有什么比这份午餐名单更能说明中澳为什么必须相互接近的了。资源大国澳大利亚和资源需求大国中国相互的利益诉求，构成了中澳经贸关系的主轴，这一特征只会愈加明显。

去年 11 月，陆克文击败执政 11 年半的自由党—国家党执政联盟，当选澳大利亚第 26 任联邦总理。他是第一位能讲流利汉语的西方国家领导人。他曾于 1976 年就读于澳大利亚国立大学，主修中国语言和中国历史；后进入澳大利亚外交部工作，先后被派驻过斯德哥尔摩和北京。他的大儿子在复旦大学学习，小儿子也在学中文，女儿则嫁给了一名澳籍华人。

正因如此，陆克文被认为最为了解中国，也最有可能在中国与西方领导人之间发挥桥梁作用。他既定的目标，是使澳大利亚成为西方世界中最懂亚洲文化和心理的国家。推行“中等强国外交”是陆克文希望给澳大利亚外交带来的新意之一，重视多边合作和机制的力量正是这一外交政策的题中应有之义。专访中谈到如何发挥桥梁作用时，他谦称自己只是“小伙计”，可能发挥作用的地方是帮助中国一起面对全球性挑战。

采访结束之时，他抱歉地告诉记者，他不得不走了，“胡主席在等我”。

记者：你不仅是日益寻求接近亚洲的澳大利亚的总理，也是研究中国多年的政治学者，对中国有近30年的观察。在你看来，奥运会将给中国带来什么？

陆克文：在奥运会开幕式上，遇到了邓朴方，我说：“没有邓小平，就没有开放政策；没有开放政策，就没有奥运会。”奥运会对中国很重要，因为奥运会将中国带入其全球化过程的新阶段。

自中共十一届三中全会以来的30年，中国一直奉行开放的政策，并且逐渐融入经济全球化时代。奥运会是一种象征。它为中国的全球化进程提供了一个平台，不仅从市场的角度，同时也从全球政治秩序的角度。

记者：通过出席北京奥运会，你想向中国及国际社会传递什么信号？

陆克文：即使在几个月前形势比较困难的时候，也就是三四月间关于西藏问题争议出来以后，我也在说，各国对奥运的参与本身就很重要，因为奥运会是中国全球化进程中的一个重要标志。另外，如果你看了令人叫绝的奥运开幕式，你会看到一个现代的中国。开幕式非常棒，非常现代，非常成功。开幕式可以给人们非常非常好的印象。我女儿从伦敦给我打来电话，她说：“了不起。”

记者：中国近年来发生的所有变化中，你最重视的是什么？

陆克文：最关键的是，30年前你们意识到计划经济不能解决所有的经济问题，市场经济才能促进国家繁荣，使农民和工人富裕起来。在那之后，中国到处可见赋予年轻人的机会。这是一个伟大的变化，但是这个变化仍在进行之中，而且有很长的路要走，我们也有很长的路要走。但是“伟大的变化”这个说法是没错的。

中国现在是个令人兴奋的地方——看看墙壁上悬挂的绘画艺术作品、现代中国艺术家、文学作品就可知道。我昨天去王府井书店买了几本关于“文化大革命”的新书。现在中国的电影也不仅仅局限于张艺谋的或陈凯歌的，包罗万象。太令人兴奋了！太有活力了！我想中国有着很好的机会成为全球文化的创新者，就像唐宋盛世时那样。

记者：你被认为最有可能在中国与西方领导人之间发挥桥梁作用。你准备怎样发挥这一作用，弥合他们之间可能存在的分歧？

陆克文：我就是小伙计而已（笑）。中国领导人非常有经验，他们知道如何向世界解释他们的立场；美国领导人在处理美中关系上也非常好。如果你比较一下八年前与现在的美中关系，你会发现两国关系现在非常好，这是因为中国和美国双方都发挥了很好的领导作用。两国之间曾主要在台湾问题及贸易问题上存在过困难时期，但总体而言，双边关系很好。

我能帮到什么？可能是从一些小的地方入手。我想说的是协助中国一道应对全世界共同面对的问题。直到现在，很多国家还只是密切关注同中国的双边关系。但中国已经成为一个全球性大国，像澳大利亚这样的国家需要与中国一道应对全球性问题。

让我举气候变化的例子：气候变化、清洁能源技术、清洁煤技术。直到2030年，70%的中国能源仍将来源于煤。澳大利亚是世界上最大的煤炭出口国，而中国是最大的煤炭进口国，同时也是世界最大的煤炭生产国。两国之间应该通力合作。这对中国有什么好处？这可以使中国逐渐成为对未来世界秩序的积极贡献者。第二个例子是最近在日内瓦举行的WTO多哈回合谈判。中国和澳大利亚在多哈回合中密切合作，我希望我们能在未来几个月内通力合作，以确保多哈回合最终获得成功。所以我对你的回答是澳大利亚和中国在世界范围内合作，而不仅局限于两国关系。

记者：你当政后，澳大利亚在气候变化问题上完全转向。你对中国的气候变化政策有什么期待？

陆克文：我们批准了《京都议定书》。以前的澳大利亚政府曾经同美国一道拒绝批准该议定书，但我们认为这是错误的。我们希望成为全球应对气候变化的一分子。这是第一步。

第二步是参与下一步的哥本哈根联合国气候变化谈判。澳大利亚接受“共同但有区别的责任”这一原则。发达国家有其减排义务，像中国这样的发展中国家也必须采取具体行动。

第三个领域是技术，比如清洁煤技术合作。如果我们在这个领域合作，建立一个商业上行之有效、大规模的、由清洁煤作为燃料的发电厂，并在全世界范围内大规模复制，这将是两国在气候变化领域所能作的最大贡献。我希望中澳两国政府能在这一领域开展合作。中澳两国已经同意建立关于气候变化的部际委员会。

记者：中国与澳大利亚在未来的多哈谈判中还能发挥什么作用?

陆克文：最好的例子就是在刚过去的日内瓦谈判中，澳大利亚贸易部长西蒙·克林（Simon Crean）与中国商务部长陈德铭密切合作。多哈回合成功与否，取决于美国、欧盟、中国、巴西、印度、日本、澳大利亚七个主要谈判方的努力，其中就包括澳大利亚和中国。实际的挑战是找到共同解决之道，为发展中国家敏感的农业领域提供保护。这既是技术同时也是政治问题。在接下来的两个月中，我希望贸易部长们能够合作共事找到问题的解决方案。如果他们找到方案，那我们能达成一项协议。

记者：近来中国企业对澳大利亚的投资迅速增加。你是不是有所担忧?

陆克文：完全没有，完全没有。我今天中午与许多家中国大公司的负责人共进午餐。所有这些公司的市值合计可能超过澳大利亚的 GDP，也可能超过中国的 GDP。我们谈得很好。

我们对外资的政策非常明晰。第一，澳大利亚欢迎外来投资，而且历来如此。为什么？澳大利亚地广人稀，需要外来投资来促进发展。第二，澳大利亚对外资采取非歧视的政策。几十年来，澳大利亚一直有着来自日本、韩国、美国、英国的大量外来投资。第三，从经济整体状况来看，外来投资占到了我们总体经济规模的 23%，在资源和能源领域，外资更占到了 50%。我们对外资进入的心态很好。

跟中国一样，澳大利亚会对每一笔单独的外来投资申请作国家利益的考量。但实际上，在过去 15 年时间里，澳大利亚政府只拒绝过一次外来投资的申请。

我对中国读者的挑战是：当澳大利亚想要投资中国资源行业的时候，中国会不会也放开所有的外来投资限制？到现在为止，我们对于中国的投资还只有30亿美元。而在澳大利亚资源行业，来自中国的投资却远大于这个数，更多投资还会不断而至。跟过去一样，我们会在衡量每笔外来投资时考虑澳大利亚的国家利益。

记者：你说过，将使澳大利亚成为在西方世界中最了解亚洲的国家。怎么才能做到？

陆克文：举例来说，澳大利亚学校里设有关于亚洲语言和文化方面的课程。由于之前澳大利亚政府所采取的政策，现在澳大利亚有75万学生在学中文、日文、印尼文或韩文。只要这部分学生中有十分之一有所建树，将来成为医生、律师、经济学家、MBA、工程师和教师，这就意味着，在澳大利亚人中形成了一个既能娴熟掌握本国语言和文化又具专业技能的阶层。我认为我们能做到这一点。因此，我们将会更加了解我们的邻居，而且更重要的是，对于对亚洲可能还比较欠缺了解的欧洲和美国来说，我们也可以对它们提供帮助。

# 全球增长新动力

## ——专访世界银行副行长、首席经济学家林毅夫

采访人：胡舒立

发表时间：2009-10-12

中国产业升级、投资非洲，或可成为下一轮全球经济增长源泉。

国际货币基金组织（IMF）—世界银行年会的召开，正处在世界经济复苏的关键时点。两大国际机构相信，中国可能先于发达国家复苏，不过，IMF也指出，中国存在资产泡沫的风险。如何在保护经济复苏成果的前提下避免这种风险，成为中国宏观经济政策的重大挑战。中国宏观经济政策需要哪些调整？

另一方面，世行行长佐利克在年会上称，对未来全球经济增长点表示疑惑。确实，在经历了苏联解体和市场化、互联网技术革命、房地产市场和金融创新之后，下一步的经济增长动力来自何方？

本刊记者在会议期间，对世界银行副行长、首席经济学家林毅夫进行了专访，讨论在危机之后，中国在全球经济重建中将扮演什么样的角色。

### 中国拉力

从今年二季度开始，全球各大经济体的经济增长率、工业生产、贸易量都有所恢复，“这一现象令人振奋。”林毅夫说。

他认为，主要推动因素有两个，一是主要国家采取的积极财政刺激，包括美国、中国、欧洲和其他亚洲国家；二是企业新增加库存。危机爆发后，企业

对未来前景不确定，首先是把库存降低，但降到一定程度总需重新构建库存。但这两个因素，效用都有可能降低。目前来看，国际需求仍然相对疲软，保持积极的财政政策非常必要。

IMF 在本次年会上发布的《世界经济展望》中，提到中国应当关注资产泡沫风险问题。对此，林毅夫认为，从发达国家的经验来看，基本上每一次金融危机都是由于资产泡沫破灭造成的。因此，中国应当高度关注。

但是，积极的财政政策并不一定导致资产泡沫，美、日、欧目前都没有出现房地产价格大幅上升的情形，因此不能把积极财政政策等同于资产泡沫。林毅夫认为，中国在推行积极财政政策的过程中，应对资金的流向、项目的选择，给予更多的关注和诱导，降低造成泡沫的风险。

本轮危机后，资金价格将会提高，美国消费增长也将十分缓慢，全球的潜在增长率就会比较低。在这种情况下，若能提高投资资金的使用效率，就可能补偿发达国家私有需求下降带来的缺口，也可能把增长率维持在比较高的水平。

林毅夫称，未来全球经济增长，只能通过寻找新的增长引擎。一些发展中国家的产业的升级空间、基础设施的建设空间，都是需求增加的来源。对非洲、南亚一些低收入国家，如果给予足够的资金支持，也可以增加投资。

在非洲，过去中国做了很多资源和与资源相关的基础设施投资，曾经考察非洲五次之多的林毅夫说。到了目前的发展程度，中国一些劳动力密集型产业需要转移到海外。虽然西部也有转移的潜力，但如果将这类劳动密集型行业完全留在国内，中国产业升级就会相对滞后。如果利用这个时期，把中国相对过剩的产能，包括一些标价较低、劳动力密集的产业，转移到海外，就可以带来投资需求。投资会拉动当地就业，随着本土居民收入提高，也会提高他们的消费，对中国也意味着开拓海外市场。

“这也是将来全球经济增长的一个源泉，也是需求的源泉。”林毅夫说。

## 中国责任

在本次年会上，《财经》记者明显感到，各国代表和媒体，对中美这两个世界上最大的贸易顺差国和逆差国调整本国经济结构的呼声异常强烈。

IMF本身的语调也发生了变化——2008年11月，在接受《财经》记者专访时，执行总裁多米尼克·斯特劳斯·卡恩（Dominique Strauss-Kahn）要求回避汇率问题；今年4月的春季会议上，IMF没有在《世界经济展望》或《金融稳定报告》当中提及，但斯特劳斯·卡恩本人表示，“人民币仍显著低估”；本次年会，则在两大报告中，明确提出亚洲国家汇率调整是再平衡的必要途径……

林毅夫认为，全球再平衡不能简单地用出口占GDP的比重来作为指标。当然，从历史上看，从来没有像中国这样大、人口如此多的国家有这么高的贸易比重。但中国出口产品当中，许多中间产品、原材料是从国外进口，中国进口规模并不小。

1. 人民币汇率不是造成不平衡的关键

对于备受瞩目的人民币汇率问题，林毅夫认为，它并不是造成不平衡的关键原因，也就不会是再平衡的主要途径。从长期来看，人民币会升值；但从短期来看，造成目前中国进出口失衡的问题，主要并不是汇率问题。

以中美贸易为例。中国出口到美国的产品，多属于劳动密集型的生活必需品。如果人民币汇率提高，美国有两种选择：要么从其他国家进口，如果不从其他国家进口，就代表其他国家产品价格比中国高；要么继续从中国进口。

无论哪种情形，美国的进口价格都会增加。而且，生活必需品的价格弹性比较小，“价增”并不带来同幅度的“量跌”，更可能导致美国贸易逆差增大。事实上也正如此表现：在2006年至2007年，人民币大幅度升值，美元相对贬值，结果是美国与欧洲的贸易逆差减小，但对中国的贸易逆差是增大。

如果中国提高汇率，大部分相关行业减少出口，国内的失业就会增加，产能将出现过剩。失业增加需求将减少，产能过剩会造成通缩，通缩结果则是回到原来的真实价格水平。换句话说，升值也没能解决失衡的问题，林毅夫表示。

2. 社保体系着眼点是改善民生而非消费

对各方向中国提出的另一剂“良方”——加大社保体系建设，林毅夫指出，完善的社保有助于降低风险，但社保支出的着眼点应当是改善民生，并不能指望它对消费起到明显的提振效果。

林毅夫赞成增加社保体系支出，但增加社保是不是就会增加消费，减少储蓄呢？“这还很难说。”

首先，中国近年储蓄率很高。但储蓄比例中一半是家庭储蓄，另一半是企业储蓄。从家庭储蓄率来看，目前国民生产总值中有 20%～25%是家庭储蓄，这个水平与印度相比大致相当。所以，中国的储蓄比例过高，其实主要是企业的储蓄过高。

其次，增加社保体系，将使企业的工资成本增加。企业的劳动支出增加了，最终还是工人支付这部分钱。一边增加了社保，另一边工资收入的实际增长则会放慢。

社保具有保险的特性，目的是减少风险，但成本最终还是要由受保的人来支付。因此，增加社保是有必要的，但是要靠提高社保来增加消费，可能作用十分有限。

## 中国潜能

投资与出口之外，中国经济增长的动力何在？林毅夫认为，提高消费的比重大有可为。消费比重比较低，原因则是自上世纪 90 年代以来，工资收入占国内收入分配的比重在下降，反映出中国经济的结构性问题。解决这个问题，可以大量释放消费的潜能。

### 1. 国民收入比例调整需深化改革

林毅夫认为，工资收入比重下降的原因可能有三个。

其一，金融体系以大银行和股票市场为主。只有大企业才能够从大银行借到钱或上市。中小企业、一般农户得不到金融服务，缺乏融资渠道导致发展相对滞后，但他们是创造就业的源泉，发展不足就造成就业机会较少。这对工资增长有抑制作用，而低工资对企业是一种隐性补贴。

工资收入比重下降，大型企业的利润相对增加。这是中国储蓄与消费相对比重不平衡的一个主要原因。

其二，从银行和股票市场融到资借到钱的这些企业，资金的成本相对低；另一方面，储蓄的利率也相对低，居民把钱存到银行得到的回报也相对低。这对能够得到融资的大型企业，也是一种补贴。

其三，与中国资源价格、资源税费太低有关。这使资源产业变成了暴利行业；还有一些部门垄断，如金融、电信，导致企业的利润相对较多。这反映出，企业的收益在国民收入的比重当中相对高，投资相应就会较多。

国内的工资收入比重相对低，消费相对不足，投资较高形成的产能在国内消费不了，就只能做出口。林毅夫认为，要解决中国进出口比重失衡的问题，必须把国内改革“进行到底”。改变国民收入分配格局，是解决结构问题的必要手段。

解决融资可获得性问题，应多发展地区性中小型银行或金融机构，增加对农户和中小企业的金融服务；同时，增强对这种类型金融机构的监管则是必要的配套措施。

对资源行业，最重要的就是提高税率。目前税费过低，等于把一些国有的资产、财富，转移到了这些资源型产业。而国有的含义应是为全体国民，通过财政税收的增加来分享财富。对于资源价格管制，最终资源价格应反映市场供需。石油等资源本来就是稀缺的，如果价格过低需求就会过多。“通过市场价格来调整供需是必然趋势。”林毅夫称。

# 在新格局下，中国的角色及其他

## ——专访常驻联合国日内瓦办事处及瑞士其他国际组织代表、大使何亚非

采访人：胡舒立

发表时间：2010-5-31

金融危机以后，世界格局确实在发生很大的变化，它调整的步伐比过去加快了。大家都很关注中国在想什么，在其中会发生什么作用。

这些年在几个公开的或私人聚会的场合见过何亚非，觉得这个外交官很有素养也有思想。后来他从外交部美大司长的职位升职，先当外交部部长助理，又在两年前出任外交部副部长，主管美大地区、国际、军控事务、礼宾工作和涉港澳台外交事务。驻美大使周文重回国前，就有传说，接任周大使的人选是何亚非。不想后来的任命并非如此。今年3月，何亚非离开外交部副部长任，出任了中国常驻联合国日内瓦办事处及瑞士其他国际组织代表、大使。

无论在哪里，何亚非都算得上中国最优秀、最重要的外交官之一。仅就外交资历而言，他遍及非洲、美国及欧洲的经历也很少见。他此次来欧洲未几，希腊及欧洲危机爆发。欧洲再度成为中心。55岁的新大使何亚非，这回踩上了新的热点。

我近期最后一次见亚非是2月在达沃斯，他是李克强副总理的随行官员之一。这一回，在多哈。他5月30日当天第一场大会上发言，谈G8和G20，很受关注。一下来，哈佛大学的库珀教授就向我打听此人，赞誉有加。

我找到亚非，听他谈谈对国际格局、对新岗位、对欧洲局势，方方面面的看法。我们的交谈就在多哈会场喜来登饭店七层电梯前一对沙发上进行，更象

聊天。

何亚非先谈到他的新岗位。他说：我们在日内瓦的工作也是蛮重要的，日内瓦国际组织很多，主要是在经济、社会发展方面，比如说它有世界卫生组织、国际难民组织、产权组织、电讯联盟。它所处理的议题涉及我们国家国计民生的方方面面。它有时候没那么高调，但是所有这些国际组织其实都在发挥着非常重要的作用，它的重要作用在于——rules making，制定规则。就是说各行各业它都在制定规则，这恰恰是我们今后几十年里，整个国际体系的一个重要组成部分。那么我们国家需要积极地、全面地、深入地参与进去。我们已经在做这方面的努力，但是还要做更大的努力。

“我觉得到了日内瓦，责任很重大，也很光荣。”

他还提到，同时日内瓦地处欧洲的中心，瑞士又是国际金融中心。除了金融以外，包括过去不太知道的大宗商品的交易，最大的交易商也在瑞士。瑞士发挥着很重要的中心的作用，信息也比较多。“我觉得我们还可以利用瑞士地处欧洲中心，各方面信息比较多，为国家的经济建设、方方面面提供一些参考，做一些调查研究，这方面我觉得也是可以做的。我在日内瓦的工作已经开展了将近三个月，觉得挺好。”

我提到他 30 日上午在 WEF 这个“全球重建峰会”上的发言，大家都感觉，在新的国际格局下，中国应该做什么？有一些思考。请他展开谈谈。

何亚非遂说道，金融危机以后，世界格局确实在发生很大的变化，它调整的步伐比过去加快了。大家都很关注中国在想什么，在其中会发生什么作用。“我在会上也强调了，一个最重要的问题是，现在大家对这个体系本身没有信心，觉得这个体系怎么会解决不了问题？这个也很自然。经过一次大的危机以后，往往会丧失信心，所以我们领导人，像总理就多次说：要有信心。我们对自己创立的体系要有信心，这是第一条。”

第二，现在很关键的是，用中国人的话来说，要劲往一处使，心往一处想。Solidarity togetherness，就是同舟共济。这个同舟共济，危机来了比较容易做到；危机慢慢消退了，各国的自己的考虑就慢慢冒出来了。但这恰恰是我们现在国际体系面临的大的问题。这次欧洲主权债务危机，之所以发展到现在这个程度，当然它本身的矛盾在那儿，另外一个原因就是欧盟这些主要国家反应慢。反应为什么慢？它这个同舟共济有问题，要想想我们自己一个国家利益其实跟整个国际社会利益是绑在一起的，这点没想通。

第三个，改革体系调整是逐步的、渐变性质的，不是革命性质的，不是我现在要推翻联合国的体系，要推翻现在整个国际体系，要重新来一套新的。现在是改革，是改进。当然有些改进的步子可能会大一点，这样才不至于产生大的冲击。

改革当然不是革命，不过，我问是渐进改革还是激进改革？他说，渐进的。有些步子可能迈得大一点，在总体上应该是渐进式的。中国的态度现在也已经亮起来了，我们是这个体系的参与者、建设者、改造者。我们是在体系里面寻求改进。看看我们过去改革开放 30 年，应该说我们的改革开放跟全球化快速发展是同步的。那么换言之就是，中国是全球化的受益者。这是很重要的一点。全球化现在暴露了很多问题，并不表明全球化本身是个坏事。

在日内瓦这样一个全球化的中心，中国一方面作为全球化的受益者，一方面全球化面临重大挑战。中国应该怎么对待这个全球化？我问道。

何亚非说：我觉得中国应该发挥我们自己的作用。我们应该出思想、出措施，我们跟一些主要的国家、跟各个地区组织、各种各样的机制，一起努力，让这个调整的过程能够尽量快一些，尽量平稳一些。总的就是要让这个体系更加适应当前形势的发展。

我在会上举了 20 国集团这个例子，就是为什么当时主要经济体没有选择八国集团或者七国集团，而是选择了 20 国集团？原因就是 20 国集团比较平衡地反映了现在国际经济体系的现状。发达国家、发展中国家相对是平衡的，不完全是发达国家组成，这就很说明问题。但是 G20 怎么能够巩固，我看有些人已经讲了，从 crisis management 这个方式去管理、应对危机，转变成长期经济制度。这个不是一件很容易做的事，现在大家在做。因为你必须要有个地方去协调全球宏观经济政策，当然 G20 它的 legitimacy 必须要和联合国结合起来。就是它要 reach out，它要把自己跟国际社会其他成员结合起来，因为你毕竟只有 20 多个成员。人家还有其他的一百六、七十个成员呢，你要把他们的利益考虑进去，而且要有某种方式将这两者结合起来。所以我在会上强调，联合国还是要发挥主导作用，它是国际体系的核心的机制，这点很重要。

欧洲危机，当然是我要问的话题之一：原先你在美大司管美国，美国的危机比较严重；现在你到了欧洲以后，你看这个欧洲的经济危机又出现了，你怎么看欧洲的这次危机？怎么评估它的影响？

何亚非答道：我觉得欧洲这个危机由来已久。要我自己看，主要有三个方面的问题：一个是它本身的人口组成，因为它老龄化，所以它的负担比较重。就是说，政府开支中，要支撑这部分人口，开支很大，已经50%了。第二个问题，它的福利体系、社会福利是比较好的，但是它的经济发展难以支撑它的社会福利，有个差距。而且欧洲经济现在看来发展不会太快。第三，欧盟的发展、欧元区的发展，有统一的货币，但是没有相对一致的财政政策。这三个因素以后，危机就产生了，所以它是一个深层次的问题。债务危机也不是这两个月才有，以前就有了。

那么为什么现在突然爆发出来呢？有很多因素。大家看到了深层次问题不去解决，欧洲的发展就难以维继。它有它的困难，因为欧洲的政治体制是选举成的，欧洲领导人要做些决定，改正上面这些存在的缺陷，将是很难的政治决定，老百姓会反对。比如说人口，要移民、开放，这个很困难；福利要适当地削减、要调整，很难；经济要较快发展，经济政策需要做出调整，也很难。欧盟的政策统一现在在做，财政上要加强，预算上要加强协调，要符合规定，做起来很难，老百姓都在上街，所以政治领导人要做出这项决定而且要付诸实施非常困难。

他还说，“我在会上比较积极的一点，我呼吁大家要支持欧洲，因为确实欧洲的危机如果发展下去，有可能危及全球的经济增长。全球经济增长的势头失去以后，对我们也不利，对亚洲也不利，对非洲也不利，对谁都不利。所以从这个角度上来说，我们大家都要帮欧洲，但首先，它要自己先帮自己，别人才能帮它。”

我继问道，危机最后能比较好地、圆满解决吗？还是得再看一段时间？

他认为现在不好说，解决的道路是存在的，解决的方法也是有的，需要政治上的魄力。“问题的关键还是欧洲人自己。要把这些深层次的问题想通，要找到解决的办法，而且要下定决心，采取强有力的措施。否则问题可能会往下拖。欧洲也不会垮台，欧元也不会垮，但问题往下拖，你再积累下去，下次问题更大。”

至于危机对中国的影响，何亚非认为，表面上看是出口，欧洲是比较大的出口市场。进而，他提出，“我觉得主要是对整个全球经济复苏的影响。因为国际社会很难承受再来一次金融风暴，再来一次经济萧条。”

他并不认为此次欧洲危机后会出现“双底部”，毕竟世界其他地方还在发展，而且欧洲本身实体经济还在增长，也在复苏。此次危机，部分原因是大家的信心。“就是你不去解决你的深层次问题，我市场就是这么悲观。你经济是在增长，我就对你没有信心。这就有问题了。这就看它能不能真正采取措施。”

特别推荐：

# 专访美国贸易代表佐立克

采访人：王烁 张文豪
发表时间：2002-4-20

美国贸易代表坦陈美国对于加征钢铁关税、中国履行WTO承诺、新一轮全球贸易自由化谈判及东亚自由贸易区前景的看法。

罗伯特·佐立克是一名老资格的外交家和贸易谈判专家。在上个世纪80年代末和90年代初，佐立克在老布什政府任职，担任国务卿助理，负责经济和农业事务，曾先后代表美国国务院参加过北美自由贸易区、关贸总协定乌拉圭回合的谈判，并参与创建亚太经合组织。1992年曾担任白宫办公厅副主任和总统助理。

1993年老布什总统下台后，佐立克离开政府，先后担任过美国最大的住房信贷机构Fannie Mae的常务副总裁、美国海军学院John M. Olin国家安全讲座教授、哈佛大学Belfer科学与国际事务中心研究员以及高盛投资银行的高级国际顾问。

在老布什之子小布什入主白宫后，佐立克于2001年1月重返政府，担任美国第13任贸易代表。美国贸易代表是美国总统的主要贸易政策顾问和美国政府首席对外贸易谈判代表。

4月8日，美国贸易代表罗伯特·佐立克访问北京，这是他东亚四国之行的一站。此前的一站是印度尼西亚。佐立克此次访华，面临特殊情形。这不仅是他在中国加入WTO之后的首次访华，更是美国政府于3月初宣布加征进口钢铁关税引发全球对美钢铁出口国包括中国在内的广泛抗议之后的一次艰难之旅。

在中国，有舆论把此次中国如何应对美国加征钢铁关税之举提到了“中国入世纠纷第一战”的高度。对中国来说，面临的问题是，在选择加入 WTO 汇入世界自由贸易进程之后，如何在 WTO 的程序和争端解决机制下应对美国这一明显带有贸易保护主义色彩的举动，维护自身利益。对美国来说，则是作为自由贸易和全球化的旗手，如何在作出征收钢铁进口关税这一明显具贸易保护主义色彩的举措之后，舒缓贸易伙伴们的怒火，不对明年即将启动的新一轮全球贸易自由化谈判造成负面影响。

4 月 9 日，佐立克与中国对外经济贸易合作部副部长马秀红会晤，磋商的主题即是钢铁关税问题，结果显然并不乐观。次日佐立克离京赴日，这是另一个对美征收钢铁进口关税抗议最烈的国家。行前，变动再三的新闻发布会最终未能召开。

4 月 9 日下午，在北京国际俱乐部饭店，我们对佐立克进行了专访。

## 关于美国加征钢铁关税及其对中国的影响

记者：中国普通民众被告知，加入 WTO，融入自由贸易的潮流，将带来经济的长期繁荣，正是因为这个原因，他们愿意克服加入 WTO 将带来的短期痛苦。但是美国政府最近决定大幅提升钢铁关税，使他们感到迷惑。美国大幅提升钢铁关税，是否意味着美国的自由贸易政策可能发生变化？中国民众将产生疑问，他们为加入 WTO 所付出的短期痛苦是否值得？

佐立克：首先，提高钢铁关税对中国的影响非常小。我今天早上在与中国对外贸易经济合作部官员的会谈中已指出，中国对美钢铁出口受影响的品种仅占对美全部出口的 37% 至 38%，以去年出口额计，仅 2.04 亿美元。

如果把这 2.04 亿美元出口额放在中国去年对美出口总额 1030 亿美元的大背景中看，影响就更小了，不过 0.2%。美国加征钢铁产品关税一事引起了广泛关注，但我希望人们在更广阔的经济视野中来看待这个问题。

其次，也可能是更重要的因素是，WTO 规则包含了保护性条款。美国可以在进口激增对本国产业造成实质性伤害时采取临时性措施。美国总统布什所做的是为美国钢铁行业提供喘息空间，并不是关税的永久性提升。对钢铁行业的特别保护为期仅三年，我们还会做定期评估，三年间亦会每年递减。

第三，之所以此次启动对美国钢铁行业的保护性条款，是因为美国经济比较开放。去年美国进口额已达到1万亿美元，如果进口量猛增，美国可以进行调整。这正是WTO规则之所以允许成员国启动保护性条款的原因，只要它们是临时性的。

坦率地说，美国对于许多国家是首要和最重要的市场。如果美国经济放缓，将对所有其他经济体造成冲击。去年美国进出口逆差为4370亿美元，即使对于美国来说也是大数字。现在的全球经济形势是：美元强势、美国经济增长势头未尽恢复、其他主要的经济体如日本和欧洲处于衰退之中，美国需要采取临时性的措施和办法，以为该行业（钢铁）提供喘息空间。

我们不是惟一这样做的国家。事实上全球此刻有20个保护条款被启动，采用者包括韩国、巴西、阿根廷和日本。所以，我希望中国人民能明白，这是WTO规则的一部分。如果对此有争议，可以拿到WTO去裁决。

记者：你的意思是，美国加征钢铁关税给其他国家包括中国所造成的损失有限。但这很难构成提升关税本身合理性的来源。有批评说，提升钢铁关税是布什政府基于国内政治的妥协。

佐立克：坦率地说，我把这看作两者的综合。我们当然并不偏爱使用保护条款，但是，现在美国钢铁行业中有30%的企业处于破产状态，即使是非常有效率的公司亦处于亏损之中，这是启动保护条款的最重要原因；美元持续强势也加剧了它们的困境；第三个原因是，我个人认为，国际钢铁市场其实始终处于各国政府的操纵和干预之下。

让我仅仅给你举一个例子，你看看日本前五大钢铁公司，从1970年到1998年的28年间，这五家钢铁公司市场占有率每年的变化不会超过一个百分点。这是一个自由市场吗？另外，欧盟此次对美加征钢铁关税抗议最烈，但正是他们曾斥资500亿美元挽救其钢铁行业，也正是它们，一有机会就采用“出口自愿限制协议”（Voluntary Restraint Agreement，进出口国双方谈判之后，出口国“自愿”和“主动”对出口到对方国家的特定货物，在自己一方实施数量限制——编者）。

对加入WTO的中国来说，有一点很重要。我今天与中国社科院的学者们亦有提及：WTO专门有一系列规则允许有关国家针对不正当的贸易行为征收反倾销税或反补贴税。这些规则允许各国采取措施，抵销他国对正常贸易施加的干预。我认为中国将越来越多地遇到这些规则的挑战——不是来自发达国家，而是来自发展中国家。特别是在纺织品领域。你知道，所有与纺织品有关的配额将在2004年底取消。坦率地说，许多国家在纺织品领域无法与中国竞争。

美国对华贸易有800亿美元逆差。我学过足够多的经济学，不会去寻求简单的双边贸易平衡，但这毕竟是个大问题。美国市场需要对中国开放，但我们也必须在这个贸易关系里寻求公平（fairness），而事实是中国市场准入问题的确充满各种扭曲。

记者：美国将准备怎样平息其他国家对加征钢铁关税的愤怒，还是准备等待WTO相关争端解决程序的启动？

佐立克：首先，其他国家的火气没有你说的那么大。欧盟这次的声音最响，但正如我说过的，欧洲人自己在钢铁行业及其他领域里也并不干净。比如说，欧盟拒绝批准进口采用生物科技的美国农业产品，就明白无误地违反了WTO的规则。

而且，美国此次征收钢铁关税，豁免了与美国签订自由贸易协定的贸易伙伴，也豁免了绝大多数发展中国家。中国之所以未能豁免，是因为按照美国法律，是否能得到豁免，除了要看是不是WTO成员国（这点中国满足条件），还要看是否享受Generalised system of preferences（GSP是发展中国家对发达国家特定产品出口的优惠待遇，体现为发达国家对相关产品进口的关税减让——编者）。中国不在名单之列。不过，我已经指出过，中国对美钢铁出口中62%到63%均不受此次征收钢铁关税政策的影响。

如果其他国家不满于美国的政策，可以将争端带到WTO。WTO将会启动一个争议解决小组，如果该小组最终裁定美国此举不当，我们将依WTO程序和规则作出适当反应。这是正常的解决之道。

记者：美国考虑过赔偿钢铁关税给其他国家带来的损失吗？

佐立克：我们已同意与一些国家进行磋商。此外，我们也正在考虑例外程序（exclusion）。我已向中方讲解过例外程序如何进行，以便中国可以申请。例外程序适用于对美出口的钢铁产品并非美国钢铁行业所生产的品种，或者该类产品不存在激烈竞争又难于从其他来源获得等情况。我们也与一些国家讨论

rebalancing，就是说，讨论是否削减另外一些领域的关税（以作补偿）。但我目前不能说是否取得了任何进展。

【记者述评】

美国总统布什在3月5日宣布，依据美国贸易法201条款对进口钢材加征8%到30%的关税，美国将对进口的主要钢铁品种实施为期三年的关税配额限制，或加征高达8%至30%不等的关税。这是迄今为止美国对进口钢铁施加的最严重的一次贸易限制。

按照美国1974年贸易法201条款的规定，如果国内行业受到由于进口增多而造成的实质性损害或威胁，就可以要求美国国际贸易委员会(ITC)实施补救性措施。ITC负责确认进口增多是否造成了损害。如果委员会得出了肯定性的结论，就会向总统推荐实施紧急性的补救措施。美国总统决定是否实施补救性措施。

不同于美国的反倾销、反补贴法，201条款不要求调查出口国是否进行了不公平的贸易活动。但是它要求对国内行业是否受到损害有深入的调查，要求损害必须是实质性的，而且进口增多是导致损害的实质性原因。201条款比美国通常使用的反倾销法、反补贴法在运用上更具有随意性，因为它不必顾及出口国方面，不用调查出口国的贸易活动是否公平正当。

美国此次对钢铁进口加征关税的范围包含10个钢材品种，范围从8%到30%，自3月20日起开始实施，产品包括扁平轧钢和其它钢材品种，涉及巴西、日本、韩国、俄罗斯、中国、德国、土耳其、法国、澳大利亚和荷兰等国家。免除关税的国家有加拿大、墨西哥、以色列、约旦等国。

3月12日，中国外经贸部部长石广生表示，美国对进口钢铁增加关税违反了WTO规则。3月14日，中国就美国钢铁保障措施正式提出磋商。欧盟、巴西、韩国、日本等国也提出了同样的要求。

4月9日，中国外经贸部副部长马秀红在会见访华的美国贸易代表佐立克时表示，美国应把中国排除在201钢铁产品保障措施条款之外，同时应对中国作出赔偿。她称，中国是世界第二大钢铁净进口国，1996年～2000年间，对美国出口钢铁占到美国进口钢铁总额的不足3%，美国应把中国视为发展中国家，把中国排除在201条款之外，同时对中国做出相应补偿。

马秀红还表示，中国已按照世界贸易组织(WTO)保障措施协议于3月22日与美国进行了双边磋商。中国希望通过双边磋商解决201条款问题。由于保障措施协议有时间限制，若双边磋商不能达成一致，中国将考虑按照WTO规则，寻求其他的解决途径，保护自己的利益。

4月11日、12日，中国和欧盟、日本、韩国、瑞士和挪威等六方在日内瓦就美国“201钢铁保障措施”问题与美方进行磋商，要求美国立即终止限制钢铁产品进口的保护主义措施。中国代表团还声明将保留在WTO有关协定条款下采取进一步措施的权利。

如果此次磋商未能在提出磋商要求后60天内解决争端，那么他们将提出设立WTO专家组的要求。作为第一个起诉方，欧盟最早将在2002年5月6日提出设立WTO专家组的要求。

## 关于中国WTO承诺履行进展

记者：在你看来，中国执行WTO承诺情况如何？

佐立克：我认为中国有一个好的开端，但尚未完成其所有的承诺。比如说，农产品和化肥的关税税率配额表（Tariff Free Quota，关税配额的一种形式，意即进口数量在配额之内进关税为零——编者）推迟发放，在保险领域还有一些要求没有达成。此外，中国邮政管理当局对于快递业新出台了一些规章，我们认为这是一个倒退，目前正在与中方磋商。

总的说来，中国在兑现WTO承诺上进展显著，但并未完成。这一进程当然需要加快，但我也知道，这是一个多么艰巨的任务。我相信绝大多数中国官员希望兑现承诺，每当出现什么问题，几乎无一例外是因为官僚主义或地方保护主义。对美国来说，与中方配合完成这些工作，比采取批判态度要好。

记者：我们知道美国国会在通过授予中国永久性正常贸易国家地位法案时，规定了对于中国加入WTO执行协议情况进行监督的严格程序，这套程序工作得如何？比如说，中美贸易官员在中国加入WTO后就中国履行承诺中的问题进行过多少次磋商？

佐立克：我没有确切的数字。不过，美国政府把中国政府的每一项承诺都分解给国内某一个部门以保持监控。这些部门固定每个月开会，当然不是在我这个层次而是在专家层次。今明两天我的同事们会与中国外经贸部官员共同评估中国目前与 WTO 承诺尚不一致之处。

记者：美国贸易办公室近日发表了关于各国贸易壁垒的报告，你认为对美国来说，中国最重要的贸易壁垒在哪些地方？

佐立克：报告列举了我们认为存在贸易壁垒的地方。其中一些我在前面讲中国还未兑现承诺的时候已经提及。除了这些，我们非常关注的一个领域是非关税壁垒。尽管关税已经下调，某些中国部委发展出新的办法来遏制进口。在农业领域，比较常见的是用卫生检疫标准来阻碍进口。

此次我还与中方讨论了中国开放金融服务市场的需要。开放金融服务市场对中国自己有利，因为中国需要更有效的资本中介，以使本国储蓄和外国投资能转移到最富创造能力的部门和用途上去。

记者：据你所知，跨国公司在中国做生意最大的困扰是什么？

佐立克：中国仍然需要清楚透明的规则。缺少清楚透明的规则，创造了腐败和官僚弄权的机会，最终是低效率的行政。在中国，公司还必须与数不清的政府层级打交道。虽然美国政府也有许多层级，但在中国，许多政府层级有时被用来阻碍改革和开放。

我还是要说，美国工商业者和我仍认为中国正在朝着正确的方向演进。但中国不能停在这里，要创建建设性的市场——不论是资本市场、农业还是服务业，都还有许多事要做。比如说中国在保护知识产权问题上还存在很大问题。大街上盗版 CD 到处都是。现代工业越来越多地依赖于知识和信息服务，保护知识产权不力将对投资者构成很大障碍。

【记者述评】

针对中国加入 WTO 的承诺，美国实施了严格的、制度化的、官商一体的执行监督措施。美国国会众院通过的对华永久正常贸易关系法案确立了中国执行 WTO 协议监督机制，主要内容包括：责成美贸易代表在我加入 WTO 的多边议定书中，列入专门对我设置的年度贸易政策审议机制，每年向国会递交有关中国加入 WTO 承诺（包括多边和双边）执行情况的报告，提出政策建议。

美国商务部针对中国执行WTO协议加强监督的主要措施是：增设负责中国事务的助理部长帮办和12名贸易专家组成的快速反应小组，专门负责监督中国执行WTO协议；建立专门针对中国的补贴调查小组以保证中国执行加入WTO的承诺；加快市场准入问题的调查程序，如90天内不能解决纠纷，将考虑采取进一步行动；在已有的反倾销监督机制下密切监督中国进口产品和出口到中国产品的情况，以便在中国进口产品激增的潜在威胁下及早做好相关的反倾销措施。

美国国会已考虑在总审计办公室（GAO）成立一个长期工作小组，专门负责在中国加入WTO10个月内和一年后，对中国实际履行协议情况、承诺基准以及在修订国内法规、法律与WTO规则一致方面进行审议，包括中国是否履行承诺，以及这些公司在中国不履行承诺方面遇到的困难；审查美国政府在监督中国WTO承诺执行情况所采取的措施力度，包括使用美国贸易法和WTO争端解决机制等。

美国企业界通过商会和行业组织对我国在电信服务、汽车、金融保险、信息技术、石油化工、医药和生物工程等重点领域涉及协议的许可证、市场准入、配额管理和执法等问题进行密切跟踪，并与美官方互通信息。

## 关于新一轮全球贸易自由化谈判

记者：美国在即将启动的新一轮WTO贸易谈判中追求的目标是什么？

佐立克：我们在WTO谈判中的首要目标与发展中国家相似。美国关注于货物、服务和农产品的市场准入问题。在不同的领域里采用不同的方法达到（比如说，农业领域通过减低关税、取消出口补贴、减少扭曲性的行业支持等来实现；服务业则要通过允许对多个领域进行投资和跨国界服务来实现；工业品则常常需要克服非关税壁垒）。

在这个意义上，我们的立场与欧盟和日本不同，他们希望新一轮谈判启动更宽广的日程表，包括投资和竞争政策。我们的日程表没有这么宽广，与发展中国家的相似。

中国加入 WTO 后，将与其他成员国一起加入新一轮谈判。中国的平均关税水平仍然高于美国。美国平均关税的加权平均值约为 2%，中国和其他国家仍然需要在许多领域降低关税。我相信中国将在多哈谈判中扮演重要作用。在美国确定在多哈谈判中的立场之时，需要更密切地与中方交流。中国已经向发展中国家们表明，开放是一个国家改革战略中多么关键的一环。

记者：作为美国贸易代表，你现在日程表上最重要的是什么？

佐立克：未来几个月内我最迫切的任务，是从美国国会获得贸易快速审批权（Trade Promotion Authority），它将使美国政府能与其他国家较快达成贸易协定，并拿到美国国会申请批准。快速审批权将使美国国会只能批准或否决协定，但不能作修改。美国国会给予政府的快速审批权于 8 年前过期。此次我们已经非常艰难地在众议院通过了该提案，但还需参议院审批。

但如果要给你一个更全面的图景的话，我需要回到我们为使美国对外贸易强劲势头所作的努力上来。这将是一系列包括全球谈判、地区谈判和双边谈判的多重努力。获得快速审批权将有助于我们完成这些谈判。

去年对我来说是很有成效的一年。WTO 在多哈确认将启动新一轮谈判，扭转了 1999 年西雅图的失败；中国终于成为 WTO 成员国；美国与约旦的自由贸易协定在美国国会获得通过，还与越南就开放市场达成了双边协议；美国还与新加坡、智利开始了双边的关于自由贸易协议的谈判——我希望这两个谈判能在今年内结束。我们还启动了美洲自由贸易区的谈判。美洲自由贸易区将包括西半球的 34 个国家。这些都是在各条线上保持美国对外贸易强劲势头的努力。

最根本的问题是，对于所有国家来说，保持市场开放都是一件困难的事情。从传统上看，试图封闭市场的贸易保护主义者通常都是协调得很好的的利益集团。相反，市场开放的好处是发散性的和扩展性的，它们通常只是对消费者有好处。所以自由贸易仍将面临政治上的强大挑战。

记者：在“9·11 事件”之后，美国的贸易政策是否应更多地同反恐怖战争策略相配合？

佐立克：这是个有趣的问题。美国贸易政策并没有发生变化。但是在“9·11”事件之后，无论是布什总统还是我都解释过，为了应对长期的恐怖威胁，美国开放其市场，为贫困国家的人们创造经济希望是非常重要的。这并不是说贫穷导致恐怖主义。这种说法是对穷人的侮辱。世界上有许多处于贫困之中的人们，他们却并没有因此走向暴力。但是，如果一个社会在经济上处于困境之中的话，可能将陷于分裂，人们可能会失去希望，从而可能成为恐怖主义滋生的温床。这正是我前几天访问印度尼西亚的原因。美国正在帮助印度尼西亚的经济发展。在1997年亚洲金融危机之后，印度尼西亚的民主进程和经济改革能否向前退进，是非常重要的。

在这个意义上，布什总统和我的看法都是这样的：反恐怖战争与美国对外贸易政策之间有着重要的关联，正像过去冷战时期一样。有些人认为经济政策与安全政策不应有关联。假如你看看二战结束后的马歇尔计划，你就会知道他们是错的。马歇尔计划是二战结束后美国帮助西欧国家重建的重要计划。实际上，我认为世界银行、国际货币基金组织、关税及贸易总协定这些重要的国际机构就是被设计来创造经济机会和希望的。这正是为什么中国通过加入WTO融入国际贸易体系为什么是一个历史事件的原因之一。我相信中国人民将长久地从中受益。

【记者述评】

2001年11月14日，多哈会议最终达成协议，将发起新一轮为期三年的全球贸易谈判，各国部长发表了一份联合宣言。要点为：

——对中国（大陆）和中国台北完成必要程序加入世界贸易组织表示欢迎；

——对非贸易争端尤其是农产品贸易分歧表示关注；

——将于2003年第五次部长级会议上达成一致后，开始就投资、竞争规则、政府采购透明度和贸易简化等进行协商；

——将对反倾销条款的制定和实施进行商讨；

——所有内容谈判都必须在2005年1月1日前结束；

面对来自农产品出口国和发展中国家的压力，欧盟终于同意开放其农产品市场，取消所有形式的出口补贴；作为交换，发展中国家也以赞同将环境保护、人口、动植物和健康保护列入谈判议题。跨境投资、竞争性政策、政府采购透明度等问题也将被讨论。

欧盟对新一轮贸易谈判一直持积极的态度，除支持继续进行农业和服务业等领域的谈判外，还积极将贸易有关的投资、环境、竞争等总量纳入议程。欧盟和日本主张全面谈判。

美国则希望说服发展中国家，就非农产品的市场准入和政府措施的透明度以及服务贸易领域、贸易便利强化贸易体制等进行谈判。美国的提案包括工业品市场准入、贸易便利、农业和渔业、服务贸易、技术援助、贸易和可持续发展。

发展中国家对启动新一轮谈判态度冷淡，他们对现存协议的执行情况并不满意。他们更强调对乌拉圭回合各协议的有效执行。他们不主张在开展农产品贸易和服务贸易谈判以外，再搞新的议题谈判，而主张审议既定协议的执行、关心服务贸易、电子商务和知识产权。

最终，多哈会议确定，新一轮全球贸易谈判要到2003年第五次世界贸易组织部长级会议各国进一步达成一致后才开始。这主要是应广大发展中国家需要更多时间准备的要求。

## 关于中国转基因作物管理办法

记者：中国近日出台了新的转基因作物管理办法，这对美国相关农产品出口可能发生什么样的影响？你对此有何看法？

佐立克：这取决于如何执行。目前的焦点是大豆，但同样的问题存在于其他农产品。布什总统及美国政府关注的是，当中国最初公布管理办法的时候，它要求相关农产品必须经过一个特定程序才能被批准进口，但是这样一个程序当时并不存在，美国的农产品出口商们无法去满足一个尚不存在的程序。我们正在与中方商议如何建立一个过渡性措施，以等待中方完成相关程序的建立。

如果中国能够接受比如说美国方面提供的健康证书，问题就将只剩下有关转基因作物的规则最后如何实施的问题。我们已与中方展开磋商，以确保用一种符合科学的方式而不是阻碍贸易的方式来解决。一些国家如欧盟国家采用所谓的健康标准来阻止农产品进口，尽管这些农产品根本不存在任何影响人类健康的因素。欧盟现在已禁止批准任何类似进口，哪怕这些进口产品满足它们自己的健康标准。

我们希望与中方合作以解决这类问题，因为无论在非洲、拉丁美洲还是亚洲，生物技术的进展对于这些地区处于营养不良状态的数以亿计的人民来说是非常重要的。同样重要的是，通过生物技术发展新的抗虫害农作物品种，减少化肥的使用，从而改善环境。实际上，现在人们所做的与多少世纪以来采用的杂交技术并非那么不同。问题是一样是，改进作物的基因以达到想要的结果。现在对基因技术的应用存在许多担心，但我认为它将给人类带来巨大的利益。

【记者述评】

2001年6月，中国发布了《农业转基因生物安全管理条例》，但是这些政策如何实施的细则却迟迟没有公布，导致随后几个月内中国大豆采购减少。该条例是我国对于转基因农产品的一种技术性管理规定，其管理范围不仅包括进口转基因产品的进口，还包括国内销售等众多环节。这种规定在一些国家看来是一种技术壁垒。

中国年产大豆1500万吨左右，年需求则为2100万吨，近年来进口大豆保持了20%至30%的增速，据中国海关的数据显示，在2001年头6个月内，中国大豆的进口较去年同期提高69.2%，达到597万吨，其中近3/4来自美国。目前美国转基因大豆的年产量达到5500多万吨，接近其总产量的70%。

2002年1月7日，中国又出台《农业转基因生物进口安全管理办法》，规定，凡海外对华出口转基因(GMO)产品的公司必须向中国农业部申请证书，表明这些产品对人、畜以及环境无害；赋予农业部可以在长达270天时间内批复申请的权力，每年只有两次申请安全证书（3月和9月）的时间。如果进口农业转基因生物，没有国务院农业行政部门颁发的安全证书和相关批准文件的，将作退货或者销毁处理。不仅如此，转基因大豆的检验需要在大豆目的地也就是中国境内进行，而不是在出发地美国进行。

1月20日，中国农业部下属的农业转基因产品办公室官员进一步说明：转基因产品检验“定性不定量”，只要检测仪器检查出有转基因成分，就将定义为转基因产品，即须申请安全证书。

2月19日，美国两位资深参议员称，中国在全面实施新的转基因条例前，应当允许12个月到15个月的宽限期，以便农业贸易不会受到干扰。2月21日，美国总统布什在访华期间与中国国家主席江泽民会晤时，提起中国对转基因食品实施的监管条例，期望中国能够在实施该条例的时候给予更多灵活性。

2月底，外经贸部副部长马秀红为首的由外经贸部、农业部和国家质检总局组成的中方代表团与美国贸易代表办公室首席农业谈判代表艾伦·约翰逊率领的美方代表团在北京进行磋商，3月7日，达成了“缓和”的临时措施。

3月11日，中国农业部发布第190号公告：向中国出口转基因生物的境外公司可在申请安全证书的基础上，持本国或第三国有关机构出具的安全评价有效文件，向农业部农业转基因生物安全管理办公室申请“临时证明”，对审查合格者，农业部将在30天内发给“临时证明”。进口商可持境外公司已取得的“临时证明”办理报检手续，并按《农业转基因生物标识管理办法》的规定进行标识。该措施有效期截止到2002年12月20日。临时措施将审批时间由270天缩短为30天。

WTO副总干事门多萨最近在接受《财经》专访时说，中国决定对转基因农产品进口进行限制问题不仅是双边的问题，也牵涉到WTO模式的价值观。“特别是在农业谈判中，有关卫生检疫规则、环境问题等等。在这类问题上有许多争议，有非常严重的分歧。欧洲国家的看法，发展中国家看法，都很不一样。包括转生物食品对健康的影响在内的所有相关问题都要搞清楚。这个问题上，我还没有看到最终的答案。”

## 关于东亚自由贸易区的前景

记者：中国、日本和韩国都表示了希望看到在东亚形成自由贸易区的前景，而你日前在印尼期间曾表示希望看到东盟国家内部的更多经济交流。你对这一地区未来经济交流的前景如何评价？是不同的贸易区相互竞争吗？

佐立克：我在印尼期间举行的一个新闻发布会上被问道，美国与东盟国家之间进行更密切的经贸关系，是不是对于中国建议与东盟签订自由贸易协议的一个回应？我说不。我鼓励其他自由贸易协定得以签订。美国不是一个狭隘的国家，并不认为如果与某国有良好的贸易关系，其他国家就不能与该国有良好的经贸往来。实际上，我觉得正好相反。全球经济现在已经过度依赖于与美国的贸易。美国已经有4370亿贸易逆差。如果东亚地区各经济体乃至全球经济一体化趋势取得进展，全球经济将更为健康。

美国是世界上外国直接投资最多的国家，而在发展中国家中，中国的外国直接投资数量巨大。但东盟国家的这个数字就比中国要小许多，特别是在1997年亚洲金融危机之后。我们希望帮助东盟国家发展经济，这也会帮助他们解决政治上的挑战。我的意思是，如果东盟国家通过缔结自由贸易协定以减少相互之间的壁垒，它们将对于外国投资来说更具吸引力。因为未来的投资者看到的将不再是单个国家，而是包括5亿消费者的庞大市场。

这个想法并非针对中国，而只是帮助他们与中国竞争。美国希望与中国、东盟、拉丁美洲有良好的贸易关系。美国GDP占全球GDP的20%至25%。我们不只与一个伙伴做贸易，而是希望在全球开展贸易。

【记者述评】

早在1992年，当时的东盟六国(泰国、马来西亚、新加坡、印尼、菲律宾、文莱)便签署了建立东盟自由贸易区(AFTA)的协议，计划在2010年将区内所有进口关税削减到零。

1997年开始的亚洲金融危机使各国经济受到严重打击，高速增长告一段落；印尼、菲律宾等国家政局动荡，经济受挫，外资望而却步；特别是去年以来，世界经济增长放缓，使得严重依赖美国市场和电子产品出口的东盟国家经济雪上加霜，新加坡陷入建国以来最严重的衰退期，印尼和菲律宾的经济增长也大幅度放缓。在这种情况下，东盟各国领导人在区域合作上的态度更为积极，期望能通过更加紧密的合作来共度难关。东盟领导人今年一致同意进一步开放贸易和投资市场，加速东盟内部贸易服务业开放的谈判，同时启动关于相互承认专业服务安排的谈判，把区域经济合作推向深入。

东盟扩大到10国后，人口增加到5.3亿，根据1999年的统计数字显示，东南亚10国的国民生产总值达到6750亿美元。东南亚自由贸易区作为一个稳定增长、规模巨大的潜在市场，日益受到各成员国的重视。

面对区域经济联盟发展之势，东盟国家认识到，东南亚自由贸易区作为次区域联盟只能依托东亚这个大的经济圈，才有更多的发展空间。如果东盟与中、日、韩“10＋3”机制能够进一步发挥作用，进而推动建立东亚自由贸易区，那么，这13个国家就能以20亿人口的广阔市场，更有应对外来挑战的空间。

目前，东北亚三国已经表示了与东盟国家加强合作的意愿。东盟与中、日、韩已达成了换汇协定。2000年在第四届“10＋3”非正式峰会上，时任日本首相的森喜朗宣布日本要拿出150亿美元，优先资助东盟国家发展高科技资讯产业以及新经济产业。韩国总统金大中也宣布，韩国要拨出1.647亿美元援助东盟。前不久，中国总理朱镕基与东盟领导人签署了在10年内建立中国—东盟自由贸易区的协定。

一般认为，东亚国家“10＋3”的自由贸易机制成功的机会，取决于中、日、韩三国的支持程度及美国是否反对。如果这三个国家反应消极，美国公开反对，那么，东亚自由贸易区要落实的可能性就很小。使美国相信东亚自由贸易区的前景不是一个用来对付美国的贸易壁垒，将是至关重要的。

（注：官青对此文亦有贡献）

# 第三辑
# 日本的反省

# 解读日本改革之一

## ——专访日本庆应大学经济学教授、小泉政府内阁要员竹中平藏等

采访人：胡舒立、林靖

发表时间：2006-1-23

日本“银行沙皇”竹中平藏大臣和官产学各界改革精英接受本刊记者专访，讲述如何终结“失去的十年”，以及经济复苏的秘密。

东京都的港区是各国使馆和欧美大公司云集之处，据称是东京最昂贵的地段之一。2005 年 12 月间的一个周日下午，在港区赤坂一座格外幽静的办公楼的七层私人办公室里，竹中平藏接受了本刊记者的专访。

这位现任日本总务兼邮政民营化改革大臣平日时间安排甚紧，采访只能安排在周末。我们在他那间风格简洁的办公室等了约十分钟。54 岁的竹中行色匆匆赶来，一边说着“抱歉”，一边迅速坐到长条桌的对侧，马上就切入采访正题。其做派与举止，更像学者，一如日本媒体所描述，没有“政客”气派。

当然，正是学者背景和五年来执掌改革大局的经历，使竹中平藏格外引人注目；亦使我们确定把对他的专访，作为此番“解读日本经济复苏和改革”的系列采访中最重要的一役。

对竹中的采访，最终被确定在 2005 年 12 月 18 日。

两个月前，10 月 8 日，英国《经济学人》杂志以“封面文章”和“特别调查”的方式发表长篇报道，题为“太阳也会升起”（*The Sun Also Rises*）。文章从国际权威观察家的角度，认定了日本经济正走向稳定复苏，并介绍了日本已经和正在发生的变革。

文章引起的震动一如16年前的1989年。那一次，《经济学人》的封面标题是“太阳也会西沉”（*The Sun Also Sets*）。

在此前——当然更多的是在此后，西方的主要新闻媒体刊登了大量关于日本经济复苏及原因分析的报道，日本已经和即将进行的结构改革，更成为新闻焦点。“日本人回来了”、“日本黎明”、“太阳终于升起”等醒目标题频现报端。

与舆论相同步，就在记者专访竹中的前一周，12月14日周三，日本股市突破15000点，达到五年来的新高。同日，日本央行公布的一项调查结果表明，日本企业景气状况的业绩判断指数连续三个季度保持升势。而在周一，日本财务省发表的“对内对外证券投资状况”报告显示，2005年前11个月，外国投资者在日本股市投资创下历史新高。至此，在日本国内外，这一世界第二大经济体重拾经济升势，已经成为无可争辩的事实。

目前，据各种权威性预测，日本未来几年的经济增长将在2%至3%。这是一个非常理想的增长速度。

日本经济复苏始于2003年夏，其间步履缓慢，进进退退，经历了辗转徘徊的2004年。然而，2005年8月以来，稳定复苏已经成为日本经济不可逆转的趋势。稳定复苏之源，正是五年来坚定不移的改革。

“他们改革了这么多年，现在开始收获了。”香港金融界资深人士、目前担任着汇丰银行亚洲投资有限公司主席的史美伦女士在新近考察日本一周后，对记者有此感言。

无疑，在多重意义上，日本经济值得中国人关注：日本是世界第二大经济体，其复苏前景将直接影响世界经济的全局；日本曾经历了20多年的高速经济增长，被视为“日本奇迹”，此后又经历了长达十余年的经济衰退，被称为“日本病人”，其间的教训和经验有着普遍借鉴意义；“日本式资本主义”、“主银行制”和“邮政改革”等概念，过去和现在一直撞击着中国改革的政策设计者和操作者，显示出日本模式之于中国的高度相关性；中日两国一衣带水，经济上依存度相当高，而政治关系又正面临艰难局面——如此等等，还有许多。

正因为此，我们无法满足于简单的数据和结论，更希望获得对于日本经济复苏和改革的权威性解读。在长期追踪研究的基础上，我们记者于去年10月和12月两度赴日，在东京、大阪等地采访了官、产、学各界十余位重要人士。

采访日本政府阁员的安排照例较为困难，而我们选中的竹中平藏，可谓日本内阁最重要的经济官员之一，被称为日本的“银行沙皇”（banking czar）及

“日本改革首席运营官”（COO），更增加了约访的难度。此次采访，直至我们日本系列采访的最后阶段方始完成。

所幸，有近两个月的其他采访所获，我们可以更加有针对性地准备问题；且采访事前约好用日文采访加现场翻译，时间为一小时。但采访中，竹中改为与我们直接以英文交流，无形中获得了更多的时间，记者带去的所有问题都得到了回答。

据说，在 2001 年 4 月，竹中平藏被任命为经济财政政策担当大臣时，在日本国内引起了一番震动。

竹中平藏本出身学界，原为无党派人士。他 1973 年从日本著名的一桥大学经济系毕业后，曾在日本开发银行和大藏省从事研究，1989 年受聘为哈佛大学客座副教授。自 20 世纪 90 年代以来，他一直在日本庆应大学任经济学教授。以如此民间身份、学术背景一跃入阁，在日本政坛极为少见。当时在自民党内政治根基远未夯实的小泉纯一郎作此选择，更令人意外。

然而，跻身政坛后，竹中五年来一直是日本改革最主要的执行者，凭其坚定信念一步步获得改革成功。从经济财政政策大臣至经济财政政策兼金融大臣，直到今天的总务兼邮政民营化改革大臣，竹中的政治生涯也曾几度遭遇危机，屡次因强硬的改革举措受到反对派的攻击。小泉虽备受压力，却在前后三次内阁改组时均坚持重用竹中，一次次将其置于改革锋线。

我们对竹中的采访进行得很顺利。由于兼具经济学家和日本改革主将的双重身份，竹中对所有记者事前精心准备的问题几乎都能迅速作答，显出既有切身感受又有理论思考。

“我觉得作为专家和经济学家，能为国家的政策制定作出贡献是很幸福的事情。我希望继续作这样的贡献。”在采访行将结束时，竹中如此表露内心。

“我们不是货币学派，不是制度学派，也不是传统的周期理论学者，而我们早在 2003 年就准确地看到了日本经济的复苏。”田中直毅告诉我们。

60 岁的田中直毅是日本最著名的经济学家之一，人如其名，议论直率而快捷。他担任理事长的日本 21 世纪政策研究所以“政策研究”闻名，他本人也是日本现政府的经济顾问之一。

加藤宽是日本老一辈经济学家，曾经在庆应大学担任经济学教授多年，现已年届八旬，仍有着荣誉教授的头衔。这位长于比较经济体制论和公共经济分析的学者曾在 1984 年出版了《邮储会崩溃》一书，最早在日本提出邮政改革的主张；他的主要著作《公私不分——日本走向灭亡之路》，在当年更是轰动一时之作。

如今，满头鹤发的加藤宽在他的办公室里接受我们的采访，声如洪钟，滔滔不绝，约定的一小时谈完之后又主动延长了时间。而他最热衷的话题之一，就是日本的邮政改革。

渡边修，我们采访的另一位政府官员，现任日本贸易振兴机构理事长。较之身为大臣的竹中平藏，65岁的渡边修更具“官相”。他自1953年东京大学毕业后即考上公务员，此后一直在日本政府任职，最高至通商产业事务次官，为“副大臣”之职。至2002年，他成为专事吸引外资的日本贸易振兴会（后更名为振兴机构）理事长。

日本著名企业丸红株式会社（下称丸红）的西田健一、松下电器产业株式会社（下称松下）的少德敬雄、朝日啤酒株式会社（下称朝日啤酒）的濑户雄三，如今的头衔都是“顾问”，但一两年前还都在公司身居要职。“因为退居二线，他们会谈得更坦率。”一位熟悉情况的日本同行向我们建言。果然，三次采访都相当顺利，所获甚多。此外，我们还对富士胶片株式会社（下称富士胶片）全球总裁兼首席执行官古森重隆进行了采访。

日本最大的银行，如今当属新近合并了日联银行的三菱东京日联银行；而最大的券商，正是中国人耳熟能详的野村证券。联系采访金融机构高层人士很难，但在此次日本之行的最后阶段，我们终于如愿。

我们在准备此次采访的过程中，还与许小年、谢国忠、王君、陆磊等京港两地的一批经济学家进行了交流。

于是，以竹中访谈为主线，结合更广泛的背景、介绍、分析和议论，我们期望这篇关于日本经济与改革的解读，能够使读者在深层次思索的意义上获得满足。

## 复苏：信心从何而来

记者：你如何看待日本经济的复苏？复苏的迹象是什么？什么要素影响复苏？

竹中平藏：就日本当前的经济形势而言，可以说经济已经复苏，日本潜在的增长率（potential growth rate）在2%左右。复苏的动力来自改革。

可以有两种改革，被动改革和主动改革（reactive reform and proactive reform）。典型的、真正的被动改革，就是处置不良资产；典型的主动改革就是私有化，建立“小政府”。现在我们完成了被动改革，而主动改革还在进行中。如果我们能加速主动改革，就能使经济增长率达到2%至3%。这仍是我们的任务。处置不良资产推动了日本经济的复苏；现在，继续进行主动改革，正可以进一步为当前的复苏增强动力。

记者：那你怎么评论当前的宏观经济局势？目前的失业率的数据不是很好吧？

竹中平藏：你的意思是失业率偏高？以我之见，日本的失业率很低，因为很多人正在找更好的工作。现在的失业率是4.2%或4.4%。扣除通货膨胀因素以后的实际失业率应当是3.5%到4.0%。就是全民就业，失业率也在3.5%到4.0%。

考虑到这个事实，可以说当前的失业率是相当低的。这是重组的基点，很多人总是想找到更好的工作，这不是所谓的被迫失业。人们愿意离开现有的工作，找到更好的工作。现在人力市场的情况并不坏。

记者：通货紧缩的情况继续存在，原因何在呢？

竹中平藏：通货紧缩是金融的问题，显示为物价的下降。在日本，这些年来物价下降的理由有三点：一是实际GDP增长率低，总需求不够，内需不足；二是技术更新很快，比如说，计算机价格下降很快，此外，在经济全球化的趋势下，日本从中国也进口了很多低价的商品；第三点对于日本来讲很重要，日本的商业银行因为有大量的不良资产，信用评级下降，不能恢复到以前的水平。因此，货币供应量每年只能以2%的水平增长，这也引致了物价下降。

上面所谈的第一点，现在已经得到解决；第二点还在持续，并不单是日本，全世界都在面临这一问题；日本最需解决的问题，是我刚才讲的第三点，要增加货币供应。银行在解决了不良资产问题之后，信贷能力增强，信用中介加强，就为解决这一问题提供了条件。

记者：现在日本人都把整个20世纪90年代称为“失去的十年”。你可否讲讲究竟是怎么回事？这是不是一个泡沫经济崩溃后的震荡过程？

竹中平藏：你问的问题很重要。90 年代日本的经济增长率平均是 1%，而 80 年代是 4.5%，90 年代的经济增长率很低。

我先讲讲为什么 90 年代增长率会那么低。1989 年 12 月 29 日，东京股市日经平均指数上涨到 38915 点，日本股票总市值达到国民生产总值（GNP）的 1.6 倍，这是顶点，此后开始漫长的下跌。这其实是先有资产价格膨胀，再有下降，日本经历了泡沫经济和泡沫经济的崩溃。随着资产价格的下降，企业大量借款无法偿还，银行产生了很多不良资产。在资产负债表上表现为资不抵债，经济增长也大幅放缓。

所以，日本结构改革的重点是处置巨额的不良资产，调整日本企业和政府的资产负债表。到现在为止，才算清理完。经济增长率也达到 2% ~ 3%。

记者：为什么日本经济的萧条会持续了那么长的时间？

竹中平藏：这是一个非常基本的问题。正如我刚才解释的那样，日本平均经济增长率在 90 年代只是 1%。作为一个成熟经济体，我估计日本潜在增长率应当达到 2% ~ 3%。

为什么在这么长时间内，经济增长如此缓慢？这个在某种程度上是很容易解释的。因为很长时间日本的银行与企业都背负着一个资不抵债的资产负债表。所以，首要的事便是调整资产负债表。对于银行来说，调整资产负债表意味着处置不良资产；对于企业来说，意味着压缩贷款。

日本经济目前已经基本完成了调整资产负债表的工作。现在我们处于非常新的前沿位置，可以进一步发展经济了。

记者：日本经济有没有可能早些复苏？

竹中平藏：像印尼、韩国、泰国，他们在经历了 1997 年的亚洲金融危机之后，也出现过类似的情况。这些国家经历的是大起大落的“V 型”复苏。经济可以在危机来临后的某一年以 10% 的规模萎缩，然后是急剧的“V 型”复苏。但日本的情况与此不同。日本在过去十余年间的增长不是负 10%，而是正增长，不过只有 1%。日本没有出现危机。这是很富有讽刺意味的，因为没有危机，所以没有“V 型”复苏。这是我个人的看法。

日本经历的是一种非常缓慢但非常稳定的停滞。这在某种程度上是非常危险的。日本经济没有出现那种类似其他国家的危机，这既是幸运又是不幸。这里有几个原因。可以比较一下日本和韩国及其他国家的经济。从宏观经济的角度看，一个主要原因是日本有大量的国内储蓄，可以用来支撑政府赤字政策。韩国和泰国没有如此规模的国内储蓄，所以需要向其他国家借款，于是遭遇了金融危机以及“V型”复苏。日本有雄厚的国内储蓄，所以没有遇到类似危机。我们的曲线是这样的（画平线）。即使在90年代，日本经济也是一条平线。

另一个原因是，日本仍然有非常具有竞争力的制造业，例如松下和丰田。我们经常用这个概念，“失去的十年”。但即使在失去的十年中，松下和丰田仍然增加出口，赢得了市场。这也支撑和支持了日本经济。所以，我们并没有这样的下降（指图中V字底部），也没有“V型”复苏。

记者：如此说来，没有危机，对日本其实不是好事，所以你说“有讽刺意味”。如果更早一些改革，经济恢复是否会早一些？代价会小一些？

竹中平藏：当然，我觉得是这样。

记者：但为什么以前的政治家很难实施真正的改革？直到五年前小泉执政后，才能够真正地改革？

竹中平藏：这个问题不难回答。设想一下，如果日本遭遇东南亚那种类型的危机，许多政治家和日本公众可能意识到改革的重要性。但是日本并没有那样的危机，甚至在20世纪90年代“失去的十年”中，日本经济仍然继续增长——尽管增长率很低，但还是在增长。这就是解答。没有危机，也就缺乏改革的压力。

## 手术：难以承受之痛

回过头来看，日本经历了“失去的十年”，直至2001年以后才痛下决心改革，很有些“早知今日，何必当初”之憾。在接受采访时，竹中平藏拿出纸笔，一边绘图一边讲解其过程，承认“没有危机”可能是“非常危险的”。

被动改革意味着首先付出“不改革的代价”，而且，改革仍然是极为痛苦的过程。我们采访的企业家在2001年以后的改革中，都是身居高位的公司决策层人士。听他们讲起当年经历，方知改革的震荡如此激烈。

“90 年代谁都没有出来收拾局面。特别是 1997 年发生了亚洲金融危机，日本那么多公司被卷入危机，但是谁都没有及时处理问题。”西田健一就这样说。据他回忆，他所在的丸红——日本最大进出口商之一，直到 2001 年 11 月才痛下决心，要在第二年着手解决企业的负债。这一财年，日本的 GDP 增长只有 0.4%。

2001 年 12 月，丸红的大量投资出现亏损，同时账面上有 6000 亿日元贷款。以往的靠山银行也面临经营恶化，无力相助。2001 年 12 月 19 日，丸红的股价跌到历史最低点每股 58 日元。

作为专务董事之一，西田现在还记得，当时丸红的七位董事如何彻夜不眠地讨论，公司应如何自救。最后，董事会作出了艰难的决定：公司将大批资产折价变现还贷，不惜资产大缩水；同时，让 50 岁以上的员工提前退休，公司支付至 58 岁的退休金：公司职员大规模减薪，社长减薪一半，副社长以及担任专务董事减薪 40%，其他员工则减薪 10%。

回过头来看，改革的步子走对了，5000 多人的公司减少了上千名员工，企业的资产负债表干净了。丸红避免了破产厄运，又步入发展轨道。至 2005 年 10 月，丸红的股价已逾 600 日元，较当年最低点升了 10 倍。

比丸红动手稍晚的，是松下——竹中平藏所称“90 年代仍然支撑着日本经济的企业之一”。

前松下副社长少德敬雄觉得，在经济环境并不好的 90 年代，松下一直有利润，有可观的财务报表，而这对企业正是最危险的事情。2000 年上半年全球范围的 IT 泡沫破裂之后，松下才意识到，自身已经成了一个“重而慢”的公司。

2002 年春，松下上半年的财务报表出现了 4000 亿日元亏损。“这是松下历史上创纪录的亏损。”少德敬雄说，“大亏损正是大帮忙。”

于是，松下的改革手术开始了，目标是朝向“轻与快”。多家“重复建设”的分厂被关闭，为此，松下将五家上市交易的子公司私有化，重新组建成一家 Panasonic。14 个业务重叠的领域被集中成四个，过去层级过多的管理架构也压缩为五层。

最痛苦的改革还是裁员。松下被迫关闭在美国、欧洲和亚洲其他地区的工厂，甚至在日本本土先后两次共裁减了两万名员工。这在日本引起极大震动。

“没有人愿意再经历这样的痛苦。”如今已经担任松下顾问的少德回忆说，“不过当我们这样做了，其他家电企业也加入了这一行列。”

## 复苏：没有救世主

日本经济在2003年一季度跌入谷底，2002财年的GDP增长为0.1%。此后，经济复苏从夏季呈现，却时有徘徊，国际上的宏观经济分析家们悲观者居多。

田中直毅告诉记者，他主持的21世纪政策研究所从2003年夏天起，就认定日本经济开始复苏。虽然当时日本企业还有大量库存，银行不良资产包袱沉重，货币供给的增量还不足2%，但是，田中和他的同事依据日美两国统计的各种经济变量，看到了资本市场新趋势。“日本和美国的投资者改变了金融投资的组合，从债券转向股票。我们的经济模型归纳了这些现象，认为复苏开始了！”

这是企业家抓住时机，重新投资的时候。在他看来，日本经历的是投资拉动的经济复苏，其直接动力则始于2003年的设备投资。

复苏的动力源自改革。诚如中国经济学家许小年对记者所说：“日本长达十多年的衰退和萧条不是周期性的，而是结构性的。”曾任通产省副大臣的渡边修在接受采访时说，今天出现复苏，是因为日本企业在过去几年中，已经解决了“三个过剩”，即产能过剩、劳动力雇用过剩和债务过剩。

“企业的利润率有了大幅增加，企业已完成了长期的结构调整。”在这位现任日本贸易振兴机构的理事长看来，这正是信心所在，也是自2005年8月经济恢复上升态势的原因。

日本野村证券金融经济研究所首席经济学家木内登英，也很赞同“三个过剩”的概括。他还认为，解决“三个过剩”的过程中，日本企业更早解决的是债务过剩和产能过剩，劳动力过剩稍在其后。

真刀真枪的改革始于2001年至2002年。

“到2004年，日本企业已经完全解决了债务问题，改变了资产负债表，从而有了剩余资金来扩大生产。2004年主要是购入设备，2005年则大量雇用员工，增加工资，进而增加了内需。经济就稳步复苏了。”木内登英说。在他看来，这些年来日本企业的改革可称“壮士断腕”。

至于政府政策对于复苏的贡献，木内登英直言，主要在“政府撒手不管”，迫使民间企业进行改革。“以前日本政府用了大量资金扩大公共投入以支撑经济，推迟了企业的结构调整。2001 年以来停止了这种政策，虽然使 GDP 降低了，但改变了企业界的思维方式，使之认识到必须自己动手解决问题。在这个意义上，政府政策贡献不菲。”

“过去以为复苏要靠政府，现在意识到我们不需要政府了，日本人在意识形态上发生了变化。”在接受我们专访时，田中直毅这样总结日本过去 15 年来最重要的经验，正与木内登英不谋而合。

在当前，木内登英认为有两个因素在支撑日本经济的强劲复苏：其一，日本企业加大资本投入，扩大产能；其二，日本内需的显著增长。据他预测，2006 年日本经济的真实增长当在 2.4%，而今后若干年均在 2% 左右的增幅。

“这是一个理想的增长，如果像 20 世纪 80 年代，平均增长率 4.3%，就太热了。”目前，木内登英最担心的是人们因为健忘而过度扩张，他觉得现在的股市就稍有些过热了。由是，他主张日本央行 2006 年能够结束零利率，适当升息以使经济平稳增长。

## 黄金期：技术制胜

“你如何看待日本的未来？”——在系列采访中，我们屡屡提出这样的问题。

满头银发的加藤宽在回答这一问题时显得最为兴奋。他认为，日本经济在今后十年将进入“黄金期”。

“我认为，日本具备了走向黄金时期的力量。过去，流向民间的资金被堵截了 40%，阻碍了日本的发展，现在只要其中一半归还民间，就能发挥很大的效用。”

在加藤宽看来，未来日本的黄金时期，与20世纪70年代的繁荣大不相同。这一经济“黄金期”有显著的高技术特征，其得益于在改革中放松管制引入竞争。日本这些年在电信业的基础设施建设方面大有进展，光缆目前已经铺满全国，在两三年内可以进入每一个家庭，在世界上均属领先；同时，得益于近年来的结构调整和改革，日本企业致力研发续有所成，技术上更为先进，将来可以以其技术与其他国家，比如中国和韩国的制造业互补。

"所以，在未来的'黄金期'，不是样样'日本造'，而是日本大量提供技术，成为世界经济发展的基础性力量。"他这样预测。

田中直毅虽然没有使用"黄金期"的概念，但他关于日本技术优势的看法，与加藤宽颇有相似之处。在田中看来，技术优势更多地来自日本企业对于特异性（differentiation）的认知及灵活调整能力。中国加入WTO改变了制造业的利润分配格局。最初日本企业也有抱怨，也曾寄望于人民币升值。但2003年以来，日本企业的视角发生了变化，不再致力于在制造环节的竞争，而是以大量资源投入研发，追求技术领先。

比如说，通过广泛使用机器人和自动化流程，日本制造业的工资成本可以控制在10%；通过三维软件技术作产品设计，可以缩短创新周期。

日本在研发上的大量投入，以及支持企业支持研发的制度创新，在田中看来，正是未来日本经济发展之基本支撑点。松下在浴火重生之后推出的战略调整，或正是对于学者所述的一种例证和诠释。

少德敬雄告诉我们，松下从2003年始推出"V（victory，意谓胜利）型系列产品"，其特点是惊人价格、黑匣技术和独特风格。"黑匣技术"，就是指其将产品制作或设计赋予极大的技术含量，整个过程一体化。"我们把这样的新技术用于新产品，无法轻易模仿，对手一时难以超越。"少德说。至2005年，松下已经在家电、办公设备和职业用品方面推出70至90种"V型"产品。

在海外投资上，松下也调整了策略。例如在中国，松下已经从过去的生产普通电器与中国对手正面竞争，改为一方面生产高端产品，一方面向中国同业销售零部件和模板，从而以技术优势占领市场。据少德介绍，在2006年，松下在大中华地区销售额有望达到700亿元人民币，其中50%～60%均来自零部件与模板。

少德很有信心地表示，松下由"重而慢"转至"轻与快"，现在虽然利润还不很可观，但已经清晰地看到了未来发展的路向。

# 解读日本改革之二

## ——专访日本庆应大学经济学教授、小泉政府内阁要员竹中平藏等

采访人：胡舒立、林靖

发表时间：2006-1-23

“首要推动还是处置不良资产。不良资产减少，对经济产生正面影响。而由于经济得益于此，两者形成了非常重要的联动关系。”

### 金融改革：无声革命

记者：你以前担任过金融大臣，主持了金融改革的进程，你认为金融改革的成果主要在于什么地方？

竹中平藏：刚才我讲了调整资产负债表。从银行的角度来看，调整资产负债表意味着处置不良资产。我常想起三年前，我第一次被提名为金融大臣时，就主张商业银行必须处置不良资产。当时，几乎所有的银行家、政治家，甚至日本媒体都反对这一改革。主张处置不良资产的人不多但很坚决，其中就有首相小泉。

当时，从政治上看，形势非常严峻，对我非常不利。但在首相的支持下，改革措施终于带来了成果。例如三年前，全体银行借贷中的不良资产率达到 8.4%，比例相当高，而今天已经下降到 2.9%。日本金融市场由此实现了正常化。三年前，许多媒体在使用“金融危机”这个概念，认为主要银行可能破产。现在银行都在盈利，金融市场稳定，股价上升。因此，处置不良资产的政策是成功的。

记者：我想，世界已经意识到日本的大银行的确摆脱了不良资产的包袱。但是如何摆脱的呢？主要原因是什么？我读过很多分析，都说经济复苏了，银行的不良资产也就消化掉了。到底何者为先呢？

竹中平藏：我理解，你是要谈银行资产负债表与宏观经济的关系。从经济学家的角度来看，答案很简单——两者都重要，但首要的推动力还是处置不良资产。

不良资产减少，对经济产生正面影响；而由于经济得益于此，两者形成了非常重要的联动关系。你可以想象一下：如果三年前没有这个政策，经济能出现今天这样的复苏吗？可能不会。整个变局还是由政府相关政策引发的。

记者：你在过去处置不良资产过程中遇到的挑战是什么？

竹中平藏：最难的是如何实施政策，这就是要给市场一个好的预期。市场预期很重要。一旦预期恶化，一切都会恶化，这是一种恶性循环。所以说，形成良性循环是非常重要的。像我刚才提到不良资产和宏观经济复苏的关系，关键是给市场一个好的预期。这是最难的。

在实施改革政策之初，有一些媒体的看法也极为负面。好在日本市场相当健全，能够理解调整资产负债表的必要性。一旦这种观点扩展开来，就在政策和市场、市场和政策间形成一种良性循环。这一良性循环的产生有一个拐点，即政府在三年前向（破产）银行注入公共资金。

记者：除此之外，还有其他困难吗？

竹中平藏：需要一些积极的震荡，以引导市场走向正确的方向。在改革之初，我们就确信这一政策方向正确，但诚实地说，很难估计什么时候才能见效。2003年政府向银行注资，给市场提供了信息，表明日本政府很迫切、很认真地想使市场正常化。这个信息对市场很重要。基于此，市场给以积极回应。从此，股价开始上升，经济也开始复苏。努力把信息带给市场很重要。

记者：金融改革是否已经完成？你对此项改革有何评价？

竹中平藏：改革没有止境。就金融改革而言，我当年提出了降低不良资产的计划，但仅适用于主要银行。日本共有600家地方银行和小银行。它们需要付出更多的努力，来处置不良资产。这是一点。

另外就是对大银行而言，可以说，一部分改革已经完成得很有效率，但是，还是要考虑其公司治理等方面的问题。大银行的公司治理目前还很不完善，按国际标准看，其盈利能力也不算很高。因此，当前强化大银行的公司治理仍是重要的任务。以此基础上，大银行也必须增加盈利，提高资产回报率。

记者：可否再谈谈日本金融监管制度的改革？

竹中平藏：我现在不是金融大臣了，并不分管负责金融监管的金融厅。三年前我任职时，监管体制不完善，我提出了新的监管标准，以之对大银行进行严格监管。这个努力仍在继续。不过，当前更重要的任务是增加和强化所有银行的公司治理，像我刚才说的那样。公司治理和通过市场治理，成为比政府监管更重要的内容。重心已经从政府监管转移到市场上来了。公司治理的监督方面，股东和市场将发挥更大的作用。我认为这是当前的趋势。

记者：在日本有“主银行制”，现在这个制度有什么变化吗？

竹中平藏：“主银行制”长期以来一直在发生变化。大约始于 20 世纪 80 年代末，“主银行制”就发生了变化。“主银行制”本质上就是代理制，其积极作用不能被否认，因为它在运行良好时，可以降低总代理成本。但是在日本，“主银行制”演至极致。在美国和欧洲，也有“主银行制”，问题在于日本的“主银行制”太极端，成了代理成本的例外。当然，现在已经正常化，美国、欧洲和日本的制度事实上已经趋同了。

## 银行沙皇：竹中撒手锏

竹中平藏接受采访时，谈得相当平静，但人们很难忘却三年来日本金融改革经历的惊涛骇浪。

2001 年 4 月出任经济财政政策担当大臣的竹中平藏，一年后的 9 月又被委任兼职金融大臣，自此开始了他作为“银行沙皇”的生涯。

自日本股市 1989 年从近 39000 点的高峰破裂，日本金融机构在 20 世纪 90 年代中积累了大量坏账。至 1997 年亚洲金融危机后，这种情况进一步恶化。在过去若干年中，日本历届政府一次又一次试图改革，曾出台了一系列金融法规，设立了专门处理坏账的机构，着手解决银行不良资产等一系列问题。但由于金融改革本身的复杂性，加之遭遇重重反对声浪，担心对经济形成过大冲击，最终都未能有效兑现改革初衷，反使问题积累得越来越多。

竹中2002年9月兼任金融大臣后，强硬派姿态更加显著，仅10月7日在国会一番讲话就引起强烈冲击。很快，东京股市连续下滑，跌破了8700点大关，日本朝野一派紧张气氛。自民党内部对竹中指责不断，反对党则于10月24日向国会递交决议案，要求追究竹中平藏的政治责任。

然而，民众站在竹中平藏一边。在2002年10月30日东京电视台举行的舆论问卷调查中，竹中获得69%的支持票。

2002年10月底，竹中平藏如期推出"金融再生计划"。金融厅还公布了严格的实施"金融再生计划"的时间表，要求在2004财年解决不良贷款问题，以恢复全球对日本金融体系与金融行政的信任。

这个"竹中计划"有两柄撒手锏：其一，以美国财会方式计算金融机构的资本充足率，这意味着日本传统上将全部预计退税额列入自有资本的方式被否决，改为仅其中10%可列入自有资本；其二，银行所持有的土地、股票或债券不能以"账面价格"入账，必须按市场价格确定资产价值。据此计划，日本金融机构将减少6万亿日元自有资本金，资本充足率低于8%。

按"竹中计划"对银行清理坏账，是一种权责对称的清理办法。银行必须对自身的坏账承担财务责任。2000年以前，日本政府曾以认购优先股形式向主要金融机构注入大量国库资金。"竹中计划"明确规定，如果金融机构不能如期实现盈利计划，董事长须下台；若连续三年亏损，政府将考虑把优先股转换成普通股，参与该金融机构的管理，并视情况将其收为国有。

改革举措对经济稳定造成极大的冲击，更使资本市场发生震荡。机构投资者纷纷抛售日本的银行股票。至2003年3月，日本股市跌破8000点大关，回到1983年的水平。

危机当前，竹中也曾采取了一定措施稳定人心。2003年7月日本关西地区理索纳银行濒于破产，政府拿出1.96万亿日元资金给予救助，成为给市场的积极信号。

此外，在实施日本的存款保险制度方面，竹中也体现了灵活性。日本的存款保险制度原规定最高偿付额为1000万日元，自1996年以后这一制度被冻结。2002年4月，竹中决定恢复这一制度，但将偿付额提升，改为活期账户存款无限偿还。这一政策一直延续到2005年3月主要大银行财务状况基本改善时止。

2003 年 8 月 1 日，就在日本国会否定了反对党要求追究竹中责任的议案后不久，日本金融厅发布命令，要求日本瑞穗金融控股集团等 15 家政府持有股份的金融机构提出“改善经营状况计划”，报金融厅审核；此外，每个季度都必须向金融厅提交“计划执行情况报告”。

计划发布后，日本主要金融机构纷纷抗议。时逢小泉面临自民党内选举，种种压力再度指向要求竹中下台。

2003 年 9 月，小泉纯一郎再度当选自民党总裁，旋即改组内阁，但仍继续任用竹中平藏推进改革。2004 年 10 月，日本内阁重组，竹中平藏担任了经济财政及邮政民营化改革大臣。

金融改革继续推进。自 1993 年以来即无真实利润的银行业，从 2003 年年底扭亏为盈。到 2005 年 3 月，日本主要银行的不良资产比率终于从 2002 年 3 月的 8.4% 降至 2.9%，不良资产余额则由 2002 年 3 月的 43.2 万亿日元减少到 2005 年 3 月的 17.9 万亿日元，减少了 58.6%。

2005 年 10 月，日本新内阁组建，竹中平藏再度入阁。这一回，他卸下经济财政政策担当大臣重任，担任了总务兼邮政民营化改革大臣。

## 感受震荡：手术刀与安全网

自 2002 年 4 月日本恢复实行存款保险制后，不少日本储户将储蓄转入资产质量较好的银行。当时经营最为稳健的东京三菱银行由此受益匪浅。

副行长金成宪道回忆，自那时起，东京三菱接到从瑞穗、三井住友等银行转过来的大批存款，其存款额几年来翻了两番，从 15 万亿日元增至现在的 60 万亿日元。

“从 2005 年 3 月起，存款保险制度已经调整，单一银行的存款以赔付 1000 万元日元为上限（无息部分除外）。不过金融已经比较稳定，所以我们行也不再见到这种大规模转单了。”他说。

作为日本大型金融集团中经营最好的银行，东京三菱银行虽经“金融再生计划”的洗礼，但并未因震荡性改革受到过大冲击。2004 年，日本第四大银行日联银行在被迫大规模处理不良资产的过程中，暴露出大量问题；更因试图在财务报表中造假受到金融厅查处，公司岌岌可危，被迫与东京三菱银行进行合并谈判。

2006年1月1日，合并后的三菱东京日联银行正式开业，以162.7万亿日元（约合1.4万亿美元）的总资产，成为世界最大银行。

“比起金融厅的前任大臣，竹中平藏很不一样，他熟悉经济学，理解市场经济。他在恰当的时候获得了恰当的职位，所以日本金融改革有此成果。”金成宪道这样说。

与金成宪道一样，我们采访的专业人士与学者专家，目前都对日本金融改革的成就相当认可。例如加藤宽就认为，坚决处置不良资产，确保稳定健全的金融体系，恢复金融市场的资金配置功能，是日本改革最重要的经验，恰如推迟这一做法正是“失去的十年”中的主要教训。

曾经在中国工作多年的丸红特别顾问西田健一也认为，中国吸取日本的经验教训，“第一还是要清理坏账，不清理的话，银行也不能发展。如果银行本身的体质不好，对于企业也有影响”。

“如果不清理坏账，就像背着‘炸弹’在行走。”他说。

金成宪道还介绍了东京三菱银行当年处理不良资产的几个做法：通过司法程序讨还；由银行支持担保帮助好企业重整盈利业务，靠企业利润后偿还；由银行协助问题企业进行债务重组，收回部分贷款；直接打入坏账等。

金成还特别强调了在处置不良资产过程中的“安全网”。他认为，这是日本得以成功处置不良资产的一条经验。在关键时刻，政府通过注入公共资金，让濒于倒闭的民间金融机构国有化，然后再通过有实力的企业出资重新民营化。日本设立的“存款保险机构”以及“产业再生机构”，也大大缓解了处置不良资产造成的冲击。

“1997年日本北海道最大的银行北海道拓殖银行破产，造成一连串相关企业破产，整个地区经济在五年中一蹶不振。我们从中吸取了教训，这就是为什么政府会使用公共资金救助一些银行，重整之后再出售。”金成说。

## 主银行制式微：银企利益纽带松绑

赴日本采访之前，京港两地不少专家都对日本主银行制的演变表示了兴趣。“日本的金融体制会不会逐渐发生改变，从过去的银行中心、主银行制的体制，朝向一种更高程度的整合？”世界银行北京办事处的高级经济学家王君就如此设问。

所谓“主银行制”，也称“主办银行制”，系指企业的主要融资业务由一家银行来承担，倘该企业需要向其他银行贷款或以其他方式融资，也由这一银行负责安排。本刊首席研究员陆磊赞同竹中平藏的说法：“主银行制”的确具有降低交易成本的优点，日本的“主银行制”走到极端，也走向了反面。“银行和企业交叉持股，银行间亦交叉持股，完全结成了利益纽带关系。”

野村证券的木内登英向记者介绍，二次大战以后，日本最初是由政府主导资金配置，政府从日本储户拿钱后，投向特定产业，比如钢铁、煤炭；至20世纪60年代以后，政府将此职能让位于私人银行。如果银行按市场需求配置资源，这本来是件好事。但银行却把资金过多地投向了自己的掌控的某些产业，例如建筑和房地产，这些极易产生泡沫的领域。

此外，日本“走向极端”的“主银行制”过去显著地听从政府指挥棒的调遣。“银行按政府的意思安排贷款，这样来推动产业。结果一旦企业不行了，产业不行了，银行也就出问题了。”加藤宽在谈及此时，还批评了产业政策，认为这“其实是一件坏事。通产省制定的产业政策也给日本经济带来了很大的弊端”。

日本的“主银行制”近年来确实发生一些实质性变化。特别是日本有关法律已经规定，银行所持企业股份不能超过其自有资本。通过改变资产负债表的“金融再生”，日本的大银行被迫大量减持企业股份，其对企业的控制和影响也早已不复当初。

我们在采访一些企业家时，可以明显感觉到企业对银行的依赖性在降低。朝日啤酒的前董事长濑户雄三就认为，日本经济衰退十余年，最重要的经验之一就是“企业必须自立，不能依靠他人”。他称：“以前日本有‘主银行制’，企业受到一定保护，企业发展也受到了局限。”

曾担任过丸红专务董事的西田健一也承认，过去“并没有认识到贷款太多会影响企业的经营状况，不过现在丸红的贷款已经下降到2000亿日元。我们现在不再贷款了”。

木内登英相信，“主银行制”还会继续存在，但其功能会持续减弱。“企业开始寻求其他融资工具，例如股本融资和公司债。”

# 解读日本改革之三

## ——专访日本庆应大学经济学教授、小泉政府内阁要员竹中平藏等

采访人：胡舒立、林靖

发表时间：2006-1-23

“所谓‘小政府’，就是民间能够做的事，让民间做”……它的另一重含义，就是政府控制的资源要减少。

## 邮政改革与“小政府”目标

记者：我们想请你谈谈日本结构改革的现状，以及你的评价和展望。

竹中平藏：我刚才已经解释了日本的经济，现在泡沫经济崩溃后资产负债表上体现出来的资不抵债的状况，已经得到了解决，经济增长率也回升到2% ~ 3%。但是今后的十年是全球化的十年，日本的人口结构也将进一步趋向老龄化。日本经济必须要进行“进攻方向的改革”，亦即主动改革。

如果主动改革做不好的话，日本经济虽然现在恢复到了一定的水平，仍然会倒退。所谓主动改革，就是在人口数量减少的环境下，尽量使政府成为“小政府”，提高效率，以减轻日本国民的税务负担。税务负担过重，经济无法增长。

所谓“小政府”，就是“民间能够做的事，让民间做”。就像你所知道的，邮政民营化改革就是朝向建立“小政府”的改革，非常重要。现在日本已经通过了关于邮政改革的法案，取得了一定的进展。下一步，以邮政改革为中心，

缩小政府的职能，是最重要的任务。

记者：中国人对日本的邮政改革感到很难理解。为什么称之为重组？你能解释一下它之于改革的重要性吗？为什么遇到那么多的抵抗？

竹中平藏：首先，让我重复一下，创建一个“小政府”，对于日本经济的未来是一个根本性的重要议题。

中国人很难想象的是，日本将面临人口下降趋势。人口总数下降、平均年龄老化的情况很快将出现。在这种情况下，公众的负担从现在起就会急剧加大，想想那些医疗费、养老金吧。这些是由公众缴付的，所以，日本国民的缴付压力会增加，税收和养老金压力会有急剧增加。考虑到这种情况，创建一个“小政府”就非常重要。

日本邮政是政府的一部分，雇用27万公务员。邮政服务包括邮递服务、快递服务、物流运输等。这些服务不可或缺，但可以由像佐川急便这样的私人企业来做。这是一方面。日本邮政的另一类服务是银行和保险服务。同样地，银行和保险业务也可由私人企业来经营。所以，日本邮政应当且可以民营化。通过民营化裁减27万人，这意味着政府裁员30%。我们就是要通过这样非常剧烈的政府改革，来创造一个“小政府”。

记者：邮政民营化的直接目标就是创建“小政府”？

竹中平藏：我再从另一个角度解释一下。你可能知道日本邮储之庞大——它是世界上最大的金融机构，包括银行和保险在内的资产总和达到340万亿日元。你能想象340万亿日元吗？这是目前世界上存款规模最大的商业银行瑞穗银行的四倍。

日本民众现拥有的储蓄总额为1400万亿日元，其中26%进入邮储。一旦邮政民营化，政府在全部家庭资产（the total household asset）中的份额就会降到5%。这也是“小政府”的另一重含义，就是政府控制的资源要减少。所以，日本邮政实行民营化对于日本经济非常重要，特别是对创建“小政府”特别重要。

记者：既然邮政改革如此重要，为什么要12年才能完成？是不是有可能缩短时间，加快速度？

竹中平藏：这主要是政治原因。因为日本的邮政系统长期以来在政治上支持一些集团，所谓的“邮政族”。日本有近 2.5 万个邮局，邮政局长在支持某些政客当选时发挥了很重要的作用。在政治上这些人非常反对民营化。他们想维持现有的体系。这就是为什么邮政改革这么难，直到最近将其民营化几乎是不可能的。你知道，小泉首相四年前上任时，把邮政改革放在了政治日程的首位。这是一场政治斗争。

记者：小泉首相今年 9 月卸任后，这项改革是否会倒退？

竹中平藏：理论上说是有可能的。不过，我们现在生活在一个民主社会，人们都在密切地关注政治进程；而且，从根本上说，日本国民已经认识到了创建“小政府”的重要性。如果政治家打算创建更大的政府，意味着国民的税务负担会增加。所以，我认为国民会强烈反对反改革的政策。在这种情况下，民主核查机制会在这个国家发挥作用。

## 结构改革实质：改革日本传统

我们赴日采访是在 2005 年 9 月之后。其时，小泉纯一郎解散众议院的政治豪赌大获全胜，“小泉流”冲击日本岛，邮政改革广得人心。

不过，如何理解邮政改革，对于中国人仍然有些艰难。很庆幸的是我们采访了加藤宽——日本最早主张进行邮政改革的老牌经济学家。

《邮储会崩溃》，这是加藤宽 1984 年的一本著作。“当时国会批判了这书，说没有这样胡闹的事情。”他回忆说。

加藤宽是日本最早主张结构改革和邮政改革的经济学家，曾著有《公私不分——日本走向灭亡之路》等在当时发聋振聩的著作。小泉和竹中年龄虽相差十岁，但都是加藤宽的学生。

据加藤宽回忆，他在 1977 年参加小泉的婚礼时，曾专门送了自己的著作当礼物。“我注意到，他一直到婚礼结束，手上一直拿着我的书。”加藤深信，自己的著作和主张，直接影响了后来出任首相的小泉。

在采访中，加藤讲述了日本必须进行结构改革的深层次道理。“五年前，小泉参选之前，曾问我什么是结构改革。我说，结构改革就是对日本的传统进行改革。”

日本自明治维新以来，提倡的是“富国强兵”。交通和通信网络作为支撑其制度的基础设施而得以扩充。当时，邮政系统创始人前岛密到英国考察，发现英国的邮政和邮储都很发达，从老百姓手中集中了资金之后，用于增强军事力量，受到很大启发。所以，前岛密在建起全国性网络之后，还建起了邮储。

“明治维新虽然进行了很多的改革，但做法还是军国主义的，以军政为中心。”加藤说。

二次大战战败结束了日本军国主义，但“大政府”的形态依然存在。官僚们的提法是将资金用于国家建设，因此增加了许多“公共事业”。在此过程中，出现了政治家贪污现象。直至泡沫经济崩溃后，有了惨痛经验，日本应当意识到必须创建小政府，搞地方分权，而能让民间做的事情就要让民间做。

加藤宽认为，这就是政府结构改革的实质。在结构改革中，核心就是邮政改革。

## 姗姗来迟的邮政改革：一个相当渐进的方案

在日本政府，邮政是大机构，原来被称为邮政省。小泉就曾在1992年出任宫泽喜一政府的邮政大臣。当时，他就曾提出了邮政改革的主张，立即遭到否决。

日本邮政拥有占政府人员总数30%的公务员队伍，其控制日本国民家庭储蓄四分之一的巨大规模，都使邮政改革意义格外重大，行动也格外艰难。我们采访的日本专家们说，这牵涉大量既得利益，关乎中央政府的权力。

竹中平藏所提及的“邮政族”，仅仅是阻力之一方。事实上政府利益本身就会因邮储民营化受到严重冲击。因为日本的巨额邮储金融资产在使用时不必通过国会，只要财政投融资预算审议通过即可使用。“不需要通过国会，官僚可以随意支配。”加藤宽说。正因为此，尽管此项改革理由充分，但在整个90年代寸步难行。

“官僚们又创立了很多‘特殊法人’，给自己退休后找好了地方。大家联合起来，为自己找后路，所以无法进行结构改革。公共事业就是给官僚退休后找好的退路。”加藤宽讥讽道。

日本1998年通过《中央省厅改革基本法》，邮政省被缩编为总务省邮政事业厅，2003年4月又被改组为邮政公社。截止到2004年年底，这个邮政公社拥有员工27.1万人，下设2.47万个邮局，总资产达到404万亿日元（约合3.6万亿美元）。其中，邮政储蓄余额达到220万亿日元（约合1.95万亿美元），超过日本四大商业银行存款余额总和；简易保险部门资产达120万亿日元（约合1.07万亿美元），也相当于日本四大家寿险公司资产规模总和。这两类资产累计达340万亿日元，相当于日本当年GDP的三分之二。

小泉政府在2005年9月的众议院大选中以压倒优势获胜，显示出日本国民对邮政改革的热情支持。此后，酝酿已久的邮政民营化相关法案得以通过。其实，这是个相当渐进的改革方案。

日本议会通过的法案包括邮政民营化法案、日本邮政股份有限公司法案等六项内容。据此，在2007年4月前，将解散现有的日本邮政公社，成立一个国家控股公司，下设窗口公司（邮递）、邮政事业公司（管理日本全国2.47万个邮政网点）、邮政储蓄银行和保险公司四大机构。在2017年前，国家控股公司必须售出其在邮政储蓄银行和保险公司所持的全部股份，实现民营化。

“邮政改革的第一个目标是改革官僚主导、中央集权的制度；第二个目标是通过政府公务员裁员27万人，进行公务员改革；第三个目标是将民间的资金交还民间使用。这些目的达到的话，就完成了民营化。”加藤宽这样解读。

他还介绍说，在小泉任内，除了邮政改革，还要推行公务员改革、社会保障制度的改革、养老金改革和医疗改革。“推动这些改革后，小泉的任期就到了，要看下一任还做些什么。”

## 12年太久：提速可期?

比起已经进行的“金融再生计划”，日本需要耗时12年的邮政改革方案，使旁观者觉得格外漫长。

邮政改革对日本经济有什么影响？按竹中平藏的看法，这一“主动改革”，正可为日本经济进一步复苏增加动力；但12年漫漫长路，又使人不敢多有期盼。例如野村证券高级经济学家木内登英就认为，这项改革对近期经济不会有什么影响。

“我觉得改革的步骤应当加快。民营化可以改进经济效率，不仅邮储，而且对邮递服务业和保险业也一样。如果动作太慢，无法使员工意识到变化。”木内登英说，“我想因为邮政民营化的反对者太多，所以政府只能选择缓行。不过这个进程可能每过三年要重新评价一下，将来的政府可以加快民营化进程。”

他还提出，日本现在有很多政府预算外机构。这些机构通常是自动地从邮储获得资金，运营效率则相当低下。邮储私有化之后，这样的政府预算外机构就必须面对金融市场。一旦其商业活动无效益，就面临极高的融资成本。这种市场治理可以改进政府商务活动的效率。“我理解，这是竹中平藏先生主持邮政民营化过程中最重要的事情。”

# 解读日本改革之四

## ——专访日本庆应大学经济学教授、小泉政府内阁要员竹中平藏等

"低失业率、银行信贷为主和交叉持股，我认为这些不是'日本式资本主义'的基本要素。"

### 定义"日本式资本主义"

记者：经历了过去15年日本经济的衰退、改革和复苏，不知你怎么看"日本式资本主义"？

竹中平藏：你提了一个很有意思的问题。"日本式资本主义"的基本要素是什么？很多人会说是低失业率、银行信贷为主和交叉持股。我认为这些不是"日本式资本主义"的基本要素。交叉持股是日本经济、日本管理历史中的一个新现象，是20世纪70年代中期开始的，只有30年的历史。交叉持股很有趣，但不是日本经济的基本要素。比如说在战前，日本没有交叉持股。不过，如果经济上具有潜在的高增长，那么低失业率、银行信贷为主和交叉持股会发挥很重要的作用。

如果让我们来定义"日本式资本主义"的基本要素，那就是我们能够灵活变化，适应环境，适应经济形势。我认为，这是"日本式资本主义"的基本要素。比如终身雇佣制度，这是战后的一种现象。战前的经济环境大不相同，终身雇佣制对日本国民没有什么益处。我认为，为了使自己适应环境，日本一直在非常灵活地改变制度。我认为这是"日本式资本主义"的基本要素。我们现在正在变化。

记者：你所说的“灵活性”与“盎格鲁—萨克逊式资本主义”有什么异同？

竹中平藏：什么是“盎格鲁—萨克逊式资本主义”的基本要素，很难定义。例如在我说的那个90年代——日本“失去的十年”，日本国民相对不是很愿意变革。这与“日本式资本主义”的基本要素是相悖的。现在，我们在变革，这正是“日本式资本主义”的基本要素。但是，将这样的“日本式资本主义”说成是“盎格鲁—萨克逊式资本主义”并没有意义，是误导。

记者：所以你认为所谓资本主义的各种模式，在本质上是没有区别的，其实都是同一框架？

竹中平藏：就是这个意思。你能定义“中国式资本主义”吗？在某种程度上，它与“盎格鲁—萨克逊式资本主义”很相像；有时它又是“日本式资本主义”的例证。所以，简单划分会令人误解。这是我的观点。

## 外部视角与内部视角：日本特色资本主义的基石在瓦解

在采访中可以感到，对于习惯于经济学思考的政治家竹中平藏来说，所谓“日本式资本主义”，是一个他考虑多时的问题。其回答虽有些让人意外，却也在情理之中。

我们接触的绝大多数内地与香港两地经济学家都很爱谈“日本式资本主义”这个概念，特别是现在担任着高盛高华公司副董事长的许小年。

日本战后引以为荣的模式，“日本式资本主义”，为什么在20世纪80年代后期突然垮下去了呢？许小年认为，过去日本标榜成功的经验就是终身雇佣制，可是在过去的15年中，日本在朝着解除终身雇佣制的方向前进。过去，日本式的交叉持股把企业和银行绑在一起，然后由通产省充当日本株式会社的总舵手。这模式是不是确实出了问题了？所谓“日本式资本主义”，就是用东方的集体主义精神架在西方的市场经济上，但看来这样的模式可以采用一个阶段，有过成功，但随着经济的发展是不是就该抛弃了？日本失去了十年，是不是因为在模式转换上太慢了？

“竹中要干的事，就是把日本传统的基石全打碎。”这是许的看法。

在外部观察家看来，竹中平藏属于受美国模式影响很重的经济学家，而他在日本所做的事情，使日本更接近于西方式的系统。“竹中不承认外界所说的‘日本式资本主义’，其实就是不愿意受到‘日本特色’束缚，就是坚持要在日本搞彻底的市场经济。”本刊首席研究员陆磊这样理解。

在采访中，日本官产学各界人士很少用“日本式”来诠释日本经济。加藤宽非常强调结构改革“就是对日本的传统进行改革”，但并不认同“日本式资本主义”的概念。

明显不同的只有木内登英。在我们的整个采访中，木内登英任职的野村证券是“非日本化”色彩最重的公司，其公关经理是美国人，木内登英理所当然地用英文采访，并为记者准备了一本英文资料，显示出这是一家以英文为工作语言的公司。可能正因为此，木内登英关于日本式资本主义的看法也更接近于外部观察者。

木内登英承认，日本目前的制度与传统的“日本式资本主义”已经差别很大，更接近于“盎格鲁—萨克逊式”。其重要标志，在木内看来，就是日本经济中已经出现较前为多的英美体制看重的直接融资，现在日本的公司也更加注重股东的利益而非银行的利益。此外，劳动力市场也发生了变化。全职员工在被半工和临时工所取代，大规模裁员出现了。这种趋势不会改变。

“当前由于经济复苏，日企开始增加全职员工。我觉得这个趋势会持续到2006年。”他说，“不过，这并不意味着日本的劳动力市场会回到过去的僵化状态。弹性会保持。”

木内登英特别提出了一个概念，就是“差异性”。

他说，竹中平藏制定政策的思路是美国式的，美国式的特点就是强调竞争和承认差异性。日本社会过去是个相当平等的社会。但在萧条期，人们开始接受差异性，认同不同地区的经济差别和员工的不同工资。“甚至工人们面对新的劳动力市场也在进行调整。有些人被裁员，有些人因为表现好而获得高薪。日本人逐渐接受了这样的变化。”

日本过去的地区经济差距非常小，政府用税收补贴地方。“所以，我想地区差距可能会扩大，也许会变得像中国沿海地区和中部那样。”他认为，“日本经济正在接受‘盎格鲁—萨克逊式的资本主义’。”

尽管如此，在微观层面，日本文化和传统的力量仍在发挥作用。记者采访日本一些制造业的大企业时，每常可以感觉到传统的力量非常强大。加藤宽向记者坦承，现在日本的企业正处于迷茫时期，“按美国的方式管理还是按日本的方式管理”？

他强调，一个最大的区别是如何对员工进行考绩。“美国方式”是按照业绩来评价，而“日本方式”是论资排辈。现在确实有很多企业在这个方面犹豫不决。“现在日本的企业已经度过危难时期，稳定下来了。但只有 20% 的企业按业绩对员工进行考察，其他的还是日本传统方式。”

例如一家企业如果一位工程师有了重要发明，在日本现在会得到奖励，但数额不会太高，至多相当于美国可能奖励的 20%。这个人可能会与美国相比，感到不满意，但日本社会认为，一个发明是大家努力的结果，个人的力量不代表全部。“还必须要考虑日本的环境基础。日本企业也在慢慢变化。”他说。

记者：你如何看待中日间的经济关系？

竹中平藏：中国政府和中国人民都很务实，日本人也非常务实。会有一些关于日中政治关系的讨论，但我认为经济关系相当好，双方的经济有很高的相互依存性，现在正在从双方的合作中受益。

解决政治问题还需要一段时间。但我们一定能解决这些问题，因为两个国家之间已经有了好的现实和实际的联系。

## 重视中国：无可选择

2005 年 12 月 13 日，在马来西亚吉隆坡举行的东亚峰会上，日本首相小泉纯一郎表示，竹中平藏可能成为自己的继承人。

这一说法多少令人有些吃惊，且目前并不为日本政治观察家们所认同。观察家们普遍认为，在小泉 2006 年 9 月结束任期后，更有可能的接班人，会是现任官房长官安倍晋三、现任外务大臣麻生太郎、现任财务大臣谷垣祯一及前官房长官福田康夫等。此前，小泉也曾表示他的接班人可能是安倍晋三。

观察家不看好竹中平藏，原因是他从政时间过短。虽然竹中已经成为自民党成员，并于 2004 年 7 月当选为参议员，但在派系林立的自民党内部，竹中并无根基。

我们在采访结束时，问及竹中平藏会否参加 2006 年秋季首相竞选，他明确地说“肯定不会”（definitely no）。

当然，无论未来日本政局及竹中平藏本人的政途如何变迁，我们在有限的时间内采访这样一位过去和现在都在主持经济改革的日本大臣，只能用更多的时间讨论日本国内经济问题，而把中日经济关系问题放到最后。

在 12 月初同意接受记者采访之时，竹中也曾通过秘书事先说明，他不会就日中关系发言。不过我们确信，仅同意接受中国记者的专访本身，已经显示了竹中平藏对中国的看重，而且上述他对我们有关提问的回答，是早有准备的。

中日关系，主要是中日经济关系，其实是我们作为中国记者在日采访时一个不应回避的主题。在日采访期间，我们就此与多数被采访者进行了讨论。人们的看法并不完全一致，甚至颇有自相矛盾之处，但有一点是共同的——重视中国。这正与竹中平藏所谈相符合。

（注：日本日经 BP 社记者田原真司，日本亚洲经济研究所研究员渡边真理子，以及赵逸荻、柯兰如、王丰、黄山对此文亦有贡献）

# 中国的今天与日本的昨天

## ——专访日本庆应大学经济学教授、小泉政府内阁要员竹中平藏

采访人：胡舒立

发表时间：2010-5-1

日本政府就在“扶助型”政策而非“根治型”政策上花了很多钱。中国政府可以吸取日本的这个教训。

算起来，竹中平藏该有59岁了。犹记初访这位前日本内阁要员，还是四年多前的小泉政府时期，那是他最炙手可热的日子。此后，世界发生了巨大的变化，日本改革也经历了巨大的反复。今年3月26日，当我有机会再度与他对话时，一时间可谈的主题有很多。为求与中国更具相关性，我选择了“谈中国的今天与日本的昨天”，希望通过比较来理解日本教训，使中国有所镜鉴。

可以说，在2001年4月之前，我对日本经济学界相当孤陋寡闻，以前也从未听说过竹中平藏。当年4月，他以学者身份进入小泉内阁政府，出任经济财政政策担当大臣，成了热门新闻，我才对此人有所了解。遂知道，这位竹中出身学界，原为无党派人士，1973年从日本一桥大学经济系毕业后，曾在日本开发银行和大藏省从事研究，1989年受聘为哈佛大学客座副教授，20世纪90年代以后一直任庆应大学经济学教授。

竹中当年出任经济财政相不久，又兼任了金融大臣，此后再任日本内阁最重要的总务大臣兼邮政改革大臣。在小泉富有争议的任期内，日本内阁曾三次改组，但竹中一直留任内阁，并获得了日本“银行沙皇”、“日本改革首席运营

官（COO）”的称号。从2001年起，我一直关注着日本经济改革，一直希望有机会采访这位改革代表人物。终于，在2005年年底，在日本改革相对顺风顺水的时候，我觅得机会，专赴东京采访竹中。

采访的日子定在一个周末，这位日本总务大臣选择他在东京都港区赤坂的私人办公室见面。赤坂是东京最昂贵的地段之一，不过他的办公室不大，陈设简朴，只摆放了一张长条桌。采访的时间安排得很紧，按照日本内阁的要求，以日文采访带翻译的总时间是一小时，而英文不带翻译则是半小时。我选择了前者。但采访开始后，很快因等不及翻译而改为直接用英语交谈。但他还是给了我一小时的时间。这次采访，连同此前数月对日本改革的一系列采访，写成了前文“解读日本改革”的系列文章。

倏忽又是五年。五年中，日本政坛风云雷电，改革曲折蜿蜒。竹中于2006年随小泉辞职而离任，重新回到他任教十余年的庆应大学。这些年里，我在北京、在国外，不时有机会与他谋面。接触多了，我越来越把他当成学者，会面时除了寒暄也每常求教。

2010年春节后，我接到《日本金融》杂志函约，希望安排竹中来华与我做一番“对话”，发表在该刊，也愿意同步发表在《中国改革》杂志。我敬重竹中，欣然同意。3月26日下午，他与《日本金融》杂志编辑、记者专程来到财新传媒。我们在财新传媒视频演播室的一张圆桌前交谈，先选择了用日文加翻译开始，我还是不习惯，很快换成英文，顺畅地谈了一个多小时。

本文交稿前，恰逢中央汇金公司人事变动——60岁的谢平离开汇金总裁一职。我不禁由竹中联想到谢平，觉得二人虽然职位、地位不同，却都是经济学家，同时又都是坚定的改革践行者，二人的命运亦有某种相似之处。谢平曾自谓，“在波澜壮阔的中国金融改革历史上浓墨重彩地留下重要的位置”，话语豪迈却也透出几许悲壮；而竹中也曾告诉我，“我觉得作为专家和经济学家，能为国家的政策制定作出贡献是很幸福的事情，我希望继续作这样的贡献”，多年后忆起仍令人欷歔。

按日本人的说法，竹中平藏是“日本改革的马前卒”。由学者而成“马前卒”、再做学者，我想他的见解对在改革中求索的中国人是会有所启迪的。

## 泡沫异同

记者：很高兴有机会就当前中国经济和20世纪90年代早期日本经济作一次对比分析。不少推测认为，中国将会陷入日本在20世纪90年代的局面。中日两国的经济状况确实有很大不同，但也有不少相似之处。今天机会难得，希望听听你这位专家的意见。

竹中平藏：首先谢谢你提供这个机会。我的看法很简单——不要效仿日本。

记者：当前中国经济的现状是不是与日本走过的路很相似？我们现在面临着房地产泡沫，所以有人担心，中国的现状与20世纪90年代早期的日本完全一样。

竹中平藏：如果中国政府，尤其是央行，采取激进措施，情形可能会非常相似。中国现在面临泡沫经济的风险，政府必须逐步控制住形势，任何激进措施都是很危险的，也要冒很大的风险。所以我认为这完全取决于政府管理，尤其是货币当局的措施。宏观货币政策在这时尤为重要。

只要中国能避免以下两种情况，就不会重蹈日本当年的覆辙。首先，雷曼兄弟危机爆发之后，中国立即扩大消费以刺激需求。这一措施在当时确实有效，但时间不宜过长，否则最终会引发信贷危机。日本就曾在20世纪90年代付出过这种代价。其次，当时日本在非常短的时期内采取了激进的货币政策，结果导致泡沫破裂，经济迅速下滑。中国当前的关键问题也是如何处理好可能的坏账。

记者：在你看来，中国应尽早退出积极的财政政策，但如何预防快速紧缩的风险呢？货币政策又将如何与之配套呢？

竹中平藏：快速缩减财政支出当然是很危险的。但事实上，政府很容易继续采用巨额财政支出政策，不过这只会恶化财政收支状况。所以我觉得中国需要的不是快速、仓促行事，而是稳健地改变财政收支状况。这对于实施财政政策非常重要。

就货币政策来说，如果政府继续实施货币扩张，就会使泡沫经济发展到沸点。届时央行将不得不同时面对迅速紧缩和人民币快速升值的局面，而这一定会令经济受损。所以这与财政政策一样，货币政策也必须稳健而非仓促地改善，以避免经济体系受到较大冲击。

记者：说起中日异同，中国学界也有说法称，与当年日本相比，中国的人口结构依然很年轻，因此中国激进式城市化的需求依然存在，房地产泡沫一时半会儿破不了。你怎么看？

竹中平藏：在这点上，中日两国有很多不同之处。最大的区别就是潜在增长率。中国经济的潜在增长率依然很高，这点非常关键，因为这表明经济势头还很强劲。但20世纪90年代的日本经济已经受损，潜在增长率只有3%左右。从这点而言，中国很幸运，它依然处在青年期、处在增长阶段。

另一个区别是，在中国，中央政府牢牢掌控着宏观经济，中国领导人显示了其对宏观经济管理的良好驾驭能力。而日本在那个时期政治领导力不足。

谈到相似点，我担心一个问题：站在政治立场上来看，削减政府支出是很困难的。公众期待政府提供持续性的支持。因此把“扶助型”政策和“根治型”政策区分开是很重要的。“扶助型”政策指不断给消费者提供更多的补助，而“根治型”政策则有所不同，例如，通过增加基础设施投资来稳固增长潜力。日本政府就在“扶助型”政策而非“根治型”政策上花了很多钱。中国政府可以吸取日本的这个教训。

记者：这个教训就是政府应当把“扶助型”和“根治型”政策区分开？请进一步阐释一下。

竹中平藏：日本政府斥巨资为失业者发放补助金，这就是“扶助型”政策。“根治型”政策是提高经济增长水平。如果GDP（国内生产总值）增长，劳动力市场的需求就会相应增加。所以说，“根治型”政策和“扶助型”政策的区别是非常大的。从政治的角度看，政府当然有必要帮助民众，但促进经济增长也同样重要。长远来看，更重要的是促进经济增长，于中国而言，就是保持较强的经济增长能力。

谈到这里，我想问你几个问题。中国经济的增长潜力很大，并且还会持续下去。今年中国的GDP将会超过日本。未来十年，中国的GDP可能达到日本的两倍。这是个惊人的预测，但实现的可能性非常大。不过同时，我也注意到其中的风险。你刚才也提到房地产泡沫问题。如果泡沫继续扩大，政府将不得不采取更激进的紧缩政策。这将对经济造成损伤，还会暴露银行的坏账问题。

中国的专家们对此有何看法？目前，劳动力优势为中国经济增长提供了支持，这种状况能持续吗？我们看到工资有提升的迹象。这已经加大了通胀的风险。所以对于中国经济而言，这又是个重大风险吧？

记者：你提的这个问题非常重要。目前人们的焦点集中在以下两点：首先，对泡沫是否会破裂非常关心。目睹了美国和日本走过的路，中国的各级决策者和经济学家非常担心泡沫破裂。这将是个灾难，他们知道中国承受不起这样的灾难；其次，他们还十分清楚应当在什么时候、采取什么手段来有效控制形势。在我看来，中国政府对泡沫非常敏感，参照以往的宏观调控成绩，我认为政府能很好地调控宏观经济。挑战很多，他们也意识到了；政府希望实现“软着陆”，不过这确实很难。

现在不乏对局势的关注和担忧，甚至有些忧心过度了，不过这也是好事。政府对于退出积极政策是非常谨慎的，也正努力实现合理调控。

在这点上，我们一贯直言风险：我们可能会身处险境，我们可能会面临20世纪90年代日本所遭遇的情况。但人人都知道两国形势不尽相同，我想我们必须充分意识到二者的相似点，如此才能避免重蹈覆辙。

竹中平藏：虽然中央政府和民众都意识到了这一情况，也意识到了风险，但问题是，即使他们清楚形势，中央政府真能控制局面吗？我的理解是，中国经济政策的决定权已经多元化，不仅央行有重要影响，地方银行的影响也同样很大。据我所知，这就是中国制定政策的要害——决策是集中式的还是多元化的？

记者：中国的宏观经济调控偏于集中式。中央政府出台了很多措施，例如2010年年初央行应对危机的举措，包括适当提高三个月期中央银行票据的利率，以及加强对大银行的存款准备金率的要求。央行最近决定对规模较小的商业银行实施差别化的存款准备金率要求，现在又出台措施限制贷款。除数量型工具以外，也采用了价格工具、“窗口指导”，以及各种行政手段。具体措施的利弊都可以讨论。不过地方经济对于市场化机制的需求还是很大的。所以宏观经济调控在某种意义上来说，是中央与地方政府的博弈，不过我认为这是可控的。

竹中平藏：但这只是货币政策。财政政策也是如此吗？

记者：有些经济学家主张退出积极的财政政策，不过也有人认为在退出积极的货币政策的同时，中国应该更多动用财政政策手段，政府还要为人民做很多事情，例如，我们的医疗体系还不健全，教育和社会福利、社会保障的投入还不充分。他们认为与其通过增加财政投入直接刺激经济，不如增加社会福利投入。你对此怎么看？

竹中平藏：这是另外一个重要方面——分配政策，或称为收入差距政策。这对宏观经济也会有影响。一般来说，低收入群体的消费倾向较高，如果短期内进行有利于低收入群体的分配或再分配，消费增长会非常快。但长期来看，结果就不同了。过于注重收入再分配会减少工作激励，也会影响到竞争机制。

记者：如果收入分配是通过激进的财政政策和货币扩张来实现的，就会引发过度的流动性。

竹中平藏：确实如此。倘如此，长期来看会削弱经济，这不是最好选择。

关于收入分配问题，我还担心，从政府的角度出发，低收入群体的抱怨是可以理解的。但经济形势是好的，这些不满还可控制在一定程度内；而一旦经济形势恶化，问题就会爆发，这在政治上是非常危险的。为避免这种情况，政府就不得不继续实施刺激政策，这表明政府无法退出，结果会很危险。

这跟日本当年的情况很像。日本政府当时没有采取切实的退出措施，主要是因为他们还面临其他诸多问题，一是收入差距，二是改革选举制度。质言之，政府采取理性的财政政策的难度相当之大，恐怕这在中国也会发生。

记者：中国的确目前面临很多问题。一个问题解决了，另一个新的问题又冒出来了，这就是我们面临的困境。

你刚才还提到了年龄和人口问题。一些主流经济学家也曾发出警告。他们认为中国过去30年经济飞速发展的原因之一是得益于人口红利，此种情况会持续到2013年，但也有人认为中国的人口红利可以持续至少50年。争议不小。

竹中平藏：人口红利终有结束的一天，中国也不例外，那时候提高生产率就至关重要了。

记者：你认为这一天什么时候到来？

竹中平藏：考虑到劳动人口的工作年龄，或许不到十年。

我也注意到“2013 年”的提法。据推算，届时中国的抚养指数会提高。即使这样，劳动人口数量还会持续增长。我在日本经济研究中心担任顾问，该中心三年前也做过一个相关研究。我记得那时他们预计到 2016 年或 2017 年，（中国）劳动人口总数将下滑。所以在未来三到七年的时间里，可能会有非常大的变化。在这种情况下，中国进一步提高生产率就非常重要了。

不过也有好消息，在这方面也有一些非常有意思的计量经济研究。迄今为止，很多人都认为中国经济是由劳动力和资本投入支撑的。但根据一项新的预测，目前中国经济三分之一的增长都源于科技进步。这确实是个好消息，即使劳动人口不再增长，中国经济还是会持续发展。

中国还需要关注国际关系。在某种程度上来说，中国的增长模式与 20 年前的日本颇为相似。出口非常重要，中国的出口占 GDP 比率超过 35%，是日本的两倍还多。因此，美国对人民币汇率颇有微词，国会态度更为强硬。中国如何应对这种国际关系？近期还会坚持这种发展模式吗？

## “广场协议”非人为

记者：在中国，官、学两届对于重新启动汇率机制改革还是有共识的，不少人提出“越快越好”。尽管汇改后人民币会有升值压力，但还是改革更好。这一点是明确的。

目前讨论的焦点是改革如何进行，这也是我想跟你探讨的问题。很多人提起了“广场协议”及其对日本的影响——日本经济陷入了十年的衰退期。你认为我们应该从“广场协议”中吸取什么教训？

竹中平藏：从经济学的角度来看，国际汇率市场存在很大的不确定性。政府干预的结果有可能是正面的，也有可能是负面的。有时人民币升值有利，有时贬值有利，众说纷纭。不过说实话，听你说到人民币升值已经是共识，我还是有点诧异。

记者：我说的共识，是指对中国应该启动新一轮汇率改革的共识。政府和业界专家都在讨论积极的、可控的、渐进式改革。总体来说，方向是明确的。

现在，这一讨论涉及升值问题，不过中心议题是我们要实现更加市场导向的汇率机制，而不是简单地升值并将其再次固定。当然，无论走哪条路，我们都会面临很大风险。

竹中平藏：很高兴听到这些。你也参加了今年 1 月下旬的世界经济论坛达沃斯年会，或许也注意到法国总统萨科齐对此发表了很有意思的见解。他建议组织新一轮会议，深入讨论新的国际货币体系。第二天，拉里·萨默斯就说，何种货币成为主要国际货币取决于市场。你瞧，这种讨论其实重复了很多年了。

改革确有必要，但到底是什么样的改革？鉴于市场情况，作出决定是非常困难的。希望之一是 20 国集团峰会。本轮会议将启动更多纲领性的讨论。市场机制要得到强化，区域性和本地化的货币互换还需加强。这种货币互换协议将会减小市场波动。我认为，大家应该先逐步作出这样的努力，然后再着手货币体系的根本性变革。

记者：回到日本的"广场协议"，我们可以吸取什么教训呢？人们认为"广场协议"是日本经济走向衰退的主要原因。当然，也有很多中国的经济学家对此持不同意见……

竹中平藏：这很有意思。不过事实并非如此。"广场协议"是 1985 年签订的，此后日本经济情况如何呢？出口确是在一定程度上受损，但远不像外界说的那么糟糕。

20 世纪 80 年代，日本经济出现泡沫。这意味着增长率提高，股价上涨了。即使在"广场协议"签订之后，经济还是向前发展的。虽然该协议对日本经济一些层面的负面影响是显而易见的，但总体来说，日元快速升值的影响还不是那么糟糕。

记者：是的，不过人们经常回顾 1985 年的经历，认为"广场协议"不公平。

竹中平藏："广场协议"公平与否，大家还是各持己见。一种观点认为它是市场中的自动调节机制。其时，美国宣布了其市场经济政策的转型，即退出里根主义，停止财政扩张，开始财政紧缩；同时缓解高利率政策。这些意味着美元会贬值。

另一方面，日本和欧洲国家承诺通过一揽子刺激计划来加强内需，这意味着利率会走高，其结果自然是欧洲和日本货币升值，美元贬值。所以“广场协议”不是人为因素造成的，而是宏观经济政策变化的产物。

记者：是受整体局势的影响？

竹中平藏：是的。以我的理解，这是日本经济学界的代表观点。

记者：我刚才提到，中国国内对于启动新一轮的外汇汇率改革其实无太大争议。问题是改革如何操作。一些经济学家建议实施一次性改革，但遭到大多数人反对，因为由此产生的负面效应太大。还有人建议实施渐进式、可控的改革，就像2005年7月到2008年7月期间的措施一样，每年调整6%左右（2006年，美元对人民币升值3.35个百分点，2007年是6.8个百分点，2008年前七个月是6.9个百分点）。

人们也在就扩大人民币日浮动范围的问题进行讨论，还有是否采用一篮子货币机制。这是个技术层面的问题，不过俗话说，细节决定成败。

竹中平藏：这些问题30年来我们一直在探讨，我认为一篮子货币机制是应当优先考虑的解决方案。问题是，怎么实施呢？即使我们认为应当按照一定的方式配置外汇储备，但这仅仅是建议而已。改变外汇储备的投资组合，即使存在实施的可能性，也相当困难。

中国会接受一篮子货币机制吗？中国政府主要投资美元，这也是投资美元比投资其他货币更加安全所致。理论上说，一篮子货币机制是合乎逻辑的，但是实施起来就不那么容易了。

我支持拉里·萨默斯的说法，哪种货币能够担当主要货币应该由市场来决定，至少现在如此。当然，长期来看，这种讨论还应该深入下去。

记者：还有一种讨论是：如果中国采取一篮子货币机制，是否应该效仿新加坡的“不公开”做法？

竹中平藏：如果中国采取这种机制，将会对更大范围内的经济形势产生影响，因为中国是世界上最大的外汇储备国。日本也会学习中国的经验。日本是全球第二大外汇储备国，如果中日两国联手，将会对经济产生重大影响。我想中国如果能在这个问题上采取主动是很好的。

还有一个方案也是可行的。实事求是地说，改变现行体制是非常困难的，备选方案就是对国际货币流动征税，由此降低货币流通速度。

记者：具体应该怎么做？

竹中平藏：这应该问詹姆斯·托宾（James Tobin），或许可以实行“托宾税”。1997 年的亚洲金融危机中，马来西亚或其他亚洲国际就实施了这样的方案。当然，这只是可能性之一，没有完美的解决方案。

最后我想问你一个问题，中国经济去年实现了 8.7% 的增长率，据国际货币基金组织预测，今年的增长率有望达到 10%。你认为上海世博会之后中国经济形势如何？

## 日本经济是“炸天妇罗冰激凌”，中国呢？

记者：我注意到一家西方报纸最近评论说，世博会之后，中国的经济泡沫很可能破裂。我认为这可能过于悲观了。

竹中平藏：我现在的看法也有变化。之前我担心会有风险。不过回顾中国政府应对 2007 年金融危机的做法，可以看出他们对宏观经济局势的掌控非常好，有效运用了各种资源、财政和货币政策。

至少在短期内，中国政府调控经济的能力和策略还是有目共睹的。所以上海世博会之后，政府应该能够实现对宏观经济的良好管理。至少短期内我没有什么担心了，但风险可能会在长期的管理中显露出来。

记者：我同意。我们面临诸多挑战，没人能保证将来会怎么样，有些问题可能会在今后显露出来。我想听你谈谈日本经济。

竹中平藏：日本经济曾经大幅下滑，不过现在已经开始复苏，出口占 GDP 的 17%，而中国这个比例是 37%。受中国经济快速增长的影响，近期日本出口也在扩大。有时候我把日本经济比作“炸天妇罗冰激凌”。中心部分很冷，但其外表受中国火热经济发展的炙烤，已经很热很热了。

记者：你怎么看金融危机后的中日经济关系？

竹中平藏：中日两国经济相互关联，危机之后联系更加紧密。我刚才提到，今年中国的GDP会超过日本，十年后会是日本的两倍，这将对日本经济产生深刻影响。没有中国，日本经济也无法存活，人们已经认识到这点。当然，困难也确实存在，比如语言障碍和文化隔阂。无论如何，很多日本人已经意识到了中国经济的重要性，所以上海世博会可能是个契机，就像奥运会一样，吸引许多日本人造访中国。

总结日本走过的弯路，我认为有两个问题对于中日两国都非常重要：一是政治领导。这是不可或缺的，幸运的是，在中国，共产党的领导力非常强。二是教育，教育是提高劳动生产率的根本所在。可喜的是，中国的教育质量已有很大提高，例如北大、清华、复旦和南京大学。经济竞争的基础是教育竞争。

记者：中国关注日本走过的道路，包括提升教育和环境保护方面的经验。

竹中平藏：提到环境，日本有一些有利因素。下面一组数据很有意思：每1美元的GDP都会伴随着一定量的碳排放，对吧？日本每1美元GDP对应的碳排放量是美国、欧盟的二分之一，是中国的九分之一，这一点很重要。如果日本与中国合作，中日两国可能对全球经济发展以及其他全球性问题的解决作出更大的贡献，因此我期待着两国能有更深入的合作。

# 现在必须为将来付出代价

## ——专访东京证券交易所株式会社社长齐藤惇

采访人：胡舒立

发表时间：2010-10-1

我们已经等了20年了。我非常希望日本经济能重回正轨，否则，我们将失去复苏的最好时机。

70岁的齐藤惇看上去比实际年龄要年轻些。我们在东京证券交易所的会客室握手，落座，立即畅快地交谈起来。

这是在素有“日本华尔街”之称的东京日本桥兜町，位于东京都23个区的中央区。据说，东京证交所的前身东京株式取引所于1878年设立时，就是在这个叫兜町的处所。当然，如今的东交所已经发展为全世界市值第二大、交易额第五大的交易所，其所在的兜町也成为日本证券公司的集聚之地。

齐藤惇在野村证券工作过35年，其间两度被派驻纽约，对美国华尔街很是熟悉。他和日本前首相小泉纯一郎、前财相竹中平藏同在庆应大学毕业，而且，在小泉执政的2003年担任过日本产业重建机构的社长，这一机构正是小泉启动、竹中主持的“金融再生计划”之重要支柱。其间，齐藤惇制定多项重建援助项目，成为解决日本不良债权的主要执行者。小泉2006年离任，竹中回到学府，而齐藤于2007年进入东京交易所，成了东交所总裁，按日本的说法叫社长。

采访前征询了东交所接待人士，认可用英语采访，避开了翻译之曲。因为是直接交谈，可以明显感觉到齐藤谈话率直，见解犀利，与我过往采访的多数日本人不同，却与竹中平藏颇有相似之处。我们谈到日本政府之于经济的作为，他免不了感叹，急切地盼望政府的决断和执行力。我便提到小泉，说那才是日本改革的时光。他坦率地指出，小泉也只做了一半。他为了在政治上得分，还是没有把该做的事做完。“政治家陷入了民粹主义。”他讥评道。

采访那天是9月14日下午2点，也是日本民主党政府重选首相的日子，菅直人与小泽一郎谁胜谁负，当时还没有揭晓。齐藤对谁会当选并不很热心。他关心的是当选者下一步会怎么做，会不会兑现选举诺言。

“我们已经听够了各种说辞。他们能有什么作为，非常关键。”他说。

## 证交所质量重于规模

记者：我们先谈谈东京证券交易所吧。上海证券交易所的交易额去年已经超过了东京证交所，今年其市值也有望超过东京证交所。你希望如何定位东京证交所，加强其国际竞争力，和其他市场竞争？

齐藤惇：交易额当然是衡量证交所的重要因素。流动性是证交所发现正确价格的关键，所以多多益善。但我同时认为，市场质量也至关重要。我们必须为所有参与者尽力保持透明、公平和完全自由的市场。1989年，东京证交所的交易额世界第一，超过纽约证交所。可是，后来东京证交所萎缩了，而纽交所的交易量却扩大了六倍。纽交所现在也在走下坡路，而上海证交所蓄势待发。因此，证交所的地位取决于本国的经济发展和地位。

日本和中国企业应在对方股市上市。日本公司在上海、香港、新加坡或韩国上市，而中国、韩国等地的公司来东京上市。东交所有吸引人之处：日本股市对上市公司的要求更高、更严，要求上市公司的管理层采取有效、理性的方式管理企业。

由于企业和人口数量庞大，上海或香港股市超过东京并不是多么敏感的问题。我们愿意和任何地方的交易所竞争，但并不愿意以牺牲上市公司质量为代价。只要我们能对日本股市的上市公司的资格实施理性监管，我丝毫不感到悲观。（参见表一、表二）

记者：东京证交所已经作了很多努力和尝试，希望延长开市时间，吸引国际企业上市。但都不是很奏效。你如何看待这些具体措施？还有什么进一步的

2009 年世界证券交易所交易额前十名（表一）

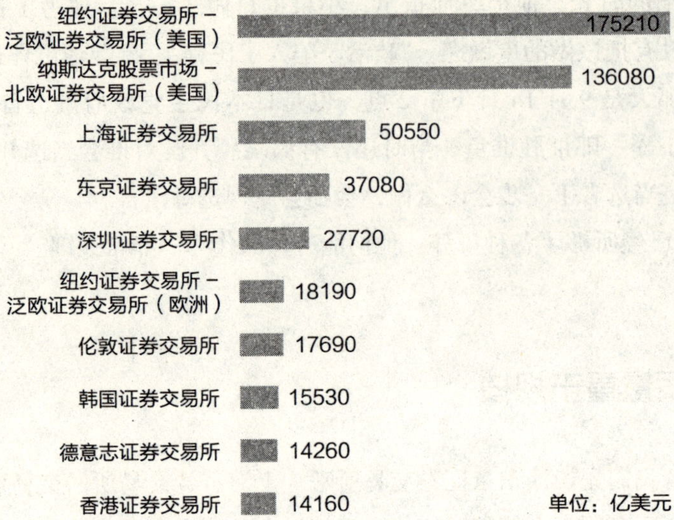


2009 年世界证券交易所总市值前六名（表二）

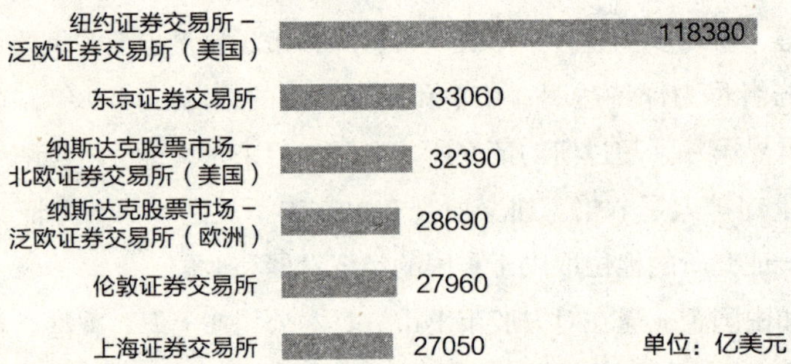


资料来源：世界证券交易所协会（WFE）

措施吗？

齐藤惇：交易时间眼下是热门话题。但交易时间本身不是保持东京证交所交易量的决定性因素。日本是竞争伙伴中最靠东的国家，因此开市时间最早。但东交所 99% 的时间是交易日本股票，当我们已在梦乡的时候，我不知道更靠西的投资者，有多大兴趣买卖日本股票。

关键不是时差，也不是交易时间。问题是我们采取什么规则来保持足够的流动性。我们有四次竞价时间：早晨、中午、下午开市、闭市。大型券商，包括美国和欧洲的券商，更喜欢四次交易，而不是两次交易。那些小额买卖股票的人，喜欢在开市时交易。我们要征求市场的意见，聆听投资者的呼声，了解他们希望我们如何改变规则。本月底或下个月，我们就会决定是否取消午休，或延长交易时间，或改变其他方面。

记者：20年前，在东京证交所上市的外国公司最多达127家，现在只剩13家。你如何看待这种情况？你会如何逆转这种趋势？

齐藤惇：原因不少，首要的一点是我们的监管非常严格，有季报和内部报告制度。所有的欧洲股市都没有季报制度。显然，遵守这一规定的成本非常高昂，所以，欧洲朋友们讨厌它，离开了日本股市。此外，我们不能很顺利地处理那些下跌股。在东京证交所，在以前系统中，这些股票的交易量几乎为零。

我非常希望邀请这些朋友重返东京证交所。我们必须降低他们来日本上市的成本。他们要受日本资本金规定、会计标准的约束，相比上海、香港、新加坡或韩国，在日本上市的成本仍很高。所以，我们必须在一定程度上修改规定，向香港、韩国和新加坡股市的规定看齐，并邀请新朋友加盟。

记者：众所周知，东京证交所推出了AIM市场（Alternative Investment Market，另类投资市场）以及Mothers市场（Market of The High-Growth and Emerging Stocks，高增长新兴股票市场，即日本的创业板）。你如何定位这些工具？

齐藤惇：Mothers市场是设在一部股市之外的"进阶市场"，我们希望在Mothers市场上市的公司用三年左右发展，进而在一部市场上市。如果他们无法进阶到一部市场，就会被摘牌。AIM市场和主板市场不同，不设资本要求，也不完全按照日本会计准则来审计，甚至也没有上市资格规定的销售定额。例如，像制药行业的创新型公司，或者高新技术公司，我们喜欢把AIM市场的重点放在这类公司上。诚然，我们做不到让任何在AIM市场上市的股票转到一部市场上市。不过，我相信，AIM市场是未来日本经济增长非常重要的引擎。

如果日本没有这种创新型公司，或者种子公司，特别是技术型公司，就无法发展。我们想为这些创业型公司提供风险投资。所以，AIM市场完全以技术为主导，支持创新型新兴公司。这些公司最终会在Mothers市场或一部市场上市。但两个市场的定位略有不同。Mothers 市场是创业板市场，我们的目标是把创业型企业推介至一部市场。Mothers 市场是进入主板市场的大门。

记者：东京证交所计划向中国推介 ETF，据我们了解，提出这个想法已经一年多了。你能介绍一下目前的进展吗？中方反应如何？

齐藤惇：我们正在耐心地等待中国政府作出决定。我们已经在交易中国指数 ETF，并以“熊猫”命名，交易还算热络。现在，日本政府官员正在和中国政府协商推出东交所的 ETF。目前，中方的反应非常积极。不过，还有个先后的问题，香港可能会排在我们前面，但我们并不介意。最终会有一系列 ETF，我们很有耐心，不介意等待。

中国的股票在日本投资者中相当受欢迎，他们期望在上海证交所获得合理回报。当然，我们也希望中国的优秀上市公司来日本上市。已经有在韩国、巴西、纽约上市的公司在日本上市，为什么在上海证交所上市的公司不能来呢？

记者：有的中国公司在东京证交所上市被摘牌了。这是否意味着东京证交所将对中国公司上市持谨慎态度？

齐藤惇：这非常可惜。我们曾真诚相信，那是高水平的公司，拥有值得信赖的管理层。不幸的是他们突然违规了。但是，违规者将不得不面临日本法律的惩罚，他们会被逮捕，被指控。当然中国朋友在中国生活，中日两国制度不同。许多日本投资者非常不安，给我打电话，让我联系中国警方，逮捕这些人。但是，我们不能这么做，因为中日双方没有商业犯罪引渡协议。双方需要这样的制度安排。这样的话，即使将来有日本公司在中国违规，逃回日本也能受到惩罚。反之也一样。

[注：东交所目前有两家中国企业上市，分别为新华财经有限公司、中国博奇环保科技（控股）有限公司。其中，新华财经曾因业绩不佳饱受批评。早先上市的亚洲互动传媒有限公司因公司总裁擅自挪用公司子公司资金为第三者做企业债务担保，于 2008 年 8 月被摘牌。]

记者：在达成这样的协议之前，你会更加谨慎吗？

齐藤惇：我会更加谨慎，但是，我们很希望邀请中国公司来日本上市。日本公司也有违规的情况。我没有任何国别歧视的观念。不论什么国家，都不应该让违规者进入股市。因此，我们的准入门槛更高，也因此饱受诟病，但是，我们的核查或监管非常严格。

## 老龄化社会中的代际博弈

记者：我想问一些有关日本经济的问题。日元突然升值对世界产生了重大的影响，越来越多的日本制造企业想要到国外发展。对此，你怎么看?

齐藤惇：本土的企业在国外开展业务，于日本而言不是很严重的问题，只要能使日本获益就可以了。日本的制造商早年已经在国外开展了大规模的国际化业务。坚守在这几个小岛上，将无法真正扩展国际业务。

亚洲已经是世界经济的中心，因此，日本企业应该走出国门，到临近国家或地区发展，如韩国、中国台湾、菲律宾、中国大陆、印度、泰国等，如果他们在那儿能经营良好的业务，最终将会使日本受益。

记者：但日本企业外移会影响就业，特别是如果日元升值逼得企业不得不走，还是会形成冲击的。

齐藤惇：如果太多的日本公司在国外发展，就不会雇用日本的年轻人，这会使失业率上升，带来重大的社会问题。现阶段，日元升值过快，最好是将日元兑美元保持在90左右，这是一个合理的水平。

我建议中国让人民币升值，升值对国家是有益处的。1982年至1983年间，美国想要摆脱经济衰退，当时的总统里根让美元升值，这样美国就能购买大量的外部技术和资产了。我希望人民币稳步地、非常缓慢地升值。

日元就是贬值也不应该低于100，这是一个平衡点，否则，我们将失去购买力。更大规模的外汇储备意味着一定程度上缺乏效率。政府对对货币市场干预得越多，外汇储备也会越多。德国人非常聪明，将外汇储备保持在适度规模，从而使欧元的价值保持在合理的区间。

记者：总的来说，你怎样看待现任日本政府的财政政策以及日本央行的货币政策?

齐藤惇：在过去长达20年里，日本几乎是零利率，但流动性并没有恢复正常。在经济从通胀到通缩的过程中，无论我们向市场注入多少流动资金，都没有发生任何结构性转变。这里有一个矛盾之处，我们的社会日益老龄化，家庭账户拥有14万亿美元的流动资金，大多数是年过65岁的老者所有。老年人依赖于过去的资产和养老金，乐见通缩，因为通缩推高了购买力。他们完全不在意薪资的上扬或奖金的增长。问题就此产生。当前的日本，年轻人和老年人之间产生严重冲突，养老金从本质上来说是由年轻人的腰包到了老年人那儿。

对年轻人来说，工资没有增长，职位没有提升，失业率居高不下。让年轻人向富足的老年人交钱，这显得很荒谬吧？确实需要一些斗争，但年轻人没有足够的胆量与老年人抗衡，只是默默地乖乖送钱。我们需要改变结构、模式，例如养老金系统，将这部分钱返还给年轻人。

记者：老龄化确实带来了问题。但这和政治选择也有关系。

齐藤惇：根本性的政策是非常必要的。积极参与投票的是那些极具攻势的老年人，而非年轻人。这就导致政治家热衷于倾听老年人的声音，这并不好。凭借财产税或者消费税的推行，我们应该将这部分钱转向年轻人，这可以刺激经济。持有金钱的年轻人会购物，消费就会增加。应当向老年人呼吁，必须用自己的钱照顾好自己，现在需要在年轻人身上投入更多。政府无法像以前给你们那么多照顾了。但这对政府来说非常困难，他们会在选举上蒙受损失，因此，民主的成本是非常高的。

记者：日本央行目前受到很多批评，被指责无所作为呀！

齐藤惇：日本央行尽力了，但还是过于保守。他们应该直接购买更多的政府债券，增加市场的流动性。根据日本宪法，央行购买政府债券是被禁止的。因为我们在战前曾经犯过一个历史性错误，政府直接购买债券，用于军事扩张。但是现在应该放松限制，允许央行直接购买政府债券，这样央行将可以印刷纸币。当然，单纯印刷纸币绝对无益于经济发展。但是印刷纸币、购买债券、市场的流动性过剩，都将刺激消费。已经有10年到15年，我们是供过于求了。

跟市场需求相比，我们的市场产能过剩。我们需要刺激市场，让消费者来购买这部分产品。日本必须通过放宽房地产市场，或者改变税收等措施刺激房地产市场。

## 又是萧条的一年

记者：你怎么看当前的世界经济？乐观还是悲观？

齐藤惇：我对美国并不乐观。美国住房市场还存在很大问题。许多人放弃了贷款。即使在市场反弹的情况下，住房也很难以合理的价格卖出。几乎每个州都存在赤字问题，政府不得不解雇警察、教师、消防员，或者政府雇员。这意味着至少两年内，美国消费能力很难恢复，目前 6% 的储蓄率就是佐证。大多数美国人仍受流动性不足困扰，对他们来说，与其花钱消费，不如将产品出口到中国和日本来赚钱。

我对欧洲也不抱乐观态度。欧洲的负债率已达 GDP 的 20%。最终，希腊会垮下去。因为希腊债务危机，欧元贬值了很多。德国就利用疲软的货币大量出口。但中国向欧洲出口就会变得很困难。

股市在至少一年内不会好转。上海证交所股指已下跌 30% 到 40%，东京、美国的股票都在跌，这就说明，这还是经济萧条的一年。

记者：这样的背景下，日本试图走出危机的努力就很难顺利推进了。

齐藤惇：非常难。我们需要刺激经济，比如日本的钱要流出去，流到中国或者其他地方。年轻人找不到工作从某种程度上讲是不可避免的，除非大量人口转向农业。但是在日本，农业其实是非常小的产业。

为此，我们不得不扭转日元强势的局面。目前，日元强势应归咎于通货紧缩。我们如果想刺激经济，日元兑美元应控制在 90 或 95 左右。这样，日本国内一些生产商就不会移师海外。还是那句话，我们的政府需要作出非常勇敢英明的决断，并且有力地执行。目前，政府只是热衷于内斗。

记者：也许你们应该等等看改革的成效。

齐藤惇：我们已经等了 20 年了。我非常希望日本经济能重回正轨，否则，我们将失去复苏的最好时机。

## 政府：关键是说到做到

记者：今天正好是日本民主党政府总理选举的日子。你怎么看这个选举？

齐藤惇：今天对日本政治来说是个重要的日子。两位候选人性格截然不同，其政策会有明显的不同，特别是在执行政策的风格方面。但是，他们都没有秘密武器，能够解决日本经济面临的极度困难。他们说了很多，但实践并不容易，需要很长时间来改善局面。日本人必须认识到，要为实施政策付出代价。我不知道他们如何能巧妙地说服日本人民必须为将来付出代价。

记者：那么，对于日本来说，什么样的结果更好呢？以你之见，谁当选更好？

齐藤惇：菅直人和小泽一郎的做法各有千秋。现任首相菅直人关注如何将资金分配给人民。他虽然也十分关注预算改革，实际上更关注金融改革。而小泽一郎长期坚称，如果不刺激经济，经济没有增长，就没有钱可以分配给人民。他一直表示要刺激经济和投资，但是，如果我们没有足够的资金投资，他却并不关心是否需要额外发行政府债券。目前，政府债务已达到GDP的200%，小泽仍认为这仅是未来经济发展的初级成本。

双方都有道理，很难说谁更正确，哪些政策更好。关键是他们能否说到做到。我们已经听够了各种说辞。即使是现任首相，也没有实际行动。他们能有什么作为，非常关键。

记者：村山富士首相下台后四年内，日本先后更换了六任首相。对日本来说，这是民主政治制度发展的必然，还是一种不幸？

齐藤惇：我还是个学生的时候，看到法国政府每六个月或一年更迭一次，我们还笑话他们（法国人）。现在日本也出现了类似的问题。当然，我们应该每四至六年更换一届政府，选举新首相，否则，没有任何政府可以有效地贯彻政策。然而，这就是民主发展的代价吧，代价不菲。民主是很昂贵的。

# 第四辑
# 中国能否成为“游戏规则”的制定者

# 如何进行利率市场化改革

## ——专访中国人民银行行长周小川

采访人：胡舒立

发表时间：2004-11-15

保持币值稳定是货币政策的第一位目标，同时要考虑到经济增长、就业、国际收支平衡等问题。这些目标之间不是完全一致的，要平衡取舍。

从去年下半年以来，关于中国加息的传闻时起时落，每一次都牵动着海内外市场的神经。在日复一日的猜测中，中国人民银行行长周小川的一举一动更是受到空前的关注。

然而，2004 年 10 月 29 日中国人民银行宣布利率调整的消息传来，仍然令市场为之震动。央行如何选择利率调整的时机？利率市场化改革的用意何在？ 11 月 8 日上午 10 点，在中国人民银行总行九层的办公室，周小川接受了记者的独家专访。

### “宏观调控在市场经济中具有常规性，这个观点现在基本上被接受了”

记者：中国人民银行 10 月 29 日调高了利率。这是九年来第一次升息，受到广泛关注，各界人士也有很多解读。作为央行行长，你可否介绍一下这次利率调整的背景和政策意图？

周小川：这次利率调整是在宏观调控的大背景下进行的，也是宏观调控的主要组成部分。中国宏观经济运行有它自身的特点，如部分行业投资过热的原因十分复杂；物价上涨有明显的结构性因素推动，主要是以粮食和食品价格上涨为主等。尽管情况复杂，而且各界人士意见不一，但在这次宏观调控过程中，国务院一直非常强调要发挥好利率政策的杠杆作用。今年以来实际上采取了三个步骤：

一是扩大贷款利率浮动区间。商业银行、城市信用社贷款利率浮动区间的上限由规定利率的 1.3 倍扩大到 1.7 倍，农村信用社扩大到 2 倍。该项政策 2003 年末启动研究，于 2004 年 1 月 1 日正式实施。

二是调整中央银行再贷款利率和再贴现利率。中央银行再贷款利率和再贴现利率分别上调了 0.63 和 0.27 个百分点，同时宣布再贷款利率调整普遍适用于新老再贷款，并对一些老的政策性再贷款作了一些特殊的豁免规定。总体上说，要求过去发放的再贷款在展期时要适用新的利率。但是，在对外宣传中，没有特别强调中央银行调整再贷款利率，而是强调建立中央银行再贷款浮息制度。这样可淡化对再贷款利率调整的敏感性。该政策于 2004 年年初启动研究，并于 3 月 25 日实施。

三是这次利率调整措施。从 10 月 29 日起，金融机构一年期存贷款基准利率均上调 0.27 个百分点，同时放宽金融机构贷款利率上浮区间，商业银行贷款利率实行下限管理，城乡信用社贷款利率浮动上限扩大至基准利率的 2.3 倍，允许金融机构存款利率下浮。

记者：那么怎么评价现在的宏观形势？有一种看法认为，已经调得差不多了，而且力度已经很大了，不用再搞宏观调控了。

周小川：应该说，宏观调控在市场经济中具有常规性，这个观点现在基本上被接受了。过去确实有种看法，希望宏观调控能把问题一次性地解决了，从此就是平坦大道。其实不可能，调控是需要长期进行的。即使单从国际因素来看，一些变化，例如油价上升、重点原材料价格上扬，反映国际航运市场干散货运费价格变动的波罗的海综合运价指数（BDI）上升，都会对经济带来长期影响。

因此，经济政策往往需要不断根据环境的变化及其带来的影响，作出相应的调整。在这个意义上，宏观调控是市场经济中的经常性工作。当然，调控的方向和力度，可以根据经济形势把握，比如今年 4 月份的力度就比较大，以后则可以有所变化。现在选择一个时点调整利率，就是把握调控力度的具体体现。

记者：但是，市场上对此次调息的时机有看法不尽相同。

周小川：对这次利率调整时机的选择，媒体、经济学家和市场人士有三种不同看法：第一种看法认为调整时机的选择有点出人意外；第二种看法认为时机选择得不错，配套性很好；第三种看法认为时机选择得不太合适。我认为，这次利率调整政策在出台时机上配合了一系列宏观调控措施统筹考虑，与国务院召开的加强土地管理电视电话会议是同步的。

记者：利率调整的幅度呢？有评论认为调整幅度还是太小了。你如何评论？

周小川：在利率的调整幅度问题上，两方面的因素比较重要：一方面，小幅上调存贷款基准利率，以观察利率政策的实施效果；另一方面，密切关注消费物价指数（CPI）、生产者价格指数（PPI）以及经济走势。

中国的CPI走势具有明显的季节性：往往在春节前上升，春节后开始下跌。一般来说，3月至6月，CPI环比呈下降趋势；8月以后到年末，CPI开始呈上升趋势。去年9月、10月、11月CPI上升势头非常强劲，今年下半年CPI环比虽然仍有可能是正的，但是只要增幅小于去年，全年的物价涨幅就将趋于回落。

因此，综合考虑物价涨幅回落和经济适当冷却这两方面因素，如果利率调整幅度过大，震动比较大，容易出现风险。另外，正如大家注意到的，这次利率调整是9年以来的首次上调，心理上的影响比较强烈。

## “保持币值稳定是货币政策的第一位目标，同时要考虑到经济增长、就业、国际收支平衡等问题”

记者：当前利率调整的时机把握原则是什么？要不要考虑其对资产市场的影响？比如证券市场。

周小川：从当前上市公司所属行业、总市值、新增筹资的规模等指标来看，中国资本市场对宏观经济的代表性还不够高，资本市场的起落同宏观经济的联动关系也不是那么紧密。另外，资本市场有自身的规律，一些历史包袱和内在问题还需要解决。货币政策的调整当然要考虑资本市场，但鉴于上述原因，当前在政策制定中，宏观经济层面的因素会考虑得更多些。

其实，即便是在成熟市场经济国家，比如美国，货币政策与资本市场的关系也不是那么紧密的。格林斯潘就讲过，货币政策虽然要考虑资产的价格变化，但是资本市场目前还难以按某种规律纳入美国货币政策的决策框架中。对于资本市场，美国的联储目前能够做到的主要集中在两方面：一是当资本市场出了问题，就是所谓有可能崩溃的情况下，货币当局可以考虑注入流动性；二是当资本市场出现泡沫或泡沫破裂，货币政策或许可以采取一些办法，减轻其调整的痛苦。

记者：那么，房地产市场的因素在利率调整的决策中，应该占一个什么样的地位？

周小川：房地产市场和宏观经济以及宏观政策的联系应该更密切一些。但我个人认为，在中国，目前的房地产价格也不能作为宏观经济政策的主要决策依据，因为目前的房地产市场发展中，存在房改这一特殊因素。在过去几年中，房改在不同地区还存在一定的不均衡性和不彻底性。

随着这两年人们开始逐步拥有房屋的所有权，这一制度性变化对整个经济产生了非常大的变化，就像过去农村实行联产承包责任制时，供需双方的积极性都非常旺盛，再加上抵押贷款业务存在，因此这个阶段的房地产发展有可能处在一个非常态的阶段，这就加大了判断的难度，所以我们不能单纯以房价指数作为宏观调控的主要依据。

判断采取什么样的货币政策，主要还是要看整个宏观经济的走势，包括看CPI和PPI这样的指标。长期来讲，PPI不可能不对CPI没有影响，但其影响释放会比较缓慢。对这种现象的一种解释是，因为亚洲金融风波过去之后，中国存在商品生产能力过剩的问题。虽然产能过剩在一定程度上能冲抵一部分传导，但理论上不能永久消化。

另外，我们比较关注劳动力成本的上升。最近大家说得比较多的“民工短缺问题”，实际上是一个价格问题。今年出台了一些保护农民利益的政策，有了一个经济学上所谓的“溢出”（SPILL OVER）现象，使劳动力成本的上升反映到沿海城市的民工紧缺上。这些因素可能是宏观调控时更关注的。

记者：今年以来存款增幅一直在下降，稳定存款是否成为央行考虑的重点之一？

周小川：其实存款的增幅同货币供应量的增幅有着密切联系。如果货币供应量增幅像去年那么大，那么存款增幅也会快。但是去年的情况比较特殊，有伊拉克战争和“非典”，与正常年份有一定的不可比性。

中央银行倾向于将今年的情况和过去三年五年的一个平均值比，继而作出判断：第一，今年存款增幅下降，不一定说明体外循环已经严重到不得了的程度了，或说明老百姓只想消费不想存钱了；第二，从整个宏观格局来看，需要鼓励消费。老百姓口袋里的广义储蓄的钱，不仅可以作为存款，而且可以投资债券、股票，进行实业投资。中国的储蓄率不断升高，再高上去可能就不平衡，消费和投资、消费和积累的关系就不正常了。从这个角度来看，存款增幅适当下降确实不是太严重的问题。

记者：如果这样，资金体外循环也不是主要的担忧了？

周小川：体外循环的问题我们是关注的，但问题严重到什么程度，还需要认真分析。世界各国都有脱离于正规金融体系的体外投资资金，对于资金持有人来说它是一个正常的选择。对于有贷款性质的体外循环需要采用综合措施来应对，既要有利率政策，也要有对市场的监管和投资者教育。一是要明确非正规金融不能有对公众的性质，二是要禁止非法操作，三是要提高公众的风险意识。市场各方需要对资金体外循环有一个正确的认识，对什么是合法的私募投资形式，什么是不合法的集资，不合法的要承担什么风险，要有一个认识和教育过程。从国际的经验来讲，不同的经济体在不同阶段都有过类似的现象。

记者：美国的利率上调对中国的货币政策有没有实质性影响？

周小川：此前美国利率上调三次，中国的利率都没有特别明显的动作，这就说明中国还是一个国内经济占主要成分的经济体。我们不会把资本流动当做利率政策最主要的一个出发点，尽管它也是一个对决策有影响的因素，但不是人们想象的那么大。例如，我国现在用以对冲外汇占款的资金量对于小国来讲可能已经是不可承受的了，但对于中国这样大的经济体来讲，在操作的各个方面都还在一个可以承受的范围之内。另外，除了对冲工具，还有其他的政策工具可以选择，政策工具之间也可以动态切换。

记者：从现在的宏观形势分析，中国是不是即将走入一个持续地小幅加息的政策通道？

周小川：外界这样预测的比较多。不过，中国的情况比较复杂。我一直强调，去年有伊拉克战争加上“非典”，是很特殊的一年。现在可以肯定的是今年四季度，物价同比会往下走，能走多少还要看，主要还取决于上游原材料的产品价格能不能回落，或者说，看 PPI 最终是否会传导到消费物价或者劳动力成本上。

记者：那现在应该怎么理解中国的货币政策目标？

周小川：保持币值稳定是货币政策的第一位目标，同时要考虑到经济增长、就业、国际收支平衡等问题。这些目标之间不是完全一致的，要平衡取舍。由于我们处在一个改革和货币化不断进行的过程中，随着房改因素、公共服务价格因素等逐步进入指数，因此我国中央银行不可能完全像成熟市场经济中的一些国家那样，单纯将控制通胀作为货币政策目标（inflation target）。

## “如果说以前认为小企业贷款不合算，利率上浮政策为商业银行提供了覆盖这种成本和风险的条件”

记者：我们理解，这次利率调整事实上对金融机构经营也带来了挑战。这次扩大利率浮动区间的政策用意是什么？可否理解为利率市场化的一项重要步骤？

周小川：可以这样看。推进利率市场化是我国金融改革的重要方向。我国早期的改革比较侧重于理顺商品价格。20 世纪 90 年代后期以后，开始强调生产要素价格的合理化。资金作为重要的生产要素，利率市场化一直是改革的重要方面。十五届五中全会、十六大、十六届三中全会都提出要“稳步推进利率市场化”，但推进利率市场化改革需要适当的时机。如前所述，今年以来在利率市场化改革方面已经迈出了重要的三步。

这次调整中，农村信用社贷款利率上限扩大到基准利率的2.3倍，引起了一点争议。有的意见认为，应该给农村信用社贷款定价更大的灵活性，因为农户规模更小，运作成本更高，贷款风险比中小企业更大。但本次调整的主要考虑是，农村信用社一般以乡镇为单位，存在局部垄断，没有形成有效竞争，容易出现利率一浮到顶的做法。

总体上说，这次利率市场化改革的步伐比调整存贷款基准利率的力度更大，政策效果还需要进一步观察。

记者：不少分析谈到，这次利率调整中，放开贷款利率上限的措施非常值得关注。你可否进一步谈谈出台这一举措的考虑？为什么要放开贷款利率上限呢？

周小川：放开了贷款利率上限，主要是基于以下几方面的考虑：

第一，希望贷款利率能更好地覆盖风险溢价。风险溢价直接关系到能否解决中小企业和民营企业贷款难问题。目前部分小企业经营状况不稳定，社会诚信体系不健全，对小企业贷款的风险相对较大，而金融机构的贷款收益又不能覆盖风险。因此，国有独资商业银行、股份制商业银行、城市商业银行，都有贷款对象集中于大项目、大企业的倾向，不太愿意对小企业和民营企业发放贷款。导致这种状况的部分原因是贷款定价限制问题。要使商业银行对中小企业特别是民营中小企业给予更多的关注，就需要使贷款利率能更好地覆盖风险溢价。

第二，考虑到金融生态的改善是一个渐进的过程。金融生态的好坏直接关系到贷款风险的大小和新增不良贷款的比例。对于这个问题，我们认为，我国金融生态的改进是个渐进的过程，也就是说微观层面的改革要经过相当长的时间才能明显见效。由于金融生态的改善不可能一蹴而就，因此，对贷款风险溢价的覆盖需求也是长期客观存在的，需要用利率来覆盖贷款风险，使金融机构的贷款损失能从利息收入中得到弥补。

记者：我想打断一下。你刚才把这个问题放到金融生态的大背景下来谈，这是个比较新的提法。你所说的金融生态指的是什么？改善金融生态意味着什么？

周小川：金融生态就是指微观层面的金融环境，包括法律、社会信用体系、会计与审计准则、中介服务体系、企业改革的进展及银企关系等方面的内容。金融生态的改善包括以下几个方面的内容。

第一，建立良好的法律和执法体系。在法律体系中，破产法是至关重要的。破产法涉及贷款人能否运用法律手段，使破产起诉成为制约借款人的最终底线。亚洲金融风波之后，国际金融组织评价亚洲各国金融状况时，一条重要的参考标准就是破产法的完善程度。

第二，加快企业客户的市场化改革。改善金融生态不能仅仅依靠商业银行，还要改进银行的客户方。如果国有企业改革不到位，中小企业和民营企业资本金不足、财务状况不好、诚信意识缺乏，商业银行仍面临过大的贷款风险。

第三，完善社会信用体系。我们打算在上海建立全国统一的征信数据库，作为加快推进社会信用体系建设的一项基础性工作。但是，社会信用体系的完善还需要一个过程，除了硬件、软件、服务方面的发展，信用数据的积累也需要花费一定时间。

第四，提高审计、会计、信息披露等标准。如果会计、审计、信息披露等的标准过低，“骗贷”就会屡禁不止。亚洲金融风波后，对会计准则的高度重要性得到了广泛认同，财政部对会计准则作了一系列改进，使我国会计准则比较接近国际标准，但还有些差距，在执行方面也还需要进一步改进。

第五，要提升中介机构的专业化服务水平。律师事务所、会计师事务所、评估机构、评级机构等的服务和诚信水平也是金融生态的重要组成部分。我国中介行业的成长并不顺利，一些中介机构容易被买通作假。因此，培育和发展专业化的中介机构是改善我国金融生态的重要而又长期的任务。

总之，在金融生态需要渐进改善的情况下，当前信贷等银行业务的风险溢价仍将是显著的，不可回避的，它必然要求市场化的利率定价。

记者：理解了金融生态的问题，可能更有助于理解有关放开贷款利率上限的考虑。请你继续谈谈这方面的考虑。

周小川：好，回到刚才的问题。放开贷款利率第三方面的考虑，是我国商业银行产品定价能力问题。我国加入世界贸易组织后，特别是到2006年当过渡期结束后，金融业的竞争将大大加剧，特别对商业银行而言，人民币业务的全面开放将使其面临若干挑战：一个是高端客户竞争；一个是人才竞争；再一个就是自主定价能力竞争，即商业银行是否具有有效管理资产负债的能力。如果商业银行缺乏自主定价的能力，将很难有效管理其资产负债。

由于我国利率一直是管制的，商业银行自主定价能力很差，没有积累这方面的经验和系统性的数据，包括分类的企业违约状况及其产生原因的数据。如果没有贷款利率浮动区间，商业银行就不会考虑定价技能，由于不用考虑定价问题，商业银行也没有必要积累并整理相应的数据，也就不会具备自主定价能力。这是一种互动关系。因此，逐步扩大利率浮动区间，可以培养商业银行的自主定价能力，使其逐步成为有国际竞争力的金融机构。

第四，贷款利率定价也是资源配置的重要杠杆，是实现区别对待、有保有压的重要手段。社会主义市场经济要求资源优化配置，也就是要求定价合理，对不同类别的企业依据其财务状况和风险状况定价要有不同，这也是稳步推进利率市场化改革的一项重要目标。金融机构对不同类别的客户群应有不同的分析和把握，《新巴塞尔协议》中的内部评级法（IRB）也有类似的要求，在此之上可对信贷及其价格实行区别对待，有保有压，优化资源配置，目前对我国金融机构来说这是一个弱项。

当然对这个问题也是有争议的。有人认为已经给了商业银行贷款定价权，商业银行并没有很好地使用。实际上，商业银行目前没有较为完善的IRB数据基础，尚难充分运用风险定价的技能。利率市场化是个前提条件，有了条件会出现一个逐步提高的过程。

记者：有分析认为，放开贷款利率上限，事实上有助于商业银行的经营战略调整，使之更有可能关心中小企业和民营企业。可否这样看？

周小川：可以这样说。人民银行今后的工作之一，就是要促进商业银行、城乡信用社提高自我积累、自我发展的能力，提高管好资产负债表、管好贷款风险定价的能力。

过去，商业银行大都关注大型企业、国家重点建设项目，通过贷款利率下浮进行竞争，但是对中小企业和民营企业这一巨大的潜在市场关心不足。现在放开贷款利率上限，有利于对小企业贷款。如果说以前认为小企业贷款不合算，利率上浮政策为商业银行提供了覆盖这种成本和风险的条件，商业银行有可能改变战略，比如增加小企业信贷部门，来调整自己的目标客户范围。当然这会是个过程。把注意力只集中到少数大企业和大项目上，大家都进行削价竞争，经济效益不一定好。

金融机构可以根据自己的特点，确定重点服务对象和领域，增强风险定价和风险控制能力，努力提高自己的竞争优势。当务之急，就是要做好对贷款客户的基础数据积累、风险分类等工作，提高风险测算技术，为今后发展创造更好的条件。

记者：贷款上浮不封顶的政策，对房地产等市场的消费贷款会不会产生影响？

周小川：我认为商业银行还没有积累起足够的数据判断消费信贷的风险。房改才这么几年，买车也就这几年，历史积累的数据还不够多。另外，还没经历过经济周期波动的检验，现有的数据还很难判断风险定价的合理性。现在至少从表面看，抵押贷款是赚钱的。因为你没有经过周期，违约率很低，抵押品收回也很少发生。

比如，美国在20世纪30年代经济大萧条以后，很多抵押品被银行收回，银行不得不压了很多房产，然后慢慢往外卖。在一个经济周期的过程中，银行才能慢慢知道，如何去计算中长期的风险升水。我们现在没经历过这个阶段，我估计也不会很快出现。但可以开始考虑这个事情了。当然，可能有人会想到横向借用别的国家的经验，但是对于处在不断改革过程中的我国，恐怕也没有那么容易简单借用。

## “存款利率下浮的政策用意，是促进商业银行加强主动负债管理，控制过速膨胀的风险，巩固资本充足率约束”

记者：对于允许存款利率下浮，现在各方面的理解也不一样。你看应当如何解读？

周小川：社会各界对这次存款利率下浮政策的解读还不多，有人把存款利率下浮与商业银行小额存款收费联系在一起，这是一种误解。存款利率下浮的政策用意，是促进商业银行加强主动负债管理，控制过速膨胀的风险，巩固资本充足率约束。

近年来，商业银行资产膨胀速度比较快，年均增长率平均在20%左右，有的甚至达到了40%至50%（这与M2的快速增长有一定关系，也涉及M2与GDP之比过高的问题）。资产膨胀过快，就会产生资本金是否够用的问题。

目前，银监会要求商业银行在三年内达到1988《巴塞尔协议》的资本充足率要求，以后还会逐步过渡到《新巴塞尔协议》的有关要求。几家中等规模的银行首发上市后不久就又要增发或发可转债，主要是因为资产膨胀过快，导致资本充足率下降，而利润在提呆缴税之后又不足以补足资本金缺口，因而需要通过增发股票或发行次级债来实现增资。

商业银行要保持资本金充足率符合《巴塞尔协议》的要求，还有两种选择，一种就是做一些风险权重比较小的资产业务，如购买债券或者同业拆出，但银行又嫌这些业务利差太小，利润太低。另一种就是进行主动负债管理，控制负债规模，实现自我约束。这应是本轮金融宏观调控期望达到的目标之一。

记者：你谈到存款利率下浮是为了让商业银行实行主动负债管理、实现自我约束，这其实是一种经营理念的转变了？

周小川：对。在金融宏观调控中利用货币政策传导，使商业银行明白资产负债表膨胀过快，并不是一件好事。因此，商业银行应当从根本上转变经营理念。过去，不少商业银行认为吸收存款越多越好，甚至去高息揽存、恶性竞争，加大了财务成本，导致了负债过度膨胀，进而资产膨胀过度，结果是资产质量恶化，资本充足率下降。毕竟，多吸收存款就意味着必须多放贷，多放贷一是需要更多的资本来支撑，二是面临着有无足够优质客户资源的限制。国外的实践表明，很多商业银行在特定阶段不愿多吸存，而是愿意多发展中间业务。

记者：一般来说，现在银行存款过多的问题该怎么解决？如何才能负债管理优化？

周小川：解决商业银行吸收存款太多带来经营压力过大的问题，通常有三个办法，这在国外也很常见：一是缩短营业时间。二是下调存款或相关产品的利率，比如在香港，商业银行的贷存比目前在50%左右，当个人人民币业务在香港放开后，各家银行对人民币存款利率的定价差距就很大。当然，负债管理也包括其他产品价格与主流负债产品价格之间的关系，如中间业务、信用卡业务的定价，与几种典型的存款价格都有替代关系。总体来讲，商业银行采取这些举措，都是为了减缓负债过速增长，达到资产负债管理的优化。

三是开发其他一些产品，这些产品并不一定要求商业银行增加资本金。开发这类金融产品的目的，在于减轻商业银行资产负债过度膨胀对经营和资本的压力。例如，资产证券化业务；又如，最近报经国务院批准商业银行可以设立基金管理公司并开展基金业务。此次允许商业银行存款利率下浮，目的之一就是要引导商业银行推进新业务开发。

当然，存款利率下浮真正发挥作用，还需要一定的时间，并且取决于监管机构的监管力度。目前，我们不会立即看到部分金融机构下调存款利率，一个可能的时点是今年年末，因为监管机构对商业银行资本充足率的完整考核通常是按年度。当然，如果监管机构对达到1988年《巴塞尔协议》资本充足率要求不严格，商业银行依然没有动力这样做。

记者：你过去曾谈到中国的融资结构中，直接融资比例过低，银行风险过大。这次的存款利率下浮政策，是不是也与这方面的考虑相关？

周小川：的确，这次出台存款利率下浮政策还考虑到了我国当前的融资结构，即直接融资和间接融资比例关系不协调问题。我国很多企业资本金不够，过度依靠银行借款，导致企业财务杠杆率过高，银行贷款风险过大。我们同时也注意到，在发达市场经济中，存款利率历来有差别。

例如美国，当联邦基金利率约5%时，很多大银行储蓄存款利率只有1%左右，但同时推销货币市场基金产品、信用卡产品、理财产品等。这种安排就是给个人客户以选择权，希望其可以选择储蓄外的其他金融产品。因此，这次存款利率下浮政策，实际上是给商业银行提供一个平衡发展多种金融产品的手段和空间，特别是发展基金等产品，促进直接融资的发展。总之，鼓励资本市场产品发展是我国金融改革的大方向。

记者：说到这里我还想请教，为什么中国的商业银行总是有短存长贷的问题呢？这是否也涉及主动负债管理问题？

周小川：是的，主动负债管理涉及负债与资产的期限匹配问题。目前，我国商业银行短存长贷的期限错配问题比较突出，如活期存款、一年期存款比重很高，而银行贷款的期限却较长，或者银行用短期存款购买长期债券。这次宏观调控的重要背景是，我国经济刚刚走出通货紧缩的困扰，便很快地进入了投资过热。在投资过热的情况下，我们希望投资类中长期贷款价格应该高，同时短期贷款价格保持在低位，这样才有助于维持投资和消费的正常比例关系。

由于中长期贷款价格上升实际上取决于基准收益率曲线，而在通货紧缩时中长期贷款价格特别是中长期债券收益率可以以短期债券收益率为基础进行复利计算大致得出，基本上没有考虑到中长期贷款的趋势溢价因素，所以造成事实上鼓励中长期资金的使用。由于刚走出通货紧缩，对中短期限贷款的利率校正尚不够，利率期限结构曲线仍旧平坦。通过这次金融宏观调控，希望商业银行能较快地建立起负债期限管理机制，多使用中长期负债工具，多做中长期负债产品，调整收益率曲线，使长期负债产品的价格能明显高于短期负债产品的价格，增强资产与负债的匹配性。

记者：过去不是有农村信用社的上浮试点吗？为什么这次利率调整时，不允许存款利率上浮呢？

周小川：其实，这次利率调整政策规定存款利率不能上浮，是综合考虑了多种因素后作出的决定。

过去，人民银行进行过存款利率上浮的试点，全国 100 多家试点农村信用社允许存款利率上浮 30%，其初衷在于增强农村信用社服务“三农”的能力。当时，邮政储蓄上存中央银行的利率较高，在农村吸存竞争力强，为了让农村信用社能与邮政储蓄竞争，允许其上浮存款利率。虽然试点结果是增强了部分农村信用社的资金实力，但也增加了这部分农村信用社的资金成本，使得农村信用社面临另一种经营困难。

另外，中国农业银行的基层分支机构认为自己同样为“三农”服务，却不能上浮存款利率，是不公平竞争。因此，这次扩大利率浮动区间不再搞存款利率上浮，但允许农村信用社贷款利率上浮幅度扩大到 2.3 倍。

记者：有人认为，本次利率调整中放开两头，中间利差没有变动，是一种行业保护和行业垄断行为。你如何评论？

周小川：利差水平与一国的金融生态和发展阶段有关。利差合理与否，要与发展程度相当的国家进行比较。现阶段，我国的存贷款利差与发达国家相比稍高，但与巴西、印度、俄罗斯等发展中大国及转轨经济国家（破产法还不健全、资本市场还不发达、会计准则还不完善、诚信体系还没建好的国家）相比明显偏低。

一国的利差水平决定了金融机构消化金融风险的能力，特别是在经济不景气时金融机构不良资产集中显露时核销不良资产的能力。近两年国有商业银行经营状况好转，盈利能力较强，可以用一部分利润核销不良贷款，但很多不良贷款是亚洲金融风波冲击时显现的。由于市场经济具有周期波动性，因而在考虑存贷款利差大小时，我们不能只注意到经济周期中景气上升阶段时商业银行盈利能力较强，也必须关注经济处于下降周期时不良资产发生与核销的数量可能比较高这一重要现实。判断存贷款利差是否合理，应当以一个完整的经济周期中金融机构消化金融风险的平均能力作为标准。

金融机构的吸存行为与金融机构本身的财务有关。那些经营上已出了问题的金融机构，往往倾向于通过高息揽存来掩盖现金流的不足，但往往不仅难以挽回大局，还严重扰乱了存款市场的秩序，并蕴涵着社会不稳定的隐患。从金融机构自身约束力和市场机制约束力两方面来看，目前利率市场化改革采取放开两头、保住中间的做法，是一种维护金融机构稳健经营的重要举措。

记者：这次的政策规定贷款利率上浮不封顶，存款利率下浮不保底，对银行业的总体利差会带来什么样的影响？

周小川：基准利差还没动，只有通过浮动才能看出变化。商业银行的反应会有个过程。这是个制度性安排，今后可能会逐渐体现出效果。但是一下子调整过来并不容易，这是长期的影响，是一个机会，也是一个锻炼。

有人认为，这次上调存款利率的力度不够，因为实际存款利率相对于CPI还是负值。但正如前面所分析的，我国CPI呈现较强的季节性波动特征，利率调整要向前看一段时间，此外，还要考虑到协调消费与投资的关系，鼓励扩大国内消费，适当放慢投资增速，同时还要考虑到改善直接融资和间接融资的比例关系，鼓励直接融资等。综合考虑这些因素，在现阶段采取缩小利差的做法可能不利于整个银行业的稳健发展。最近我读了一份研究报告，该报告从中长期可持续健康发展来预测，认为当前利差水平还偏低。

这次利率调整刚发生半个月，政策效果有待于进一步观察和研究。同时，我们要积极推动各类金融机构对这次利率调整政策的消化，尤其是加快推进微观机制改革。人民银行各级分支行的一项重要工作，就是要高度关注和研究分析货币政策传导机制，研究并观察商业银行和企业、居民如何面对利率政策调整。

（注：陈慧颖、叶伟强对此文亦有贡献）

# 资本项目开放新政策出台的决策思路

## ——专访前国家外汇管理局局长胡晓炼

采访人：王烁、叶伟强、张洁

发表时间：2006-5-1

中国人民银行副行长、国家外汇管理局局长胡晓炼接受我们的专访，阐释QDII放行新政策的来龙去脉。

胡晓炼出任国家外汇管理局局长，是在2005年3月底。

当时披露这一任命的官方通讯社消息这样写道："由于人民币汇率改革目前正处于风口浪尖，此次外管局的人事变动也成为焦点，胡晓炼一上任，即将面对诸多颇为棘手的问题。在中国的汇率机制改革中，分析人士相信，胡晓炼将继续扮演这一系列变化推动者的角色。"

很难找到比这更为准确的预言。

出任国家外汇管理局局长至今不过一年有奇，中国的外汇改革已然发生了两轮重大进展：

——2005年7月，人民币"解冻"。人民币对美元升值2%，并由实际上的对美元固定汇率制转为盯住一篮子货币，人民币汇率由是获得弹性；

——2006年4月13日，被市场称作"QDII开闸"的央行"五号公告"发布，开放资本账户的三点重大新政策出台：其一，允许符合条件的银行集合境内机构和个人的人民币资金，在一定额度内购汇投资于境外固定收益类产品；其二，允许符合条件的基金管理公司等证券经营机构，在一定额度内集合境内机构和个人自有外汇，用于在境外进行的包含股票在内的组合证券投资；其三，允许符合条件的保险机构购汇投资于境外固定收益类产品及货币市场工具，购汇额按保险机构总资产的一定比例控制。

境内资本投资于境外金融产品的大门，在近年来多次微启之后，就此正式徐徐打开。人民币资本项目开放，亦由此迈出决定性一步。

对于一位专责于外汇管理的中央银行官员来说，这是惊涛骇浪但值得自豪的一年，而未来之历练会更多。

作为现任国家外汇管理局局长，胡晓炼大概是目前最受关注亦最具神秘色彩的中央银行高层官员。与前任吴晓灵、郭树清相似，他们都是学者型的中央银行家；略有不同的是，胡晓炼到今天为止的全部职业生涯，都在国家外汇管理局度过。

自 1984 年从人称“五道口”的中国人民银行金融研究所研究生部毕业以后，她在外汇管理局已经工作了 22 年。也许是由于这一工作性质的缘故，胡晓炼此前还没有在媒体上露过面。

2006 年 4 月 27 日下午，在北京西三环路航天桥侧华融大厦 9 层的办公室里，胡晓炼接受了我们的专访，谈此番资本项目开放新政策出台的决策思路与来龙去脉。她的回答精准，且坦率。

## 资本项目的开放应该是双向的，有流入就有流出

记者：此次资本项目开放的重大举措，是在什么样的背景下进行的？在时机的选择上，有没有特定的考虑？

胡晓炼：中国外汇体制改革的两个重要目标，早在 1993 年《中共中央关于建立社会主义市场经济体制若干问题的决定》中就确定了。此后，党中央、国务院又多次作出了阐述：其一，是人民币汇率的形成机制要更反映市场供求关系；其二，是人民币逐步实现可兑换。

人民银行和外汇局这么多年来一直在朝这个方向走，只不过一次比一次更向前推进。很多人认为，此次政策的出台完全是因为当前巨额贸易顺差、外汇储备以及国际压力，但我觉得应该从根本上来看。这是外汇体制改革的整个链条中的一环，目标早就定了。

在比较好的宏观形势下推出这些力度较大的政策，较为稳妥，风险较小。一般所谓的国际收支风险，是指形势突发逆转，外部资金大量流出，导致国际收支危机、金融危机，甚至经济危机。这种情形一般都发生在外汇流出和外汇储备不足的情况下。当前我国经济持续较快增长，外汇储备比较充裕，金融体制改革稳步推进。尤其是各方普遍关注的人民币汇率形成机制改革取得重大突破和进展，为这次改革提供了有利时机，我们推出改革更有把握。

人民币资本项目可兑换是既定目标，但实现这一目标的节奏与速度，在哪些方面、在哪个阶段实现可兑换，需要根据经济整体环境的情况相机选择。在目前的大环境下，我们的步子可以走得更快一些。

记者：放行 QDII，距离资本项目开放的上一个重大举措即放行 QFII，已经过去超过三年时间。如此审慎的原因是什么？

胡晓炼：我们对资本项目的开放一直坚持稳妥可控的原则，遵循一定的顺序去推进。比如，先长期资本后短期资本，先直接投资后间接投资，先资本流入后资本流出，等等。资本项目的开放应该是双向的，有流入就有流出。中国曾经长期外汇短缺，所以向来是先鼓励流入，然后才是有序流出。先放开 QFII 有其必然性。现在中国已经告别了外汇短缺的时代，所以我们根据形势发展变化，对资本的流入和流出实行均衡管理。这次在有序引导流出方面的政策调整力度比较大，但不能说是一个根本性的转折，这仍然是一个有序的、渐进的过程。

我们也注意到，很多媒体称此次是“QDII 开闸”，但央行“五号公告”里并没有用“QDII”这个词。其实叫什么名称并不重要，关键是看内容。“五号公告”涉及促进资本有序流出的部分是第四、第五和第六这三条。第四和第六条分别涉及银行与保险公司，仅从投资方式上讲，并不是全新的。

比如，银行外汇理财产品早就有了，有资格开办外汇理财业务的银行可以集合外汇资金投资境外市场的固定收益产品。至于保险公司，中国保监会于 2004 年就出台政策，允许其在境外运用外汇资金投资于一定范围内的金融工具。

记者：此次汇改，是不是“藏汇于民”政策导向的直接体现？对于缓解人民币升值压力可以起什么作用？

胡晓炼：其实，如果把刚出台的政策与缓解人民币升值压力直接挂钩的话，我觉得有一点短视。这次政策调整，并不是在某种压力之下作出的权宜之计，而是基于有序推进外汇体制改革、逐步实现人民币可兑换的长远考虑；它符合市场化改革方向，也是建立、健全调节国际收支的市场机制和管理体制的重要组成部分。如果单纯理解为为了减少外汇流入的压力而分散外汇，“藏汇于民”，还不够全面。当然，我们也希望鼓励资金多渠道地投资，分散投资风险。如果能起到这个效果和作用，自然是很好的。

## 我们考虑整体的额度掌握，是从促进国际收支基本平衡这个大概念出发的，不是单纯与 QFII 一对一的对应和平衡

记者：“五号公告”对商业银行、证券机构和保险公司可用于投资的币种，以及允许投资的品种规定各有不同。其中第四条，允许符合条件的银行集合境内机构和个人的人民币资金，在一定额度内购汇投资于境外固定收益类产品；第五条允许符合条件的基金管理公司等证券经营机构，在一定额度内集合境内机构和个人自有外汇，用于在境外进行的包含股票在内的组合证券投资；第六条允许符合条件的保险机构购汇投资于境外固定收益类产品及货币市场工具。这样安排有什么苦心在里面？

胡晓炼：中国银监会对银行外汇理财投资产品有专门管理规定。符合条件的银行，早已经能够推出代客境外理财投资于固定收益产品。“五号公告”的第四条，对商业银行境外代客理财在投资品种范围上与这一规定是对接的，只是在汇兑环节放开，允许人民币购汇。

对保险公司来说，国内市场的投资选择有限，收益率也不能满足需要。他们希望资产投资多样化，一方面可以防范风险，另一方面可以提高整体收益率。2004 年以后，保监会已经允许保险公司运用外汇（主要是境外上市融资部分）投资于一定范围内的境外金融产品。这次新出台的政策，主要是在汇兑方面进一步地放开，使其可按资产规模的一定比例购汇在境外投资，规模比原来仅限于外汇资产的投资规模要大。

我们的想法是，第一步，先允许保险公司投资于风险比较小的固定收益产品和货币市场工具。保险公司有进一步扩大投资范围的要求，但这得一步一步

走；如果这第一步走得好，那么扩大投资产品和领域并不很遥远。保监会对保险公司的风险管理能力比较关注，我们会与保监会密切配合与合作。毕竟，固定收益类和货币市场类产品可以保本，利息收入目前也不低；境外股市行情虽然近来比较好，但如果风险管理不善的话，投资风险可能会大。所以，要一步一步来。

记者：“五号公告”以及随后在 4 月 18 日公布的《商业银行开办代客境外理财业务管理暂行办法》，都没有对购汇额度作出规范性的表述。这正是当前金融市场最为关注的问题。

胡晓炼：允许购汇的规模到底有多大，这取决于多个因素。比如说，银行代客外汇理财的专业能力、机构及个人对银行理财产品感兴趣的程度等。如果产品设计得当，客户认可度较高，可能产品规模就会大一些。另外，银行自身境外投资的水平和经验也很关键。如果某些银行缺少相应人才和经验的话，可能自己也不会要求发行规模过大的产品。

记者：我们在采访中发现，市场对购汇额度规模的猜测，基本上都以已经批准的 QFII 额度为依据，认为那应该就是上限。这种思路对不对？

胡晓炼：在额度规定上，外汇局会有一个年度总量。根据银行的申请，同时考虑到各自的经营能力和风险承受能力，各个机构的额度会有所不同。QFII 仅仅是考虑的因素之一，但并不是绝对性的因素。我们考虑整体的额度掌握，是从促进国际收支基本平衡这个大概念出发的，不是单纯与 QFII 一对一的对应和平衡。国际收支平衡不可能是每个项目一一对应的平衡。

## 首先是定向募集，还要求用于投资的资金来源是自有外汇

记者：这次“五号公告”出台的同时，国家外汇管理局发布了《关于调整经常项目外汇管理政策的通知》，允许境内居民每年兑换 2 万美元。这些资金可不可以通过“五号公告”第五条的途径，也就是说，通过证券经营机构外汇集合理财，做境外的组合证券投资？

胡晓炼：境内居民想做境外投资，可以购买银行的代客境外理财产品。

“五号公告”第五条所指的“基金管理公司等证券机构在一定额度内集合境内机构和个人自有外汇”作境外组合证券投资，在起步阶段不是公募，而是定向募集。我们希望，通过一定时间的试点，可以从现在的定向募集转为公募，尽快扩展证券机构和基金集合理财，给更多的机构和个人境外投资的机会。这需要各部门共同协调和努力。

记者：“五号公告”出台后，仅仅几天就公布了《商业银行开办代客境外理财业务管理暂行办法》。市场现在很关心，规范保险公司和证券机构境外投资的相关规定，会不会以比较快的速度相继公布？

胡晓炼：这个必然是成熟一项推出一项。目前，保险机构购汇进行境外证券投资已开始启动，人民银行、保监会和外汇管理局将对2004年出台的《保险外汇资金境外运用管理暂行办法》进行修订和完善，预计不会用很长的时间就能出台。

证券机构则与银行和保险都不太一样。“五号公告”第五条的相关规定首先是定向募集，然后还要求用于投资的资金来源是自有外汇。这项业务的推出可能采取试点方式，不同于银行和保险机构，只要符合第四条和第六条规定的机构都可做。目前，我国资本市场改革正在深入进行之中，我们也给予了积极支持。我想，随着资本市场改革的推进和发展，这方面的步子也会迈得更大一些。

## 防范风险，要主动地去应对和管理风险

记者：从4月13日新政策公布到现在，已经有两个星期。你觉得各方面的反应如何？很长时间以来对于QDII有担心，认为对国内市场是一个很大的“利空”因素，所以很难推进。

胡晓炼：任何一项政策都不是孤立的。对于资本市场的可能影响，是大家比较关心的问题，我们对此做了充分的评估。这次政策公布后效果很好，与预计基本一致。市场能够在中国外汇体制改革两大目标的有序推进方面，正确地解读新政策的含义。我觉得，市场的反应还是很理性的，认为这是资本项目可兑换的政策，长远看有利于我国资本市场的健康发展，并没有当做所谓的“利

空”消息。

同时，这项政策出台以后，一直受到关注的人民币汇率形成机制改革问题，也获得了进一步的解析。汇率不是单纯的水平问题，而是机制问题，要更多地反映市场，也就是由供求关系来决定。刚刚出台的这些政策，对于理顺外汇的基本供求关系非常重要。我们过去过分强调了引入资金，现在需要建立与经济发展相称的平衡观念，满足合理的多方面的外汇需求。此轮改革立足于调整外汇供求关系，是一个比较大的举措，也是健全人民币汇率形成机制的重要一步。

此次改革，也为国内金融机构推出更多金融产品提供更好服务创造了机会。中国的商业银行长期以来过度依赖利差收益，在金融服务上相当薄弱。如果不给予他们更多创新的激励，将来会难以面对来自国际的竞争。

另外，来自资本市场上的反应也是非常正面的。我们觉得，只有资金有进有出，有序合理流动，中国资本市场的开放才能够更加主动。资本市场比较希望有更多的 QFII 进入中国，从而带来更多的资金供给。但是，如果缺失有序的流出，从而变成单方面引入的话，则将对国际收支的平衡造成比较负面的影响。我觉得，资本市场也看到了这种有进有出的益处。

好多人都说，会不会有什么风险？其实只有更多地发挥市场机制的作用，使金融机构积累更多管理风险的能力，才能够有效地防范风险。防范风险有两种选择：一种是怕感冒，天天捂着，一种是加强锻炼。我倾向于后者，要主动地去应对和管理风险，而不是被动地防御。如果市场机制能够更多地发挥作用，将来政府宏观调控就可能采用更完善的市场化手段，行政性的调控手段在当前的形势下作用已经变得较为有限。而且，此次开放是稳健有序的，一步一步往前走的节奏并没有改变。从投资的额度，机构投资的方式，到投资的范围，都在可调控之中。

记者：资本项目的开放迈开这一步后，外汇风险会有所加大。央行和外汇局在帮助国内金融机构与企业适应新的风险环境上，会有什么举措？

胡晓炼：自去年 7 月汇改后，央行和外汇局在这方面下了很大工夫，推出了远期、掉期业务，希望银行和企业更多利用金融工具来防范外汇风险。但我们也发现，企业在汇率风险方面的意识并不很强。迄今为止，企业还是比较适应于通过资金管理的方式，就是资产负债这种方式来管理汇率风险，而不是用金融产品交易的方式。

中国企业和银行长期以来汇率风险的意识都不是很强，还认为为防范汇率风险所付出的成本是一种额外的负担。现在随着人民币汇率灵活性的逐渐增大，必须要意识到这种风险，而且必须要意识到防范风险需付出一定的成本，从而增加未来收益的可预见性和可掌控性。

记者：进一步放开资本流出，会不会使得境外风险传导到境内的可能性加大？

胡晓炼：我觉得，有序开放的简单含义，就是在风险可察觉、可衡量、可控制情况下的开放。从中国对外开放的进程看，人们最初会争论很多风险问题，但是后来会发现，在改革进程中，随着机制的完善，风险从总体上来说是减少而不是扩大。更何况，不开放并不是没有风险，甚至可能风险会越积越大，越来越难处理。

国家外汇管理局一方面要继续坚定不移地深化外汇体制改革，逐步实现人民币可兑换；同时还必须加强对资金流出入的监测和管理，维护国家经济金融安全。目前，外汇局已在进一步完善外债管理，并且初步建立了高频债务监测系统，通过现代化科技手段改进对跨境资金流动的监测、分析和预警，研究制定预防性的危机应对和调整措施。当然，风险的防范是一个完整的体系，外汇局是其中的一环，宏观经济的稳定、市场调控手段的健全、金融体系的健康等，更为重要。

# 对话"人民币先生"

## ——专访中国人民银行行长周小川

采访人：王烁、张继伟、王丰

发表时间：2006-10-2

央行行长周小川接受我们的专访，畅谈：一、如何在国际化的环境中建设有效的金融市场；二、金融业进一步对外开放的平衡点；三、利率、汇率政策与资本项目可兑换进程；四、国有银行改革的"快过程"与"慢过程"；五、金融混业经营潮流及监管挑战。

9月中旬，一年一度的国际货币基金组织—世界银行联合年会在新加坡召开，中国人民银行行长周小川此次成为最耀眼的媒体"明星"之一。

无论是年会外围研讨会上的主旨发言、会议间隙的茶歇、周小川与美国财政部长保尔森的私人晚宴，还是中国代表团应各国记者"强烈要求"而为周小川专门举办的一场记者招待会，都成为世界媒体尤其是中美两国媒体关注的焦点。

来自各大财经新闻通讯社的记者们自嘲：他们已经成了不折不扣的"狗仔队"。为了从这位中国央行行长口中得到只言片语，他们动辄在闭门会议的会场门口一站三四个小时，或是在周小川下榻的酒店门口苦候到深夜。与参会的保尔森、美联储主席伯南克等不同的是，周小川身边没有令人望而却步的保镖，而且他和蔼可亲，在条件允许的情况下对记者基本是有问必答。

人们最关注的问题，仍旧是人民币汇率。在年会前的几个星期，货币市场对"人民币汇率浮动区间可能增加"的期待日益强烈；美国新任财政部长亨利·保尔森即将于新加坡年会后对中国首次访问，也令市和媒体强烈关注中国政府可能借此机会出台的任何政策微调或是口径变化。

在9月16日上午的一场论坛上，周小川受到了“客气的围攻”：同台演讲的数位专家学者在肯定中国经济发展和金融改革成果的同时，一致表示中国应该加快金融改革尤其是汇率制度改革的速度。

其中，一向以“口无遮拦”著称的美国克林顿政府财政部长、前哈佛大学校长劳伦斯·萨默斯的言辞尤为犀利。他说，在“过晚或过早放弃固定汇率制度”两者之间，前者为相关国家带来的负面影响要大得多；如果起初抵制改革，而最终在巨大压力之下被迫改革，“那肯定是太晚了”。

萨默斯还说，人们对于日本在上世纪80年代末至90年代初汇率改革的经验教训，存在着两种解读：其一是，在市场已有强烈预期的情况下，对货币进行大幅升值，会造成通货紧缩，真实利率极低，为相关国家带来严重问题，因此并不可取；另一种解读则是，在一个生产力高度发达的经济中，如果逆市场力量而行，强行操纵汇率，反而会造成资产价格膨胀和不可持续的信贷扩张。

“我个人的看法是，第二种解读更加准确，对当前的中国政策有相当大的意义。”他说。

也正借此论坛机会，周小川回应了各方的质疑，并阐述了中国金融改革的走向和政策考虑。他在演讲中表示，“中国的政策是清楚的：我们正在逐渐移向更加灵活的汇率机制；在具体的改革步骤上，中国选择的则是渐进式改革。”

“我的理解是，在从‘盯紧美元’的汇率制度向所谓‘有管理的浮动制度’转化的最初阶段，‘货币篮子’的问题可能更加重要；但在随后的阶段，货币市场的供求关系则会起更加重要的作用。”

诚然，人民币汇率所系之大，绝不仅是汇率本身，更与中国金融和经济改革的全局正相关。正是在此次新加坡年会上，发展中国家和“新兴市场国家”对全球经济的影响力得到前所未有的关注；中国也作为“新兴市场国家”的代表之一，引起多方瞩目。

周小川于今年相继成为国际货币基金组织可持续长期融资委员会成员、世界银行增长与发展委员会成员、国际清算银行董事，正清楚地反映了中国在世界金融体系中正在增强的影响力。

国际会议期间，毕竟时间有限。我们在赴新采访归来后，针对国内外关心的涉及中国金融市场全局的一系列重大问题，再请周小川发表见解。

9月21日，周小川在北京再与保尔森及随访的美国总统经济顾问委员会主席格伦·哈巴德会晤。次日下午，在北京市复兴门外大街央行总部大楼九层的办公室里，周小川接受了本刊专访。

以下为采访摘要。

## 建设有效的金融市场

记者：中国近年来启动了规模宏大的各项金融改革，在世行和国际货币基金组织新加坡年会上引起很大的关注。您认为，下一步金融市场改革和发展的重点何在？

周小川：有效的金融市场可以优化资源配置，为经济稳定发展发挥重要作用。从这个角度看，要加强建设有效的金融市场。

对金融市场的划分可以有多个角度。从市场内容看，金融市场大的分类包括资本市场和货币市场；从工具角度看，可以划分为股票、债券、票据、外汇、黄金、衍生工具等市场。

有效的金融市场，必须要有一定的深度和宽度。没有深度，定价就难以准确；没有宽度，市场提供的金融产品过少，则不能满足经济发展需要。比如说，如果各类经济主体对外汇有套期保值的需要，外汇市场就要提供更多可供选择的交易品种。

有效的金融市场，要求市场参与主体的健康化。这就涉及到金融机构微观机制改革和金融机构自身在内部风险控制、交易制度、道德操守等方面的改革和完善。例如，当前我国银行间市场的交易量很大，具有一定的金融深度，但参与机构还需要衡量交易对手风险和交割清算等操作性风险，切实加强内部控制，防御信息不对称带来的后果。这些都要求市场参与主体更加健康化。

记者：如何看金融市场是否有效？

周小川：有效的金融市场，体现为对资源有效配置，为经济健康发展提供服务的效率。当前，金融市场为国民经济实体服务的意识和能力还不够，有效配置资源的能力还不强，有时还强调市场参与者为局部目标服务。

另外，市场的效率体现为市场参与者能为客户设计出更多、更符合需求的产品并加以交易。现在我们金融市场中的工具仍较少，对此企业有抱怨。由于市场比较浅，价格有时会比较离谱。金融市场的创新能力还比较弱，产品设计能力还不够强。

随着经济全球化和可兑换进程，我国金融市场面临来自国际金融市场的竞争压力。如果自己拿不出更好更多的产品，企业可能跑到境外市场去交易。

之所以现阶段还难以完全做到根据客户需求设计、创新金融产品，原因之一是市场发育还不成熟，市场深度和宽度都不够。另一个原因是市场主体。如果金融机构问题还比较多，内控还不行，资本还不够充足，微观机构没调整好，一创新也许就要出乱子。所以，在过去那种情况下，事实上是不鼓励金融创新的，引进、消化、吸收也很慎重。目前，情况正在发生积极的变化，但距离通过创新来满足经济和客户需求的目标仍很远。

也不是一说创新就撒开手，而是要在市场主体、市场制度、市场建设到一定程度的基础上逐步推进。

记者：建设有效的金融市场，国际合作在多大程度上能发挥作用？

周小川：金融市场的国际合作，与经济全球化密切相关。假如一个经济体比较独立封闭，对外交往比较少，货币也不可兑换，那么，也许可以做到按照自己的节奏和意愿来独立设计本国金融市场发展。但问题在于，中国不是这种情况。当前经济全球化发展速度很快，中国外向型经济比例很高。进出口与GDP的比例接近70%，每年外商来华直接投资（FDI）五六百亿美元，中国的资本输出量也在快速增长。

金融市场应该与工业部门一样，不同国家之间可能取长补短，可以在这些方面有国际合作。我们已经看到金融市场正在发生国际整合。随着金融电子化程度的日益加深，电子化交易产品的日益增多，金融市场的地理位置变得可以分割，金融市场之间的地理界线日益淡化。在上述变化中，金融市场的国际合作空间会比以前大家想象的要大。

1993年，十四届三中全会就提出“逐步使人民币成为可兑换货币”，后来遭遇亚洲金融风波冲击，暂时不提可兑换；到十六届五中全会，再次明确提出要“逐步实现人民币资本项目可兑换”。这是个渐进的过程。

对这个过程，国外同行的看法比我们自己可能还更积极些。这次在新加坡召开世界银行和国际货币基金组织年会，一些人关心这个问题，一些国家央行行长开始提问是否可在储备资产中放一部分人民币。

【记者述评】

——此处所谈"金融市场的广度和深度"，正是金融创新的基础。

金融市场的深度，涉及的是金融市场结构问题。金融深度不够，往往体现在金融市场的垄断或寡头性质上，这就会造成价格扭曲；而金融市场的宽度，体现在金融市场所能提供的金融工具数量和种类上，这就与金融机构对市场的反应程度高度相关。由此，宏观面的改革开放，必然受制于微观市场制度背景及其发展状况。

## 金融业进一步对外开放

记者：WTO 五年过渡期今年年底就结束了，外资进入中国金融市场的方式可能是多样的。从国际经验看，哪种模式最有利于金融业的发展？

周小川：如果说到模式，从国际经验看，各种方式都有。也可以考虑区别对待。关键是要看风险控制状况。

如果说到开放，中国政府很明确：我们在国际经济格局中有一份责任，呼吁尽快恢复多哈回合谈判，反对贸易保护主义抬头。中国政府着力促进全球贸易和投资自由便利化，全面提高对外开放水平。

记者：此次美国财长亨利·保尔森访华，仍然强调中国应进一步开放金融服务业，他主张这对中国来说也是一件好事。

周小川：大国之间经济互补，才能实现各自的比较优势。只有这样，对外贸易和经济合作才可能向前发展，否则就可能出现比较厉害的冲突。中国劳动力成本较低，技术人才储备也不错，基础设施改善很快，信息产业发展也不错，中国自然想发挥这些比较优势。同时，中国也希望自己在金融等服务方面的水平有明显提升。

美国经济的比较优势一是高科技，但美国对高科技出口有很多限制。另外一个是金融等服务业，保尔森来自华尔街，当然更了解金融服务业是美国的强项。在关贸总协定的乌拉圭回合谈判中，美国着力在服务贸易（GATS）和知识产权保护（TRIPS）方面推动协议的达成，正是美国为实现其比较优势所做的努力。

国际贸易是一种互利交换，不仅要发挥自己的强项，也让别人去发挥强项，这样就会较平衡，也能维持下去。同时，我们也要考虑开放金融等服务业有哪些长远影响，要和中国的发展战略综合在一起考虑，最后就看平衡点在什么地方。

【记者述评】

——很显然，金融全球化进程是国际合作增强的过程，也是国与国之间基于比较优势的博弈过程，最后的平衡点应该是一种互利互惠的博弈均衡。

从博弈均衡角度出发，则中国金融服务业的开放进程将取决于两个因素：一是自身引进先进的金融服务制度和技术的需要；二是金融服务开放所换取的其他经济体对中国优势产业的全面开放。正如美国财长保尔森所说，市场开放对双方都利大于弊；但是，单方面开放则必然出现对方全面获利的情形。因此，在博弈过程中，必然出现双方都要求对方更多地开放市场而自己采取更为审慎的步骤的局面。然而，当我们理解了博弈均衡的实质后，对国家间的贸易争端就可以采取平常心加以对待。

## 宏观政策判断必须要对拐点特别敏感

记者：利率市场化改革的下一步思路是什么？

周小川：利率市场化过去是金融改革的重要内容。不过到今天，利率改革的步子已经迈得很大，主体部分已市场化。银行间市场已没有任何利率管制。如果说利率市场化还有差距，无非是指对贷款利率还有下限，存款利率还有上限。但这必须与金融机构改革的实际进程参照来看。一些金融机构还没有实现财务硬约束，资本充足率还没有达标，还不是以利润最大化为目标。

现在之所以保留对存贷款利率上下限的管理，正是为了防止出现财务软约束下不计成本的竞争，防止一些机构高息揽存。从企业角度看，真正声誉好、评级高的公司，可以通过其他方式，如公司债、短期融资券等筹资，其利率是市场化的。

利率市场化的推进是由改革现阶段的配套性决定的。利率市场化不能在周围部队没有跟上的情况下孤军突进。从改革的配套性看，利率市场化已经走得很快、很靠前了。

记者：目前信贷市场和货币市场利率走势相反，如何理解这一信号？

周小川：银行间市场利率没有任何管制，相当程度上反映了社会短期资金的供求关系。目前利率走势基本上反映出短期流动性偏大，原因可能是中央银行对冲力度偏低，也可能是贸易顺差偏大导致货币投放速度偏快。

银行信贷则不然。银行贷款利率的定价，既要充分考虑宏观经济诸如产能过剩等问题所带来的风险，又要考虑客户风险。从我所接触到的情况来看，比较理性的商业银行，大都觉得当前贷款产品定价总体上可能还是偏低，但是调高贷款定价也有困难，商业银行之间竞争激烈，而且竞争者行列中还有财务软约束现象。

在这种情况下，存贷款利率、银行间市场利率走势所代表的东西不完全一样。这里面没有必然规律。这种情况在其他经济体也出现过，比如亚洲金融风波期间，资金流入使香港市场短期利率突然猛涨，但中长期利率却没反应。

记者：中国的货币政策是否正面临着越来越多的国际因素影响？

周小川：应该说是这样。自我担任中央银行行长以来，一直就认为货币政策的关键在于基础货币，而近年来基础货币的压力主要来自国际收支。货币政策和国际收支平衡关联这么大，因此受国际经济形势影响比较大也是必然的。我们在 2003 年分析当年一季度经济形势后，开始加大对冲操作。当时也有人不理解，因为在亚洲金融风波后，中国经济增长一度不振，出现了通缩，很多企业开始清理整顿资产负债表，有一些信托机构关闭破产。

大约在 2002 年夏天左右，宏观经济拐点（turning point）出现，即中国经济开始走出通缩而呈现新的特征。货币政策判断必须要对拐点特别敏感。决策者不仅要看主要指标的变化，同时要看一阶导数、二阶导数，才可能对拐点看得比较清楚。

【记者述评】

——金融机构的预算约束硬化，是定价体制真正发生变革的必要前提。对于预算软约束的金融机构，价格的信号和杠杆作用是不复存在的。

因此，当务之急是硬化预算约束，而当前的利率市场化应该已经显得步子迈得比较充分了。

——货币政策受开放条件下的国际因素影响程度日益加深，其主要因素是经济运行的波动和拐点受国际冲击的影响越来越大。比如亚洲金融危机、最近的国际初级产品价格波动，都会影响甚至塑造中国的宏观经济和货币金融波动。这必然影响到中央银行的货币政策操作。

另一方面，中国的经济规模非常大，政策调整空间虽然被压缩，但依然具有调整的空间。这意味着，由于货币政策（以及财政政策）作为宏观调控工具，实际上属于需求管理的内容，内需与外需之间存在调整和互动关系，这就为政策调节准备了足够的空间。与其他小型开放经济体不同，中国作为大型新兴市场，内需与外需可以互为“蓄水池”，因而政策调整余地较大。

## 汇率政策与资本项目开放

记者：人民币汇率近来达到汇改以后的最高点。怎么看汇改自去年以来的进展？如何向更有灵活性的汇率制度演化？

周小川：中国关于汇率改革的政策方向是明确的：逐步扩大灵活性。在具体进程把握上，我们遵循主动性、可控性、渐进性三原则。我们正逐渐让市场供求关系发挥更大作用，“一篮子货币”参考作用的权重慢慢在减弱，市场因素慢慢在增强。这是一个过程。

记者：现在 QDII 发展的情况如何？在多大程度上能够缓解外汇储备增长过快的压力？

周小川：我们不把 QDII 当作解决外汇储备增长过快的灵丹妙药。

QDII 实际上是投资活动市场化、多元化，是扩大对外开放过程中的一步，是个开头。这就像再早一些已开始鼓励企业“走出去”，在企业“走出去”直接投资的兑换方面提供便利等政策一样。

应该说，在人民币有升值预期时，启动这件事比较稳妥。投资者需要权衡利弊，作出选择。如果对人民币有贬值预期，或经济形势不稳定，或在通货膨胀情况下，启动的难度和风险就会大一些。另外，做任何事都有一个练兵的过程。

记者：有没有可能中国的金融机构积极介入国际金融业兼并收购？

周小川：这完全是有可能的。虽然各国在不同程度上存在一些保护主义干预等人为障碍，但收购兼并机会，外国企业有，中国企业也有。最终要看具体参与兼并收购的金融机构的实力。

首先，金融机构资本状况如何？

其次，有没有健全的公司治理机制。谁代表所有者做出兼并收购决定？收购兼并市场很复杂。谈判时如何授权？条件怎么定？决心如何下？

此外，要看决策机制是否能够抓住机会？这里指的不是决策正确与否，而是指这一决策机制要能够抓得住机会，包括临时融资的机会。你不能说这事可以探讨，然后一研究就是两个月，那样机会早就消失了。

记者：印度近来宣布了在资本项目下开放的路线图，这对中国的资本项目进一步开放是不是带来了压力？

周小川：资本项目开放涉及到从计划经济向市场经济转变，在这方面，中国和转轨国家的情况更为接近。

中国的资本项目开放应该有两个前提。第一，与汇率改革一样，要以金融机构健康化为前提条件。在管理水平不高、微观机制改革不到位的情况下，我们不能过早推进。近年来，在党中央、国务院领导下，金融机构改革有长足进展。资本项目开放议题也应该提前研究了。我个人的看法是稳一点比较好，冒一点容易出问题。应该说，亚洲金融风波给中国开放资本项目带来了比较大的阴影，由此大家对资本项目开放问题比较慎重。

第二，应当建立健全对产权的有效法律保护，防止因产权保护不足而出现大规模资本外逃。有些国家曾有过这种教训。

此外，资本项目开放还应当考虑其他一些事项，如良好的宏观经济政策以保持货币稳定、适当的金融产品定价机制、对于对冲基金造成的挑战与冲击有充分准备等。

从另一个角度看，在开放程度日益加大的环境下，资本管制的难度和成本越来越高，且容易妨碍对外经济活动的效率。客观上，经济活动对可兑换的需求会加大。

记者：目前央行对于流入国内的游资水平有没有估计？

周小川：不能把当前的投机力量估计过高。数据历来有鱼龙混杂的地方，确实也有说不清的领域，但我们对投机性资金流入大体上是有数的，也是有分析的。对于所谓“热钱”，应当形成一个大致定义，然后在此基础上进行分析和讨论。现在可能是不同人使用的数据口径和质量都不一样，有不少是倒推估算的，判断不见得准确。

目前本外币利差对我们是有利的。除日元外，主要货币利率都较高。在这种情况下，投机者在计算其短期盈亏时，利差显然是考虑的重要因素之一。

对于资本流动，我们需要依靠国际收支平衡表来观测和分析。对于异常的资本流动，我们首先要有监测，在监测的基础上做到有管理。

【记者述评】

——政府干预市场的程度持续降低本身是一项改革，且同时构成其他宏观改革得以进行的政策保证。在论及汇率生成机制时，周小川认为，政府的价格干预会逐步减弱：在汇率改革的最初阶段，“货币篮子”的问题可能更加重要；但在随后的阶段，货币市场的供求关系则会起更加重要的作用。这意味着参考“一篮子货币”的权重设置体现了政府干预，可以部分抵消市场供求关系的影响。可以预见的是，市场因素在汇率决定中的作用将逐步增强，政府干预会持续下降。

——正因为基于国际博弈的思路，国际投机力量对中国开放进程的影响是可控的。由于开放是双边或多边博弈，更多的问题来自国与国之间的安排，投机势力对一国开放进程的影响有限。正因为考虑到了投机资本流动，中国的货币政策有利于引导资本流动。这显示，中国货币当局对投机性资本流动完全处于有准备、有预案的状态。

——在金融机构走出去的政策安排上，金融机构法人治理的制约是不可回避的问题，说明中资金融机构能否成功走向国际金融市场，同样受制于微观体制改革进程。这反映了周小川对中资金融机构走出去的价值判断不在于形式，而在于成功与否；而成功地走出去的前提是金融机构改革。

## 关于国有银行改革

记者：你刚才反复强调金融市场的创新与开放，很大程度上取决于金融机构微观机制改革。现在随着主要国有银行重组上市接近成功完成，你如何评估过去几年间金融微观机制改造的得失？

周小川：在党中央、国务院的正确领导和大力推动下，近年来，大型银行改革有了长足进展。从2003年底决定向中国银行和建设银行两家银行注资，到现在交通银行、中国建设银行、中国银行已上市，工商银行正积极准备上市，取得的成效是明显的。

金融机构改革，既包含“快过程”，也包含“慢过程”。打个比方，上班搭错公共汽车，第二天就能改过来，这是“快过程”；但要学习一门外语，提高外语水平，肯定是“慢过程”，不用三五年是不行的。

看金融机构改革的“快过程”，力度是很大的：大型银行财务重组、公司化改制、股份化、发行上市，这些做得比较快，取得了效果。但公司治理、信贷文化、内控机制的建立和完善，是“慢过程”，你不能指望一天就有什么大变化，但也在逐步进展。

亚洲金融风波对很多经济体带来了很大冲击，对我们来说也是一个很好的警钟。要是没有这个危机，恐怕也难以下这么大决心，金融机构内部压力和动力也不会这么大。它对中国的冲击力度，差不多是恰到好处。要是冲击太大，国民经济和老百姓会比较痛苦；要是冲击太小则没有压力，我们难以认识到自己的问题。事后来看，亚洲金融风波对中国近年来的金融改革带来了很大的推动力，对金融机构、金融市场、宏观政策都带来了很大的刺激。

从我们从事具体工作的人来看，还是有比较强的紧迫感，希望金融机构改革能更快一点。我们的心情总是担心改革进度不够快，一旦国际市场有风吹草动，对我们造成巨大冲击，后悔当初改得不够快。

从国内经济角度看，需要在改革、稳定、发展之间保持平衡；从对外经济关系看，需要在开放和防范风险及危机之间保持平衡。

记者：促进国有银行深化改革，是不是关键还在于开放引入竞争？

周小川：对。竞争会带来更大的改革动力，这比开几个会压力大得多。竞争就包括开放，竞争的作用应当摆在第一位。在这方面，媒体是可以发挥作用的。再有，新建的公司治理结构也可以发挥作用。虽然在股东给予压力时，银行管理层开始会感觉不适应，但这是一个好的渐变过程。

【记者述评】

——金融改革的决心，往往因某些冲击和国际经验教训而下。周小川特别提到了亚洲金融风暴对金融改革决心的影响，显示国际教训对中国经济决策者决心的影响是深刻的，前车之覆必然成为后车之鉴。尽管危机爆发的时点具有某种偶然性，但危机的动因是必然的。这是中国下决心推动实质性金融机构改革的外部推动力。

## 面对金融业综合经营

记者：中国金融机构综合经营的趋势已经很明显。各大金融机构，无论是银行还是保险公司，都有许多动作。这对目前分业经营的格局构成了什么挑战？

周小川：分业经营的模式开始于美国大萧条。美国在 1929 年大萧条后，通过了“格拉斯－斯蒂格尔法案”，搞金融分业经营。几十年后，一些学者对大萧条反复研究，认为这一法案误读了历史。美国用 1999 年的银行改革方案解除了限制。从实际进展看，这不是强迫金融机构都混业经营，而是由其自主选择。许多金融机构在长期分业经营之后已形成了各自特长，不一定愿意选择混业经营，或者混业后又出现拆分。

当前在金融业综合经营试点时，具体到某个金融机构是愿意分业还是混业，还要金融机构自已研究和选择。其实无论机构大小，在市场都是见缝插针，各有生存发展之道，没有必要行政性限制。金融机构综合经营的趋势难以阻挡。

另外，必须看到金融机构实践与监管水平提高是互相促进的。不可能说，先等监管水平提高到足以应对所有挑战后再放开。因为如果没有实践，可能监管人才和经验也难以到位。掌握互相促进的过程需要艺术。要避免盲目性，避免一哄而起。要掌握时机，总体上要知道前进的方向。哪怕花一定成本，付出几个案子的代价，也得朝那个方向走。

对于监管模式，我认为经营和监管是两回事，既可以有分业监管下的综合经营，也可以有综合监管下的分业经营或混业经营。关键是要早下功夫，培养适应综合业务的监管人才。不能假设监管部门能够很快适应新形势。从世界各国看，凡是改为推行综合监管的国家，都花了很多年时间培养人才和整合内部机构。在这个过程中，不见得有最佳选择。

重要的是看清今后的方向。要点不在于机构设置的分合，而在于人才、技能和理念。

【记者述评】

——当前，随着中国加入 WTO 过渡期的结束，金融业综合经营成为某种必然趋势。而周小川认为，90 年代金融业综合经营所导致的问题是严重的，但根本原因不在于综合经营本身，而在于当时的微观金融体制改革还远远没有到位。重点还是使金融机构成为内控良好、法人治理健全的机构，形成自主的风险控制和化解机制，而不在于限制经营范围。针对一放就乱、一收就死的周期性问题，他所给出的是在微观层面上进行改革的判断。

# 人民币汇率制度的最佳选择

## ——专访中国人民银行副行长、国家外管局局长易纲

采访人：胡舒立

发表时间：2010-8-1

中国实行以市场供求为基础、参考一篮子货币进行调节、有管理的浮动汇率制度。实际上，这是中国的社会主义市场经济体制目前的最好选择。

1995 年 3 月，我在美国斯坦福大学的春假期间回国，在林毅夫家的一个晚宴上，第一次见到易纲。那年，他 37 岁，年前刚放弃美国印第安纳大学终身教职回国，和毅夫一起发起成立北京大学中国经济研究中心。

那时见到的他就和现在一样，甚至面容亦无太大改变，他诚恳而坦率，谦虚而沉稳，更像一个普通人，一个普通中国学者。比起具有传奇色彩的毅夫，易纲的经历看去也并不很曲折。不过，以我当时有限的识见就能明白，“易纲不易”。20 世纪 80 年代末至 90 年代初，中国人在美国好学校读书，能拿到经济学博士，继而进入大学终身教职序列，再拿到终身教职，是非常艰难也令人称羡的成功。就是这个易纲，他拿到了又放弃了，回国再开始，何等的决断和志向。以他的从容平和，看似平常，其中必有一番不与人道的人生波澜，波尽而平罢了。

此后，易纲离开教职进入中国人民银行，先当货币政策委员会副秘书长，后来到货币政策司当司长，最后逐步升至行长助理，再当副行长，去年 7 月以副行长身份，同时担任了外汇管理局局长。15 年来，我们常有交谈，我也常读他的文章，听他的演讲，看到易纲在走一条原来可能并没有设想过的道路，但也感觉，央行官员、后来是央行高官的易纲，还是那个易纲教授。

今年7月，在北京金融街人民银行办公楼9层他的办公室里，我们围着一张长条桌交谈。人稍多，桌子有点挤，谈话主角易纲自己居然就坐在桌子的一角。

这位52岁的央行副行长、外管局局长，如今应当是世界金融界瞩目的人物了。不过，他还是平静、平和、平常的学者易纲。

## 最终目标与时间表

记者：2010年6月19日，中国人民银行宣布，在2005年汇改的基础上进一步推进人民币汇率形成机制改革。为什么选择这个时机继续推进汇改？如何评价迄今为止汇改取得的成果？

易纲：中国实行以市场供求为基础、参考一篮子货币进行调节、有管理的浮动汇率制度。实际上，这是中国的社会主义市场经济体制目前的最好选择。为什么说这是中国的最佳选择呢？对汇率制度的改革，实际上从1994年就开始启动了。1994年1月1日汇率并轨，随后，整个外汇市场就建立起来了。从1994年到1996年，人民币是双向浮动的，升值了约5%，美元兑人民币从大约8.71元，到了8.28元。后来，亚洲金融危机爆发以后，泰铢和韩元大幅贬值。中国坚持人民币不贬值。所以，从1997年一直到2005年，8.28元基本没有动。这并不是说我们放弃了这个理念，相反，我们坚持这个理念，依然认为这样一种有管理的浮动货币是符合中国国情的汇率机制，但是，这里面存在惯性或说“路径依赖”。实事求是地说，这件事情还是比较艰难的。结果，到了2005年7月21日，汇改重新启动，这就有了2005年到2008年这三年的浮动。

这期间，人民币实际上是双向浮动的，而且跟一篮子货币的走向是相符合的。但是，2008年，又发生了一系列事件，开始是“次贷危机”，而后贝尔斯登破产，2008年的9月15日雷曼兄弟倒闭更把金融危机推向高潮。从那以后，人民币基本维持在6.83元上下窄幅波动的水平。一直到今年6月19日，我们又进一步推进人民币汇率改革。

回顾这段历史，可以看出，这是我们一直坚持的机制。只不过因为危机或其他因素，才有了这么多插曲。但是，这个方向是中国最好的选择，这个方向我们应该坚持。

记者：那最终目标是什么呢？

易纲：我们的最终目标，使人民币成为可兑换货币，这在党的十四届三中全会上，也就是1993年的秋天就已经决定了。

记者：那么，人民币可兑换和汇率之间应该是种什么关系？是说它自由浮动以后才能够自由兑换，还是有管理的浮动汇率机制下也可自由兑换？

易纲：这是一个比较富有理论色彩的问题。通常，可兑换的货币，其汇率是自由浮动的。

在历史上，在布雷顿森林会议以后，35美元等于一盎司黄金，美元与黄金挂钩，其他主要货币再跟美元挂钩，这实质上是一个固定汇率体系。但是，当布雷顿森林体系在20世纪70年代解体以后，主要国际货币与黄金脱钩，固定汇率体系解体。从理论上说，可兑换货币应当是浮动汇率的货币。浮动汇率这一机制，本身就是可兑换货币的稳定器，正因为它浮动，才能保证它的“可兑换”。如果要永远坚持35美元等于一盎司黄金，美元兑黄金的承诺实际上实现不了。而如果它是浮动的，它才能够实现可持续的可兑换。

还有一个极端的例子就是香港等地实行的货币局制度，它是一种特殊的安排，放弃了货币政策。一个规模小并且完全开放的经济体才能实施这种制度。但这些经济体应该视为例外，不具有普遍性。一般的可兑换货币，其汇率机制应当是灵活的。一个比较发达的国家，或者一个比较成熟的新兴市场国家，它最终应当选择货币政策的独立性和资本自由流动。那么，它不能够坚持的是什么呢？就是固定汇率。美国、欧元区就是这样。美元和欧元波动较大，这是一种市场行为。

记者：那人民币可兑换目标多长时间达到？有没有时间表？

易纲：在我国，可兑换还没有一个官方时间表。但是，国际货币基金组织统计过，一般的国家，从经常项目可兑换到资本项目可兑换的时间，平均用时是7年到10年。中国是1996年实现经常项目可兑换的。

从那时到现在，已经是15年了，这已经长于国际上的平均值了。我们没有时间表，但是，参考国际上的做法，人们可以对此事有一个大致判断。主要原因在于，中国很大，发展又不平衡，这个问题就更加复杂，认识的统一上也更加困难。

记者：对于货币升值，我们都知道外部压力比较明显，而中国经济自身对此也有需求。综合而言，人民币迄今不能浮动的压力主要来自哪些方面呢？

易纲：一种货币，其汇率浮动真正起作用的是实际有效汇率。实际上，只有两个渠道可使实际有效汇率发生变化。一个渠道就是名义汇率的调整。还有一个渠道是通过国内价格上升：有升值压力，但可以不调名义汇率，通货膨胀也可以起到调整实际有效汇率的作用。

实际上，过去这十多年，面对这么大的压力，这两个渠道中国都用了。我们既用了名义汇率的调整，同时，中国通过价格渠道作出的调整也很大。想想看，这些年房价涨了多少！

记者：现在，经过几轮汇改，人民币升值预期是不是已经减弱了？还需要继续用通货膨胀的方式来调吗？

易纲：应当说压力已经减弱了很多，十年来，北京、上海的房价涨了多少？一般物价上涨了多少？这些涨价其实都是对汇率不均衡的调整。如果十年前拿美元换成人民币并在中国买房，能赚多少？现在看来能赚的不多了。其他的资产也调得差不多了。这说明现在人民币汇率其实离均衡水平，比十年以前已经近了很多。

所以，现在，我们不具备汇率大幅波动的基础，有条件保持灵活的汇率机制，也可以保持汇率在合理均衡水平上的基本稳定。

央行在问答中其实解释了很多，什么事都是有利有弊的。中国经济劳动生产率的不断提高决定了货币币值的总体趋势。在此趋势下，升值可以抑制通货膨胀。升值多一点，通货膨胀就可以少一点。如果名义汇率不动，那通货膨胀就得多一点。有人说，老百姓不用进口产品，升值对他们没好处，这是不对的。比如，豆油，中国的大豆已经超过一半是进口的，千家万户都得吃豆制品，豆粕还可养猪，有多少人不吃猪肉？如果不升值，那大豆、豆油、豆粕的价格都得比现在贵 20% 以上。现在为什么这些产品国际价格虽然大涨，但在中国的价格没涨那么多？就是因为人民币升值了，而大豆价格基本上是用美元计价的。原油、铁矿石的道理也是相同的，其实，原油和铁矿石跟千家万户也是相连的。升值首先抑制了输入型通货膨胀。

另外，中国有这么多公民出国旅游，送孩子留学，这些人都受益了。受益者应当说是“沉默的多数”。但是，受损者的声音强，主要是出口行业，他们认为日子过不下去了，肯定要失业了。

在2005年汇改以前，有关部门做过企业的换汇成本调查，调查的结果是，国有企业的换汇成本是8.11元，私人部门企业的换汇成本是8.07元。换汇成本指的是只要汇率低于这个水平，这些企业就会亏损。如果真是这样的话，2005年汇改第一天，人民币汇率就跳到8.11元了，那出口企业应该会出现大面积亏损。但是，汇改以来，中国在2005—2008年期间出口每年是以接近30超过20%的幅度在增长。就是说，汇率调整并没有影响出口，出口反而大幅度增长，产业升级、技术进步、产品更新换代、提高中国产品的增加值，都是在这一期间发生的都发生了。

所以，我们得动态地看这个问题。政府也从政策上千方百计地创造有利条件和环境，比如，提供对冲工具、远期结汇、远期售汇等工具，帮助进出口企业来对冲风险。

还有一个论点，就是升值等于外汇储备亏损。在2007年升值比较快的时候，就有观察家说，外汇储备一个季度就亏一艘航空母舰。现在，我们有2.45万亿美元外汇储备（相当于16万亿多人民币），当人民币升值的时候，这些外汇储备用人民币来标值就少了，他说这个就等于亏了。其实，这个账算得是不对的。因为首先，我们没有亏，什么时候才亏呢？只有把外汇从美元换成人民币的时候才会亏，但我们并没有换，所以称不上亏。这种算法完全是账面转换。

如果非要进行这种账面计算，就要同时计算中国的人民币资产如果以美元计算“赚”了多少。让我们只算其中一部分，。中国金融和房地产资产加起来，有大约200万亿元人民币（超过外汇储备的10倍）。如果人民币升值，这些资产用美元来标价，相当于赚出至少十艘航空母舰。当然，实际上这两者都没有发生。

记者：对，他没有算人民币的资产，而且，中国人的存款也可以升值。

易纲：是这样的。所以，这个问题要全面地看。总之，亏和赚事实上都没发生，只是用不同的报告货币产生的一个视角的错觉。当然，美国的通胀是会造成我国外汇储备的购买力下降，可以说是认为是损失。但近年来多年以来，外汇储备的收益率是高于美国的通胀率的。

记者：我原来听你谈过一个观点，就是说，如果汇率不正常，就会对资源和环境产生压力，你能详细讲讲吗？

易纲：如果名义汇率扭曲，它会产生一系列后果。汇率是一种价格，其扭曲必然带来资源配置的扭曲。我们通常说要扩大内需。假如汇率不对，外需赚钱很容易，企业就不会往内需使劲。汇率扭曲也不利于扩大消费，不利于扩大服务业。

记者：面对通货膨胀压力，有人主张升息，这与汇率杠杆能互相替代吗？

易纲：利率是资金的价格，汇率是一种货币相对其他货币的比价；利率和汇率互相替代的作用十分有限。它们有一个离均衡点有多远的问题。这可以引起无穷的争论，因为谁也不知道均衡点究竟在哪里。从理论上来说，供求关系决定均衡点。最好的情形，就是汇率很接近均衡点，利率也是很接近均衡点。

如果加息，那这种货币就会走强，近来，许多货币都加息了，但是，美元、欧元、日元、英镑，都没有加息。理想状态是汇率和利率各司其职，因为它们的角色是不一样的。

记者：长期使用固定汇率，造成了一定的扭曲，现在变成浮动，此时，除了观念上的问题，最大的威胁还是投机攻击吧？

易纲：是。所以，我们应当不断地释放这些风险，随着市场的作用越来越大，投机汇率就会即使不能完全到均衡，起码也得让它变成“鸡肋”，让投机者认为食之无味、弃之可惜，没什么赚头。

记者：外汇改革走走停停，是不是在节奏把握上，还是稍微有点慢了？

易纲：中国是一个发展中的大国，30 多年来，中国创造了人类历史上的经济发展的奇迹。从这个意义上说，中国的宏观经济政策实现了转轨。有些外国人观察家认为，这个不市场化了，那个改革滞后了，但是，从 1994 年到现在，中国维持了高增长，而且自 1994 年那轮通货膨胀以后，没有出现过太高的通货膨胀。

综合看，中国的宏观经济政策，应当是接近最优的。我们走走停停，可能有些人认为，汇改稍微慢了一些，这个问题可以讨论和反思。但是，应该说，宏观政策总体上还是非常成功的。

记者：那为什么要选择现在这个时机来恢复汇率的弹性呢？主要是由于这个时段风险比较小，还是认为外部压力变得更大呢？

易纲：中国作出这个决定，主要是基于国内的考虑，自主作出了决定。我刚才说了，全球金融危机使得汇率稳定了一段时间。实际上，现在危机也还不可以说完全过去了，比如，今年又发生了欧洲的主权债务危机，但是，总体来讲，形势比危机高潮时好多了。一方面，危机在消退；另一方面，去年增长率又调高了，从 8.7% 调到 9.1% 了。对美国、欧洲和日本经济的预测大多也认为，2010 年是复苏之年。综合国内和国际的情况，从中国的角度来考虑，我觉得现在恢复这个弹性，条件是成熟的。

记者：但是，怎么评价汇率改革在外部失衡中的作用呢？

易纲：国外的学者是从他们的框架来分析的，认为汇率对再平衡，是一个非常重要的因素。其实历史表明，汇率确实很重要，但是它不是一个决定性变量。回顾日本和德国的历史，就可以看得很清楚。日元和德国马克在 20 世纪 70 年代、80 年代的升值，并没有导致日本和德国的顺差马上消失。这一点对中国的情况也适用。但是这个问题最难的一个回答，是反过来问，假如汇率升值也还无法调整中国的顺差，那么，升值不是只占便宜不吃亏吗？你想，如果我升值了，我买你什么都便宜了，结果我自己的顺差还没调下去，那不是你升值就只占便宜不吃亏了吗？这个问题更难回答。

## 怎样才能成为“游戏规则”的制定者？

记者：中国能否成为“游戏规则”的制定者？

易纲：这是一个大问题。我们常说，要参与国际游戏规则的制定。所谓国际货币体系，谁是游戏规则的制定者呢？显然是美国等主要发达国家。那么，它为什么是游戏规则制定者呢？是因为美元等市场是开放的，是世界金融市场的主市场。那么，在这些市场上，不论股票，还是债券，市场的游戏规则制定者当然是美欧等国当局。我们为什么不能当游戏规则的制定者？因为我们的金融市场不够开放。如果中国的市场开放，只要人家进了中国的市场，那中国货币当局和监管当局当然是游戏规则的制定者，这是毫无争议的。

记者：我最近采访俄罗斯第一副总理舒瓦洛夫，他认为人民币迟早要成为储备货币，而卢布最多成为区域性货币。你怎么看？

易纲：我们自己可不能觉得中国了不得了，忘乎所以，这是非常有害的。中国还是一个发展中国家，要有自知之明。

记者：那人民币有没有可能成为储备货币呢？世界有没有这种需求呢？

易纲：这种说法，有一半是给中国戴高帽，有一半也反映了他们的一种预测。我们要谦虚谨慎，还是要韬光养晦。如果别人选择人民币作储备货币，我们也不阻挠，这是市场需求。但是，我们不去使劲地推动，我觉得这是一种最好的、最优的选择。千万不要人家一给戴高帽，就觉得人民币真的离储备货币很近，其实差得很远。

记者：一种货币成为储备货币是市场自然的选择结果呢，还是需要政府来一锤定音，还是二者互相推动？

易纲：一种货币成为储备货币，首先，是凭借所在国家或国家联盟的经济实力；其次，是其文化凝聚力和感召力；再次，是政治和军事的实力。

经济实力是第一，文化是第二。文化的感召力是非常重要的，你的核心价值观，这决定了你能不能被广大的国家和地区接受。真正的储备货币，一定是在全世界相对而言，其背后的文化和价值观是有影响力的。

## 不要低估欧美修复能力

记者：前两年，金融危机比较深重的时候，外界，包括中国有些人，对美国过分看空，然后对欧元过分看好。然后，这次欧洲债务危机表明，“老欧洲”也不值得唱多。以前，投资者对美国的问题估计不足，现在又似乎把美国看得太空了。

易纲：我只谈谈中国的外汇储备投资。我们坚持外汇储备多元化、分散化，指的是币种和资产两个层次。币种上，就是在美元、欧元、日元、英镑、新兴国家货币等，都要有分散化投资。在决定投资某个币种后，接下来就要决定在这个币种上，是买债券，还是买其他资产，就是说，在资产上也要分散化。回到你刚才提出的问题，我们并没有一会特别看空美元、一会特别看空欧元。我们这么大个盘子，也不可能在很短时间内作出调整。我们坚持分散化原则，实际上是一个资产配置原则。

这一资产配置原则又是根据什么决定的呢？是参考中国的实体经济定的，按中国贸易的比例，然后是 FDI 的比例，还有一个因素是结算的比例。

记者：中国外汇储备以往很少评论具体投资，但近期就“两房”问题连续表态，“两房”为什么这么重要？

易纲：“两房”之所以重要，是因为它们在美国房地产市场中起着关键的作用，而且对金融市场稳定至关重要。次贷危机爆发初期，美国政府还依赖这两家机构缓解危机，随着危机深化两家机构也出现了问题，美国政府随后接管了“两房”，目前财政部已拥有“两房”约 80% 的股份，是最大股东。此次“两房”根据交易所相关规定退市，但对“两房”的债券未造成负面影响。

近期外汇局的回应是希望帮助大家理解外汇储备资产是安全的，管理是有效的。我国外汇储备规模较大，一举一动对市场都会有影响。我们一方面会逐步向大家普及外汇和金融市场知识，另一方面，也需要审慎稳妥表达观点，避免被市场投机者借机炒作，影响金融市场稳定。

记者：金融危机发生之后，欧洲、美国作了一些调整、修复，你怎么看待它们的修复能力？

易纲：它们的修复能力是很强的，我们千万不要低估了美国和欧洲。美国通过的金融监管改革法案，是继格拉斯–斯蒂格尔法案和克林顿总统签署的现代金融服务法案后的又一个里程碑，这是对过去几十年的历史，特别是这轮金融危机的反思。这个法案，再加上英国最近新的金融监管框架的路线图，还有 G20 指导下的金融稳定理事会，国际货币基金组织、巴塞尔委员会、国际清算银行，制定出了一系列金融监管标准，构成了未来十年，甚至更长时间内全世界金融监管标准和监管框架。在这种监管框架下，它们的修复能力是比较强的，修复速度是比较快的。

对国际金融监管框架的建立，欧洲人也作出了很多贡献。当然，在美国监管改革法案通过后，美国人走在了前头。

记者：最近，我跟高盛副主席迈克·埃文斯谈了一下。他说，高盛准备调整其策略。原来，整个华尔街对美国金融法案还比较抵制。他说高盛要调整定位，拥护金融改革。而且，已经成立了商业标准委员会（Business Standards Committee），通过调查和反思，最终提出改变高盛商业行为的具体措施。在谈到与美国证监会的官司时，他也说，尽管这个个案有政治因素，我们必须承认自己有过失。听他的口气，有可能和解，但他强调和解不意味着结束，高盛还是要调整商业行为。不过从另一方面说，现在美国各方对金融改革法案评价这么高，为什么推得还这么难呢？共和党为什么强烈反对？

易纲：推动难，主要是因为利益。这个法案中一些伤害投资银行、商业银行利益的一些条款，已经磨得平和了许多，作了一些妥协。总的来讲，我觉得这个法案是比较正面的，为什么呢？迅速地出台这个法案，比悬而不决好得多。悬而不决就是不确定性，这个法案一出台，等于靴子落地了，市场上预期就稳定了，市场就可以正常运作了。

## 以平和心态看待中国经济增长

记者：我还想问一下宏观这块，你现在觉得全球经济“二次探底”的可能性大不大？

易纲：简单地回答，我认为“二次探底”的可能比较小。但是，准确的解释取决于如何定义“二次探底”。今年美国经济增长在2.5% ~ 3.5%之间是比较靠谱的，日本今年应该是正增长，甚至比2%还要高一点。欧洲可能在0.5% ~ 1.5%。这样的结果肯定称不上“二次探底”。当然美国的房地产和就业情况不好，还存在许多不确定性。

记者：现在，中国经济有没有可能掉下来？上半年是11.1%。

易纲：中国经济增长全年可达 9% 以上，这应当说是相当高的增长了。高增长也是一个情结。现在，我希望多输入一些平和的心态。这样，能够使得中国的经济增长期持续得更长一些。中国实际上现在已经是世界第二大经济体了。经济基数越来越大，增长率肯定应该逐步慢下来，这是第一点。第二点，环境的约束已经到了空前紧张的时候了。地下水、空气、碳排放，等等。还有一个就是资源的约束，包括能源的进口。按照人类经济增长的规律来讲，今后中国经济增长肯定会逐步放慢一些的。

改革开放 30 多年来，我国年均 GDP 增长率在 9.5% 以上，新世纪的头十年，我国增长率已经超过了 10%。第二个十年，如果平均增长率在 7% ~ 8% 的话，我觉得就是很高的，问题是我们能不能维持住这样一个增长率。然后，我们还要看第三个十年，要能够维持 5% ~ 6% 的增长，那么，中国就实现了 50 年的快速增长。这在人类历史上是没有过的。

中国经济的问题是增长的质量，这就是我们为什么现在要调结构、要转变发展方式，其真正含义都是在提高增长的质量和效益。应该把自己的心态调得更加平和一点。

# 推进整体改革议程

## ——与经济学家吴敬琏、汪丁丁、高尚全坐谈

采访人：胡舒立
发表时间：2010-4-1

无论是党政领导政绩考核机制，还是土地、资金要素的市场化配置，无论是实行“阳光财政”，还是公共服务的均等化，都仰赖政府的转型和有效的治理。

中国正站在十字路口。不仅是经济转型的十字路口，也是整体改革的十字路口。2009年，中国经济走出金融危机阴影，实现了预定的增长目标。但是，长期依赖高投资、高消耗、高出口驱动的增长正在面临前所未有的考验。

一方面，中国为确保就业和稳定，要求有较高的经济增长率；另一方面，由于严重依赖投资和出口，经济增长的效率和质量并没有明显提升。一方面，中国社会累积了诸多矛盾和冲突；另一方面，行政性垄断、要素价格市场化滞后和权力寻租问题正在加剧社会不公和社会冲突。

更深层次的问题在于，中国正处于向现代化转型的关键时期。经济、政治、社会等领域的变革必须同步推进，但迈向现代国家的制度性障碍有哪些？制约中国长期可持续发展的瓶颈何在？中国经济转型出路何在？政治、社会等领域的改革如何突破？这不仅关系国家的长治久安，也与每一个公民直接相关。

2010年年初，香山脚下，春寒料峭。本刊编辑部邀请中国经济体制改革研究会名誉会长高尚全、经济学家吴敬琏、北京大学教授汪丁丁就中国经济转型和改革的重大问题，进行了一次广泛、深入的座谈。本刊执行总编辑胡舒立

主持此次座谈。

此次对话，涉及经济发展模式转变、人口政策与劳动力供给、国有企业定位和改革、土地、财税等体制改革、推进民主法治建设、政府体制改革等，议题广泛，讨论深入。

## “十字路口”勿徘徊

主持人：相当长的时间内，决策者对改革的紧迫性有一定的认识，但这几年总体上觉得改革的动能不足，实质性进展也比较有限。全球金融危机后，许多人有一种错觉，以为中国幸亏没改那么快，如果真改了，说不定更像欧美，更容易出问题。金融危机好像不但没有成为改革的推动力，而且简直变成了不必要改革的一个根据。这个各位怎么看呢？

高尚全：中国 30 年改革开放的成就举世瞩目。近年来，中央政府在教育、卫生、社会保障等民生领域的改革上有所进展，但从总体上看，改革进展并不平衡，主要有四大不协调：一是改革滞后于开放；二是宏观改革滞后于微观改革；三是政府改革滞后于企业改革；四是政治体制改革滞后于经济改革。这种不协调，累积了诸多深层矛盾。

20 世纪八九十年代，中国以国有企业改革为中心，成功地塑造了市场经济的微观基础，带动了其他领域的体制改革；但是，到了 21 世纪的今天，国有经济的比重已下降很多，中小型国有企业改制基本完成，国企改革已不可能带动其他领域的改革。

现在看到的是，政府改革滞后，职能转变不到位，一方面控制了大量的资源，一方面直接干预微观经济的运行，这是制约整个经济健康发展的要害。中国下一步改革，我看应以政府改革为中心，才能有“牵一发而动全身”之效。

目前，我们必须要冷静，不要飘飘然。有人曾提出 G2，美国和中国来决定世界的命运，实际上这是错误的。另外“中国模式”也提出来了。所谓模式是定型的东西，定型是要人家向中国学习。但是，现在我们亟待解决的问题还很多，深化改革的任务还很艰巨复杂，我不希望提出“中国模式”，影响中国的改革。

中国还是要韬光养晦，不要仅看经济总量，我们第三了，要超过日本，成为第二，什么时候又要超过美国了，更主要的是要看人均，人均在世界上排名105位，贫富差距还相当大。应该看到，我们还是发展中国家。据国家统计局最新公布的数据，2009年，中国农村贫困人口还有接近4000万，农村低保对象有4700多万，城市低保对象为2300多万人。随着城市化、工业化的推进，目前全国已有6000多万失地农民。此外，中国还有1.5亿流动就业的农民工，难以真正享有城市公共服务、社会保障等权利。以上这么大规模的困难群体加起来，占中国人口总量的四分之一。如不能从制度上确保这些困难群体分享经济发展和改革开放的成果，会影响社会稳定和经济的长期可持续发展。

吴敬琏：我看目前改革动力不足的原因，恐怕正在于改革的进展不足。十年前，我曾引用英国作家狄更斯的一段话，来概括当时中国改革的现实——"这是最好的时代，也是最坏的时代。这是希望的春天，也是失望的冬天。我们前途无量，同时又感到希望渺茫，我们一起奔向天堂，我们全都走向另一个方向。"

2000年至今，十年过去了，中国前途的两种趋向、两种力量在赛跑。即基于法治的市场经济道路跟"权贵资本主义"或称"官僚资本主义"，正在赛跑。目前，赛跑的态势怎样呢？应该说，两方面都有所斩获，现在还胜负难分。

于是，中国便面临两大难题：第一个问题，经济改革在世纪之交有所进展之后停顿不前，政治改革更是滞后，权力掌控资源的分配，缺乏制衡和监督，腐败日益猖獗，公众反应强烈。由此又产生了第二个问题，这就是，由于体制性障碍未能消除，议论多年的经济发展方式转型进展缓慢。国内经济增长主要依靠政府投资和巨额信贷拉动，能源资源消耗严重，环境污染成本巨大。全球金融危机的冲击使中国经济的持续稳定增长受到更大的威胁。

最令人忧虑的是改革动力不足。一方面，一些从行政垄断和权力寻租得益的人们，为了维护其既得利益，蓄意阻挠改革进程，也有意误导公众，延缓改革进程，甚至假借"改革"或"宏观调控"的名义，扩大自己的权力和腐败寻租的空间。另一方面，一些改革前旧体制的支持者利用公众对腐败、贫富分化等正当不满，用民粹主义和狭隘民族主义的言语，把民众的情绪引到反改革的方向上去。

在这种情况下，近年出现了一种“怪圈”：垄断和行政权力对资源配置及微观经济活动的干预，造成寻租环境扩大，并导致腐败蔓延；但在错误的舆论导向之下，罪责却被强加在市场化的改革身上，进而成为加强行政干预和国家垄断的理由。

2004年以来，主张回到国家主义旧体制的言论逐渐升温。全球金融危机发生以后，这种倾向表现尤为突出。一些人甚至认为，世界要靠政府强力控制经济乃至整个社会的“中国模式”拯救。有的外国友好人士就此评论说，“中国存在未富先骄的危险”。

汪丁丁：我想从经济转型的角度看整个改革的动力何在。一国的经济发展，按照波特尔的看法，大体可分四个阶段。先是要素驱动阶段，然后是投资驱动阶段，再次就是创新驱动阶段，最后是消费驱动的阶段。中国目前正处于第二阶段，但能否迈入创新驱动阶段，主要取决于制度和文化等更深层的因素。

1978年以来，中国劳动力供应相当充裕，这种“人口红利”对中国经济增长的贡献约为15%；而改革开放对中国经济增长的贡献率可能在50%以上，有学者称其为“改革红利”或“开放红利”；其余的35%，则可归因于张五常所言中国的“政策没有大的失误”。

但是，到2013年，中国“人口红利”将消失。此后，根据王丰和Mason最近发表的计算报告，劳动力占人口比例的下降和抚养系数的变动，每年将拖累中国人均收入增长率降低0.5%。由此观之，未来30年，期望中国经济保持两位数高速增长并不现实。

中国应尽快转入创新驱动的发展阶段。但创新首先取决于知识存量及其增长率，知识存量的增长又依赖于人力资本投资。也就是说，在很大程度上依赖于我们的教育和卫生。但是，近年来，劳动报酬（劳动的相对价格）被严重压低，政府和企业收入高速增长，绝大多数劳动者的收入不足以支付正常的教育和医疗费用。

造成这一局面的，有历史原因，也有当前政治方面的原因，例如执政党的身份幻觉阻止我们的政府全力支持劳动者的自由维权运动。长期以来，我们没有将“罢工”视为最重要的工资谈判机制，我们错误地认为我们的社会不应当有罢工。劳动在国民收入中所占份额的严重偏低，还有一个原因，就是地方政府相互之间形成了“招商引资”的竞争，从而，政府倾向于保护资本利益，甚至与资本勾结起来，压榨劳动者。我认为，未来几十年对中国经济发展构成最严重威胁的就是所谓“官僚垄断资本主义”，也即“权贵资本主义”。自2003年以来，这一令人不安的趋势迅速扩展，如不能及时扭转，它不仅会扼杀我们经济已有的活力，还会把我们转入创新驱动发展阶段的可能性削减到零。

## 能否走出“失衡陷阱”

主持人：丁丁教授把改革的动力问题提到发展转型的高度来观察。那么中国的经济为什么要转型，“转型”的内容是什么？从哪里转到哪里？

高尚全：中国经济增长过分依赖投资，这是大问题。改革开放之初，投资占GDP的份额为25%左右，但到了2004年，这一比例已超过44%，早已大大高于美国、德国、法国、印度等一般20%左右的水平。

2008年10月后，受全球金融危机影响，出口大幅下滑。中国采取了积极的财政政策和适度宽松的货币政策，以维持较高的增长速度。此后启动的“4万亿”投资计划和来自国有银行的天量贷款，使中国的投资增长率急剧提升。今年2月21日，工业和信息化部部长李毅中在该部干部职工大会上所作的“经济形势专题报告”说，2009年中国全社会固定资产投资22.5万亿元，增速高达30.1%。而2009年中国GDP初步核算数为33.54万亿元。据此计算，2009年的投资率高达67%。但是，投资率的大幅提升并没有与投资效率保持同步。

吴敬琏：这种投资率的超速提升，造成了投资与消费结构的扭曲，造成了两个后果：一是居民消费水平提高缓慢；二是最终需求不足。这两条都会严重妨碍国民经济的持续协调发展。

长期以来，中国经济增长主要依靠资源投入、特别是投资驱动，这在改革开放后，并没有发生根本性的变化。但中国毕竟保持了20多年高度增长的良好记录。原因在于我们学习了日本等东亚国家和地区的经验，采取了政府主导的出口导向战略，用净出口形成的外需弥补内需，支持了GDP高速度的增长。

出口导向并不是一种可以“以不变应万变”的政策。在发展的早期阶段，当存在大量需要就业的劳动力、资源不太紧缺、环境还有相当承受能力的时候，采取这种政策的正面效应是主要的。包括中国在内的一系列亚洲国家正是运用这种办法实现了经济起飞。

但是，这种战略毕竟意味着用本国人民创造的财富去补贴出口国，即“穷人补贴富人”，而且由于出超换得的，是对方发行的纸币，过多的外汇结余会产生货币超额发行、杠杆率过高、资产泡沫形成等一系列宏观经济后果。

在景气周期的上升阶段，坏账风险会隐蔽地累积，而在景气周期的下降阶段，或者在受到某种外部冲击时，金融体系会发生系统性危机。在这方面，日本、韩国、中国台湾地区等过去曾有过惨痛的教训。正是在这样的情况下，中国政府提出要实现从依赖投资和出口拉动的粗放增长方式，到依靠科技进步和效率提高支持的集约增长方式的转变。

主持人：20世纪90年代，中国就提出要“转变经济增长方式”，现在改为“转变经济发展方式”。但十多年来粗放增长的问题却一直难以解决。问题出在哪里？

吴敬琏：早在1996年到2000年的第九个五年计划中，就已经规定了实现增长方式从粗放型到集约型转变的任务。2006年到2010年的“十一五”规划不但重提转变增长方式的话题，还列举了转变的具体途径。但是迄今为止，除了少数地方，成效并不显著。为什么会发生这种情况？看来原因不外有二：其一，这一转变遇到了许多体制性的障碍；其二，有利于创新和创业的经济环境和法治环境还有待建立。

所谓存在增长模式转型的体制性障碍，就是过去计划经济所遗留下来的一些陈旧没有消除，主要包括：（1）各级政府依然保持着土地等重要资源的配置权力；（2）把GDP的增长速度作为衡量各级政府官员政绩优劣的主要标准；（3）现行财政体制把各级政府的财政状况和物质生产增长紧密地联系起来；（4）土地、资本、劳动力等生产要素的价格没有市场化，行政定价通常按照计划经济的惯例压低价格，而这种价格扭曲又造成稀缺资源的大量浪费。

另一方面，中国的产业发展历来存在一个问题，就是新技术发明的产业化和商业化困难重重。经过30年的改革开放，中国的技术开发力量大大增强，新的技术发明层出不穷，有一部分甚至达到了世界先进水平，但产业化和商业化举步维艰的情况并没有明显的改善。

这在三网融合、无线通信、数字电视、新能源产业的发展等领域都有所体现。中国拥有世界最大的市场，在多年改革中不但形成了门类比较齐全的制造业基础，还培育出人数众多的技术人员；因此近年来技术发明正在大量涌现，完全有可能打造具有世界竞争力的新兴产业。但是实践表明，这些具有先进水平的产业却遇到了上面讲到的体制性障碍。

打破这种体制性障碍和为创新和创业营造良好的经济环境和法治环境，只有依靠坚定和切实的市场化的经济改革和逐步建立宪政民主的政治改革。没有改革的推进，发展转型恐怕很难取得成功。

## “国进民退”还是“国降民升”?

记者：全球金融危机发生以来，中国国家控股的金融体系，由于相对封闭、开放程度不够，也由于金融创新产品较少，暂未受较大的影响。这本来是中国金融体系落后和不发达的结果，却被一些人认为是中国“超越危机”、一枝独秀的标志。与此同时，在电力、电信、石油、煤炭、金融等领域，国有或国有控股企业“独领风骚”，也成为投资和增长主力，银行体系成了此番经济刺激的发动机。2009 年，为确保 8% 的 GDP 增长率，各大中央企业有了银行的支持，纷纷加大投资，民间投资和经营受到压抑。更值得关注的是，近年来，国有经济的行政性垄断不仅没有受到抑制，反而在某些领域出现了“国进民退”、“新国有化”的倾向。国有大型企业改革的步调明显放缓，股权结构上一股独大、竞争格局上独家垄断的问题长期未能解决。目前，在国有经济的地位和国有企业改革等问题上，也逐渐出现重大的分歧，这是什么原因?

高尚全：在市场化改革推进 30 年后，行政性垄断组织一方面凭借抽象的“国家利益”、“公众利益”等名义维持或争取更多超经济权利的特权，另一方面则运用这些特权追逐市场收益，这越来越引发社会和公众的不满。

目前，社会公众对行政性垄断的强烈不满有四：一是垄断部门收入远远超过社会平均水平。诸多研究资料显示，电信、金融、保险、水电气供应等行业，大多是国有垄断，职工的平均工资是其他行业职工的两三倍，如计入工资外收入和职工福利，实际收入差距更大。

二是垄断部门的高额利润并没有回馈社会。从 1994 年至 2008 年，中国国有企业的利润都没有上缴国家，这意味着，社会公众并没有分享到国有垄断的好处，同时这也违背了维持国有垄断部门的初衷。正在试点的“国企分红”，进展相当有限，收入也未纳入全国人大的实质性审查。

三是垄断部门提供的产品和服务价格持续上涨，抬高了社会、个人生活和生产成本，而社会却难以有效监督和制约。在诸多关系国计民生的领域，价格听证改变不了“逢听必涨”的局面，更多的则是连听证程序都没有执行，有的则流于形式。

四是垄断部门由于没有市场竞争的压力，改善和提高服务质量的动机普遍不强。在水、电、气等公用事业领域，服务价格与市场和国际“看齐”，但服务质量却不能同步提升，问题突出。

但是，尽管存在上述问题，一些人还是认为，中国出现了“国降民升”问题，所谓“国有经济比重下降，私营经济比重上升”。据这些人分析，目前中国私营企业主高达 497 万人，比 1956 年的 16 万人增长了 30 多倍。这些人是资产阶级、剥削阶级，因此“要抓阶级斗争”。

随着市场化改革的深入，“公降私升”是必然趋势，“不能说公有制经济比重下降了，非公有制经济比重上升了，中国就不是社会主义了，就要抓阶级斗争”。

事实上，据全国政协主席贾庆林 2009 年年底在非公有制经济人士表彰大会上的讲话，中国非公有制经济创造的产值已占全国 GDP 的一半以上，全国城镇新增的就业人口中，80% 是非公有经济部门解决的，而全国 65% 的专利、75% 以上的技术创新、80% 以上的新产品开发，都是由非公有制企业完成。

依我看，居民财产和非公有制经济在社会总资产中的比重增加，这是必然的，不以人的意志为转移。这是因为，非公有制经济要发展，外资还要进入，公有制经济比重必然要下降；同时，随着收入分配体制的改革，公共服务均等化的落实，居民的财产性收入也会逐渐增加。这并不可怕，是市场经济的必然结果。

吴敬琏：按照执政党的目标，中国将在 2020 年建立完善的社会主义市场经济体制，所谓市场交换，是自主的市场主体之间的产权交换。因此完善的市场经济体制的前提是，明确产权和保护产权不受侵犯。

为了“调整和完善所有制结构”，中共十五大（1997年）和十五届四中全会（1999年）确定了“有进有退”、“有所不为有所为”，对国有经济布局进行战略性调整的方针。然而，近年来却出现了向政府控制和占有资源复归的开倒车现象。

除了被广为诟病的工矿业和房地产市场的“国进民退”现象，我还想讲一讲土地资源的例子。目前法律规定，城市土地归国家所有，农村土地归农民集体所有。在20世纪90年代初期开始的加速城市化的过程中，有大量的农村土地被政府征购为城市建设用。十多年来，新增的城市建设用地，80%以上来源于农民集体土地。这种征用，并非农民作为土地产权主体与政府的平等交易，而是借助政府排他性的权力。在这样的制度安排下，政府征用农民所有的集体土地，并非以该土地的市场价格补偿，而是按照该农用地的农业年产值补偿，最高补偿标准只能是该土地农业年产值的30倍，实际上，在很多地方，补偿标准不过是农业年产值的10倍左右。各级地方政府通过“低价征地、高价卖出”，农民向政府转移的价值总额，据说高达20万～30万亿元。“国进民退”的规模之大，令人震惊。

## “十二五”改革下一步

汪丁丁：从2010年或稍早两年的金融危机开始，中国面临更复杂的局势。一方面，主要依赖投资扩张和资源消耗的增长模式不可持续。另一方面，在未来几十年里让我们的经济继续保持极高的出口依存度，这样的可能性并不大。这使中国经济的转型问题变得空前紧迫。我比较悲观，我看不出我们的政府有任何迹象能够改变自己的官僚化行为模式，从它早已习惯了的粗放的发展模式转为鼓励企业和个人自由创新的发展模式。

2010年是承前启后的关键一年。2010年，中国要研究和制定“十二五”规划，筹划未来五年乃至十年的发展。诸如货币政策调整、汇率市场化改革、土地制度改革、劳动力和人口政策调整等重大问题，中国需要一次深刻的政策调整。

高尚全：1984年至2005年，中国一直把国有企业改革作为改革的中心环节，企业改革带动了整个经济体制领域的改革。但是，市场化改革推进30多年后，国有经济在整个经济的重要性明显下降，国有企业改革不能带动其他领域的改革。

2005年我就提出，应把政府治理改革作为下一步改革的中心环节。只有推进政府治理的改革，才能有效抑制政府对金融体系和土地市场的干预；只有推进政府治理转型，才能消除地方投资冲动的体制基础，改变"中央谋发展、地方搞建设"困局；只有政府转型为服务型政府，公共服务的均等化、公民财产和政治权利的保障才有可靠的基础。

政府转型和治理变革的核心问题在于重塑政府与市场的关系。在中国目前，究竟是强化政府的公共服务职能，让市场竞争和资源配置更充分地发挥基础性作用，还是强化政府对经济的直接控制力，这是根本方向问题。

最近，中央提出了把"加快转变经济发展方式"作为深入贯彻落实科学发展观的重要目标和战略举措。"十二五"期间，应把这个作为主线来推进改革。第一，这个改革不光是经济体制的改革，还包括社会体制的改革、政治体制的改革、文化体制的改革，这是四位一体的改革。第二，要把政府职能转变放在特殊的位置。过去经济增长方式之所以很难转变，主要是体制性原因，包括财税体制、价格体制，也包括政府体制，干部考核体制。由于各地政府花大力气去搞GDP，招商引资，去搞项目，这样可以出政绩的状况必须改变。

政府改革，关键是要强化对政府行为的监督和制衡，切实转变政府职能。各级政府必须接受各级人大的监督，而且其全部收支必须受到实质性的审查。与此同时，无论是投资领域的选择、行政审批的设定，还是间接调控的手段，政府行为的规范必须有法律授权，并公开政府信息，接受公民和社会的监督。

政府改革是政治体制改革的核心内容。未来十年，政府治理改革和转型，还要与强化人民代表大会的权力、推进执政党和多层级政府的分工与合作，推进党内民主和基层民主，扩大公民有序的政治参与，最终要建设宪政民主的政治体制。

我看，未来政府的角色应当是创造有利于经济发展方式转变的环境，而不是主体，主角应该是企业，政府要创造好的政策环境、法律环境，促进经济发展方式的转变。同时，要改革干部政绩考核的体制和标准。不应该把GDP视为唯一的指标，而应重点看看，某地排污节能稿得怎么样，绿色经济和循环经济搞得怎么样，低碳经济搞得怎么样，民生工程搞得怎么样。

与此同时，还应该破除对国有经济的迷信，大力发展混合所有制经济。在市场经济中，各种经济成分有进有退，有生有死，这是市场经济规律使然，也是正常的现象。关键是不能把国有经济和民营经济的比重变化与意识形态联系起来，搞所谓“国有经济就是社会主义，非国有经济不是社会主义”的教条。

国有经济要正确定位，中央曾提出：把有限的国有资本集中到国家安全和国民经济命脉的领域和行业中去，这是很正确的。不能把国有经济定位在中国共产党执政的基础。我认为党的执政基础是三个“民”，即民心、民生、民意，民心是核心，得民心者得天下，为了得民心，必须把民生工程搞上去；为了得民心，必须尊重民意，使人民生活得幸福。这才是党的执政基础。

对“公有制为主体”要正确理解，要从数量型转向功能型，扩大公有制的范围。为了避免有人认为公有制比重下降就不是搞社会主义的争论，我建议，在中央今后的政策性文件中，可把“以公有制经济为主体”改为“以公有制经济为主导”。大力发展混合所有制经济，形成国有经济和非公有制经济你中有我、我中有你、互相依存、互相促进、共同发展的格局。

当然，在教育、卫生、住房、社保等民生领域，政府一方面要加大对公共服务的投资，同时要加快教育、文化、卫生等体制改革，切实提高政府投资的效率，吸引民间资本进入公共服务领域，打破国有事业单位集公共服务的付费者和提供者于一身的弊端，提高公共服务的竞争性，从而提高公共服务的效率和质量。

吴敬琏：现在有一种看法，认为中国的经济改革已经基本实现了，只是政治改革还有待努力。我觉得，这是高估了经济改革的成就。实际上，连历次党代表大会和中央全会对于经济改革的要求，有许多并没有实现。今后的经济改革，首先要抑制“国进民退”的势头，继续推进国有经济的布局调整，着力打破行政性垄断，完成国有企业的产权社会化改造。对于负责提供公共产品和准公共产品的国有企业，则要制定特殊法人法来规范它们的行为，将它们置于严格的监督之下。同时，必须加快推进土地产权制度改革，赋予农民完整的土地财产权利，确保农民集体所有的承包地、宅基地等“沉睡的资产”变成可以流动的资本，增加农民的财产性收入。

摒弃政府对市场价格的行政干预，把市场建立在法治的基础上，是经济改革的一项重大任务。如果说早期狭小范围内的熟人市场还可以靠人际关系来维系，广大范围的现代市场只能建立在法治基础之上。所以，建设法治国家，实现公正执法，刻不容缓，不能再继续推迟了。

所有的改革，说到最后，都与国家政权有关。中国整体改革能否顺利推进，关键在于政府自身。目前的问题是政府支配资源的权力太大，下一步改革必须要划清楚政府和市场的边界。必须把直接控制经济的全能型政府改造为提供公共服务型政府，并将政府机关的官员置于民众的监督之下。

汪丁丁：关于未来如何改，我认为可以在两个方向上争取突破。一个方向是“党内民主”，一个方向是地方政治体制改革的试验。最重要的事实是，民众在初步解决温饱后，开始争取更多的权利，这就是民间自发的维权事件和群体性事件的政治意义，也是我们政治体制改革的基本导向。

任何国家的民主化过程，从历史看，都是从上到下的。权利的平等化几乎总是先从上层集团开始扩散，英国是典型，然后逐渐扩散到底层。美国宪法修正案也反映了这样的过程，第一修正案界定的个人权利，首先是身体的和思想的，逐渐向言论自由扩展，政治的和精神的，最后才有美国宪法中对公民权利的 22 条保障。“认真对待权利”，实际上是一个宪政问题。只有认真对待权利，法治才可能成为大众的日常生活方式，而不只是空洞的口号。否则，法治和民主就只能局限于知识分子的呼吁，不能成为中国本土制度的一部分。这种权利意识的觉醒，恐怕要通过各个地方的社会实验和政治文化的演变。

对抗或抑制官僚资本主义倾向的更具体的步骤，我认为最值得优先尝试的是地方政府的财政民主化实验。预算民主和预算透明很重要，这其实是抑制官僚资本主义的最可行的办法。如果没有预算民主，政府就永远是“量入为出”。而我们知道这是错误的。布坎南在《民主财政理论》里面论证，首先应该是卡住政府的支出，根据既定的支出，才可以有正确的收税。我们这里是收多少税就花多少钱，岂有此理。这相当于在制度上鼓励政府拼命收税，在中国社会，民间没有反抗政府的任何力量，政府当然可以在制度的鼓励下征收很多税，然后它就随便花钱了。所以，布坎南指出，民主财政的第一要诀是，选民一定要卡住政府的财政支出，然后，可以收税。支出不了那么多，当然就收不了那么多税。记住美国独立战争的导火索是什么，我常常警告周围的朋友们，税收和预算的专断权力，如果未来中国经济冲突转化为政治危机，它很可能是导火索。乐观地看，从民主财政再发展下去，就是“党政分离”，这是政治体制改革的第二步。然后才可能有第三步和更多的改革步骤。当然，同时还要有民间社会的政治参与，我估计这是个漫长的过程。此次香山座谈，我们达成的共识，就是中国必须把政府行为模式和社会治理模式的变革作为未来政策的核心议题。无论是党政领导政绩考核机制，还是劳动、土地、资金等要素的市场化配置，无论是实行“阳光财政”，还是公共服务的均等化，都仰赖政府的转型和有效的社会治理。

主持人：其实，30 多年改革的经验，概括言之，无非 12 个字：市场经济、民主政治、法治社会。未来十年，中国何去何从，不但攸关 13.3 亿中国人的切身利益，而且也对世界的稳定和繁荣有直接影响。我看，下一步，中国必须重建“整体改革”的框架，把握并协调短期、中期、长期改革的目标，坚定市场经济改革的方向，推进政治民主化进程，并以卓绝的胆识和气魄推进法治社会的建设，中国方可奠定长治久安的基础，民众方有持久幸福的可能。

# 冷静认识自己，客观看待世界

## ——专访清华大学经济管理学院教授、院长钱颖一

采访人：胡舒立

发表时间：2010-6-1

拿中国与外国比较，问题是中国发展并不均衡。即使是城郊，差别都特别大。

1994年9月，当我在美国斯坦福大学校园里首次遇到钱颖一的时候，他已经是中国留美经济学者的骄傲了：清华出身，上过哥伦比亚和耶鲁大学，哈佛博士，而且在斯坦福经济系任教。一系列的一流背景组合在一起，在当时，对中国人而言是太少了也太难了。

我们那时就成了朋友，常交谈，记得我回国前，他还专门请我去当地最好的中餐馆吃饭。交谈得多了，我受益不小。但对他做事过于认真的方式有些不解——我记得自己约过多次稿，颖一却从不答应，称不愿意轻易写文章。我问为什么，并且举了克鲁格曼的例子，颖一说，那他是成精了呀。我还差得远呢，我只能写想清楚了并且能讲清楚的事情，不敢随便写，所以无法答应我。我只能遗憾——这么成功的人，怎么还这么认真呢？

15年过去了，钱颖一更为成功了。他成了加州伯克利大学的终身教授，接任前任总理朱镕基当了清华大学经济与管理学院院长，在国内外发表了更多的论文，并且出版了更多的专业学术著作。不过，他还是一如既往的认真或说较真，不轻易接受采访高谈阔论，很少在报刊上发表文章。

当然，这并不影响他一如既往地对中国和世界重大经济问题进行思考，而且常有发聋振聩之语。他的“出声率”不高，但每出声便引人注目，令我深思。

几个月前看到颖一在亚布力企业家论坛上的讲话，不长，但意味深长，很震动。我明白因为时间限制，他没能展开地谈，更明白他对全球金融危机之后信念缺失时期的中国发展，已经有了自己的思考。终于找到一个周末，我请《比较》杂志执行编辑肖梦“助战”，和颖一有了这次对话。

想说明，在我曾经采访过的许多人中，颖一是罕有的非常喜欢说“这事我不知道答案”的人。那种决绝有时让提问者失望。不过，他谈“知道答案”的事，总是谈得很清楚。正因为此，在这个刚刚经历了金融海啸、人们多少有些茫然的时代，我觉得他谈中国、谈世界、谈发展方向，许多见解是值得体味的。

## 路径、目标、价值

记者：我们认为，30 多年改革的经验，概而言之，无非是“市场经济、民主政治、法治社会”。但是，随着改革进入深水区，社会各界对改革的目标和路径，发生了不少争议和分歧。你怎么看？

钱颖一：“市场经济、民主政治、法治社会”是改革要达到的目标。中国在过去 30 年中，在市场经济改革方面进展最突出，但这三个目标都还没有达到，还有很艰巨的路要走。值得注意的是，市场经济、民主政治、法治社会都是制度安排，它们本身并不是目的或价值。人类的终极价值，是诸如自由、福利、正义等最终目的。这些制度安排是实现这些价值的机制。历史经验表明，正是在这些制度之下，人可以享受到最大范围的自由，发挥最大程度的创造性，生产力得到最大的提升，生活水平大幅提高，社会矛盾可以通过可预见的规则缓和与调解，人有尊严，社会有公正。

“市场经济、民主政治、法治社会”受到广泛认可，就是因为它们可以实现人的这些终极价值。另一方面，各国在实现市场经济、民主政治、法治社会的方式上和路径选择上可以是不同的，这是因为各国历史和文化的不同。中国的改革就有中国特色，它反映在中国的改革路径有不同于他国的特点。

记者：是的，中国距离社会发展的目标还比较远，还需要付出艰苦卓绝的努力。那么，在你看来，中国改革开放 30 多年的基本经验是什么？

钱颖一：中国 30 多年来经济改革和发展的经验，从与这之前 30 年的对比中就可以发现，是简单的三条：一是"把激励搞对"，二是"让市场起作用"，三是"实行对外开放"。再简单一点，可以概括为"放开"和"开放"两方面：前两条是"放开"，后一条是"开放"。当然，改革成功的因素是多方面的。但是，如果我们问，哪些是与改革前最不相同但又是促使改革成功的最关键因素？那我的回答就是这三条。

30 多年来，中国取得的巨大成就是举世公认的，作为中国人，我们深感自豪。同时，我们也应当清醒地看到，中国目前的市场经济与成熟的市场经济还有距离，还应继续改革。由于数千年封建专制主义的传统，加上"文化大革命"的影响，应该承认，对于建设市场经济、民主政治、法治社会，我们经验很少，还需要虚心学习。

我看了今年第 4 期《中国改革》上你的"对话"专栏。其中经济体制改革研究会名誉会长高尚全先生提出，目前中国的改革进展有"四大不协调"：一是改革滞后于开放，二是宏观改革滞后于微观改革，三是政府改革滞后于企业改革，四是政治体制改革滞后于经济改革。他说中国下一步改革的核心在于政府改革。他的观察是客观的，他的判断也是中肯的。目前，中国出现的很多问题，关键就在于政府改革不到位。具体说就是在政府与市场、政府与企业、政府与个人的关系中，政府权力过大，缺乏约束和监督，导致中国的市场经济和法治社会的建设受到阻碍，而政府改革不到位本身就是政治体制改革的不足。

## 冷静认识自己

记者：那么经过多年的发展，中国经济在世界中处于一个什么样的位置呢？

钱颖一：中国在这次全球金融和经济危机中表现突出，经济的相对实力大大提高，受到举世关注，我们中国人自己也沾沾自喜。今年中国经济总量超过日本成为世界第二几乎没有悬念。现在的问题是：中国经济总量何时超过美国？

中国 2009 年国内生产总值（GDP）接近 5 万亿美元（按照 1 美元等于 6.8 元人民币计算），美国是 14 万亿美元，中国是美国的 35%。未来十几年内，如果中美两国 GDP 增长幅度之差、中美两国通货膨胀率之差，以及人民币相对于美元升值比率三项之和，其年均值不低于 7 个百分点的话（比如中国增长速度为 8%，美国为 3%，两国通货膨胀率相同，人民币每年相对于美元升值 2%），就需要 16 年，即到 2025 年，中国的经济总量超过当时美国的经济总量。如果不用名义汇率而用购买力平价计算，中国 2008 年 GDP 则是美国的 57%。如果中美两国 GDP 增长幅度之差平均为 6 个百分点的话，那么需要 10 年，即到 2018 年，中国按照购买力平价衡量的经济总量将超过美国。

在十年前，当我给出这些预测数字的时候，几乎没有人相信。如果说在十年前这种预测实现的概率为 10% 的话，那么今天这个概率就可能成为 90% 了。但是，先决条件是：中国必须在未来的十几年中，持续保持上述增长速度。

记者：那经济总量大本身又意味着什么呢？有什么意义呢？

钱颖一：经济总量大是有意义的。总量与一个国家的综合国力有关，与公司经营时考虑的市场规模有关，甚至如奥运会金牌总数，也与一个国家的经济总量有关。更值得关注的是，经济总量大的国家，在国际事务中的说话分量就不同，更有可能改变游戏规则。

但总量大也有大的难处。比如加入 WTO 时，正是因为中国的总量大，入世条件就更为苛刻。同时，经济总量大，国际各方面对中国的预期也不一样，要求中国承担更大的责任。总量大还会带来一些问题。国家的规模也是一种资源。我们国内的通信业、银行业、互联网的快速发展，确实受惠于国内市场的规模。但是正如“资源诅咒”一样，规模大也会有不利一面。在国家层面，大往往会促使搞产业政策、制定自己标准的冲动。在企业层面，因为国内市场大，“走出去”的动力就不足。这些事情在小国，比如新加坡，就不大可能发生，它们更自然地遵从国际市场的竞争规则，所以也不容易犯错误。

记者：那中国经济增长如此之快，中国的发展可以“休整”一下吗？有些人说，“发展不是硬道理”了。

钱颖一：中国的经济发展的道路还很长远。30 年前中国是低收入国家，现在算是低中等收入国家，还没到达中等收入阶段。尽管中国现在遇到了很多问题，但还是要力求在发展中解决。我们不应被总量所误导。如果今年我们的 GDP 总额超过日本，由于中国人口是日本人口的 10 倍还多，所以人均收入仍然不足日本的十分之一。即使当中国经济总量达到美国经济总量的时候，由于中国人口是美国的 4.5 倍，中国的人均 GDP 仍然只是美国的 4.5 分之一。一个重要的事实是，在高速增长 30 年之后，中国目前的人均 GDP 依然低于世界平均水平，在全世界排名中仍在 100 位左右。在大国中，中国人均 GDP 虽然高于印度，但是低于巴西。

记者：随着经济的发展，中国人的幸福感是否也增强呢？

钱颖一：经济发展水平和幸福感的关系比想象的要复杂。研究表明，陷于贫困的人肯定是不幸福的，但非常富有的人未必幸福。从跨国比较来看，经济发展水平大致与幸福感有正相关的关系。但是，在同一收入水平组之中，情况就微妙了。我看到的民意调查表明，欧洲各国中幸福感最低的是法国人，幸福感最高的是荷兰人；而在亚洲，幸福感最高的是印度人，最低的是中国人。就中国人而言，农村人的幸福感普遍比城市人高，尽管城市的人均收入比农村人高出三倍多。

我曾经请教过卡尼曼这位获得了诺贝尔经济学奖的心理学家。他说这一点都不奇怪，通常经济增长速度快的国家，人们的幸福感偏低，因为人们不满足现状，期望更好。城市的幸福感比农村要低，是因为城市人觉得，周围的人都比他更富有，而在农村，这种比较就不那么经常。他说这些现象在世界各国都是一样的。

记者：如果拿中国与外国比较，突出的问题就是中国发展并不均衡。与国际上比较，城市差不多，但一旦离开了城市繁华地带，不但是农村，即使是城郊，差别都特别大。你怎么看待这种情况？

钱颖一：中国的一些大城市已经相当繁华，大都是在过去一二十年建设的。一些国内旅游者到了发达国家，发现它们的机场、基础设施、高楼大厦还没有我们的新，没有我们的现代化，于是就忽然觉得中国已经很发达了。但是，全面比较两个国家的生活水平，并不是比较城市的繁华地带，更加客观的是比较“中间值收入者”的生活水平，就是把所有人的收入从少到多按序排开，看位居中间的那个人的生活水平。

就“中间值收入者”而言，中国的这个人目前还生活在农村，而在发达国家和不少发展中国家，这个人早已经居住在城市了。解决发展不均衡的唯一办法就是城市化，使“中间值收入者”和大多数人居住在城市。

## 客观看待世界

记者：谈这一切，特别是谈如何认识今天的中国，是离不开现在的全球经济大背景的。这次金融危机来势凶猛，对中国、对世界，方方面面都有重大冲击。你怎么看这次金融危机的影响？

钱颖一：过去二三十年中，比较大的金融危机都发生在发展中国家，比如墨西哥、阿根廷、巴西、泰国、韩国、印度尼西亚、俄罗斯等。但这次金融危机跟过去二三十年中的危机都不一样，是发生在发达国家的金融危机。先是从美国的次贷危机开始，后来演变成整个金融业的危机。最近又蔓延到欧洲的主权债务危机。目前日本的主权债务也很高，经济很脆弱。有意思的是，不仅中国在此次金融危机中没有受到多少直接的伤害，几乎所有发展中国家基本上都没有受到多少伤害。事实上，亚洲、非洲、拉美的发展中国家目前的经济表现都不错。所以，这次危机根本就是发达国家的“病”，而不是发展中国家的“病”。

这显然与发达国家高度发达的金融市场中的缺陷有关，也同发达国家的政府不负责任的举债支出有关。相反，发展中国家的金融市场本来就不发达，而且在过去的十几年中，发展中国家的政府吸取了过去的教训，不再靠通货膨胀来弥补财政赤字，并且采取谨慎的财政政策，大量增加外汇储备以防范风险。所以这次危机对发展中国家的影响十分有限，这与对发达国家的影响形成了鲜明的对比。

记者：对，这是发达国家、成熟市场在其发展过程中遭遇的灾祸——成人病吧，但这使市场弊端暴露得比较清楚，也必然引起人们对市场体制的反思。

钱颖一：发达国家应该认真总结教训，我们也应该历史地看问题。这并不是发达国家第一次经历金融和经济危机，也不是最严重的一次。我想追溯一下 80 年前的一段历史。那是 1928 年至 1937 年的十年。我们现在对“老上海”的记忆，就是那个“三十年代”的上海，是抗日战争之前的十年。那十年中国的经济发展比较快。而在西方发达国家，却是另一番景象。在美国，1929 年股市崩盘，1930年银行大量倒闭，随后是经济大萧条，失业率高达25%。在其他西方发达国家，情况类似。而恰恰在同时，苏联终结了实施若干年的“新经济政策”，于1928年启动了“第一个五年计划”，接着又在1933年至1937年期间实施了“第二个五年计划”，经济发展势头非常迅猛，与西方国家的经济大萧条形成鲜明对比。

当时计划经济的深层次问题还没有暴露，一般人也看不到，而市场经济的弊端，反而看得清楚。但也正是在那个时期，在西方学术界出现过一场关于计划与市场的大争论。正是在这场争论中，哈耶克发展出了他的关于比较经济制度的思想。他认为，评判经济制度好坏的标准是看哪个体制能更有效地运用信息。哈耶克所指的信息，并不是指专家所掌握的“专家信息”，而是指分散在市场的各个“角落”中的“本地信息”，而这些信息浩如烟海。计划经济体制依靠层层上报，最后把信息集中在政府手中，然后再由政府层层下达计划指令。哈耶克认为这种信息收集和处理的方式成本极高，而且信息扭曲，所以计划经济的效率一定是低的。而市场经济体制则是分散决策，决策者可以就地及时地使用“本地信息”。市场最奇妙的地方是交易产生市场价格，正是市场价格累加了分散的信息，价格机制是最有效的信息传导机制。

当哈耶克批评计划经济体制并提倡市场经济时，不少经济学家都反对他。但在他1992年去世的时候，包括中国在内的计划经济国家都决定走市场经济之路了。他终于活到了共识形成，看到了自己的预言变成现实。

几乎是同时，同是来自奥地利的经济学家熊彼特，则从另外一个角度论证了市场经济的根本优势。在他看来，市场经济活力的根本，是在价格和资源配置的有效性之外，在于创新，在于“创造性毁灭”，在于那种颠覆现有生产方式和消费方式的创新。与创新密切相关的是创业和“企业家精神”。今天，我们把创新和企业家精神提到很高的地位，甚至提出要建立“创新型国家”，这一思想要追溯到熊彼特。熊彼特是从动态变化的角度来分析市场经济的优势的，他最担忧的是越来越强的政府官僚体制会扼杀创新，抑制市场经济的活力。

回过头来看，发生在20世纪30年代的金融危机和经济大萧条，并没有改变市场经济的这两大优势：有效地运用分散的信息进行资源配置，和分散决策引发的创新以及企业家精神的发挥。就是在今天，在又一次金融危机之后，发达国家，特别是美国的创新能力并没有因为金融危机而减弱。

有趣的是，在相当长的一段时间内，哈耶克和熊彼特的观点并没有受到很大重视。倒是凯恩斯的观点受到重视。凯恩斯开出的药方，政府容易操作，短期内也能见效，因此就受到很大关注。显然，就经济的长期发展而言，哈耶克和熊彼特对市场经济的观点更为深刻。

## 两种情结

记者：现在处在所谓的"后危机时代"，中国看上去躲过了危机，而且对缓解危机贡献巨大，"4万亿"受到肯定。在国内，也有人开始热烈谈论"中国模式"，我感觉其中有不少混乱的认识。

钱颖一：我曾跟欧美学者说，这次金融危机对你们的伤害都在面上，是看得清楚的。而中国经过这次危机相对地位上升了，是受益了，但这不是全部。因为我强烈地感到，如果这种受益使得我们不能冷静地认识自己，不能客观地看待世界，那么我们就容易作出错误的判断，就会走入误区，那对中国未来的伤害就会很大。这种伤害源于误读正在发生的事情，源于认识的混乱。认识的混乱会误导决策。

这种误读由于中国人从上到下的、普遍的两种情结而变得加重：一种是"大国情结"，另一种是"复兴情结"。中国是一个大国，这是事实。中华文明是世界古老文明之一，中华民族曾经在世界上领先，后来落后了。今天，我们终于看到了中国的经济总量可能在不远的将来重新回到历史上的位置，在这个意义下中华民族在"复兴"，这也是事实。这两种情结单独来看，都没有什么不好，但是这两种情结会互相影响、互相加强，不断膨胀，则容易走向偏激。

如果我们以"大国崛起"故步自封，时时用"民族复兴"压倒一切，那就容易蜕变为狭隘民族主义。这既不利于中国融入文明世界，也不利于中国自身的长远发展。

记者：中国还有些聪明人，希望抑制这种自大情绪。但是，这种"复兴情结"其实挺重的。

钱颖一：伴随着"大国情结"和"复兴情结"的是一种误解，就是以为只要中国经济强大了，世界就会尊重你。这是搞混了必要条件与充分条件。经济不强大，别人肯定不会尊重你。但是，仅仅是经济强大了，也未必能受到别人的尊重。经济总量和经济增长速度都只是中间产品，并不代表终极价值。

经过这次金融危机，中国是否能够再上一个“新台阶”，关键在于自己。只有冷静认识自己，客观看待世界，戒骄戒躁，才能确保中国改革的事业，以及中国迈向现代国家的步伐不倒退、不停滞、继续前进。

# 第五辑
# 无法避开的资本战争

# 维护“竞争”不等于维护“竞争者”

## ——专访美国前贸易代表查林·巴尔舍夫斯基

采访人：胡舒立

发表时间：2009-3-30

现在还很难看出中国的反垄断法在向哪个方向迈进，是瞄准保护竞争者，还是保护消费者？

作为中国反垄断法实施后外国大型企业全面收购一家中国知名品牌的第一起案例，汇源案受到格外关注是很自然的事。但在与中国谈判加入 WTO 的美国前贸易代表查林·巴尔舍夫斯基（Charlene Barshefsky）看来，中国更需要关注的，是它在此时此刻实际传递的信号及可能的后果。

在全球经济萧条下，各国政府纷纷采取前所未有的手段拯救本国经济，其中包括阻止资金外流、解决对本国产业和工人的保护等问题。惊涛骇浪中，自由贸易是否走到了尽头？外界从汇源案中看到了什么？我们于 3 月 26 日对现在担任威凯平和而德律师事务所 (Wilmer Cutler Pickering Hale and Dorr LLP) 高级合伙人的巴尔舍夫斯基进行了专访。

记者：中国商务部对可口可乐收购汇源一案的裁决向外界传递了怎样的信号？

巴尔舍夫斯基：商务部的解释有些地方仍不够明确，比如它如何假设可口可乐将使用其在碳酸饮料的影响力，传导到果汁饮料市场，这一假设需要证据支持；同样，为何可口可乐会采取捆绑销售，并且认定捆绑销售就会对消费者或企业不利；即使可能捆绑销售，按照国际惯例，政府还可以附加限制条款，究竟在此案中为何双方无法达成一致？由于存在这些片段的“缺失”，现在就下结论还为时尚早。此外，也正是由于信息披露仍然不够充分，才有各种猜测甚至阴谋论，比如中国只会允许小规模的海外企业并购等。

国际上的做法并不把声明和问答作为最终裁决，我希望还有一个详细的判决，但这取决于中国政府。

记者：通过此案，外国投资者能否看出中国在维护市场竞争方面的取向？

巴尔舍夫斯基：最关键的，是中国的反垄断法是瞄准保护竞争者还是消费者。在美国，反垄断法从不以保护企业为目标，而以保护消费者权益为宗旨；在其他一些法律体系，则正好相反。如果中国偏向保护竞争者的方向，这令人失望。但从一个案件上，还很难看出中国在向哪个方向迈进。

另一方面，外国投资者也理解，反垄断法是个新法，中国也需要不断尝试摸索和改进。这也是为什么我认为更多的信息披露会有帮助。

反垄断法的目的在于维护竞争，而维护“竞争”与维护“竞争者”是两个不同的概念，而且往往是相反的效果。

记者：世行认为 G20 成员中已有 17 个国家采取了妨碍自由贸易的措施，中美都在其中。这是否代表了一种趋势？

巴尔舍夫斯基：我相信奥巴马及他的团队足够明智，不会在自由贸易的政策取向上“急转弯”，而新任商务部长骆家辉（Gary Locke）和贸易代表荣柯克 (Ron Kirk) 均是开放贸易的支持者，并奉行实用主义。当然，这当中可能有波折。

全球经济疲软，各国都受到了冲击，某种程度上的保护主义是可以理解的，也不得不容忍。但关键是，不要让它们失控。从20世纪30年代的经验中，至少我们能知道大范围的贸易保护主义是非常非常危险的。G20 峰会上各国首脑需要作出一个反对保护主义的强有力承诺，还需要确立 WTO 来监督各国贸易政策的职责，使施行保护主义的国家感受到压力，并由此作出承诺，这样就能将保护主义限制在最小程度上。

记者：一些国家在经济刺激方案中设有避免这些资金“走出国门”的要求，这是否可以划为“隐性”的保护主义？

巴尔舍夫斯基：自由贸易促进经济增长这点毋庸置疑，但具体到经济刺激和金融救助上，本国的资金流向海外确实在政治上就不太行得通。

这也是为什么世界各国更需要协调刺激方案，使一国的刺激和救助不以其他国家的损失为代价。各国还需要教育本国的公众，本国刺激计划给他国带来好处的同时，也在享受他国刺激和救助资金流入的益处。与其计较一时的得失，普通民众更应当看到刺激和救助对恢复信心和整体经济的益处。

# 收购者来自中国

## ——专访中铝掌门人肖亚庆、原中国有色金属进出口公司总经理徐汉京等

采访人：赵剑飞、陈竹、严江宁、张伯玲、董凌汐、杨悦

发表时间：2009-3-2

2009年春天产生了中国企业收购海外资源的新纪录，但它们也要准备面临创纪录的阻力。

2009年春节刚过，按照Dealogic公司的统计，与中国有关的海外并购就已经有22起，涉及金额达163亿美元。这些并购的主要领域为自然资源，收购金额比重占到所有领域的97%；资金流向也非常集中，在澳大利亚的收购金额占到总金额的90%。

这显然并不是一个完整版的中国收购纪录。因为单单中国近来最引人注目的一桩交易的金额，就已超过了上述统计的中国海外并购金额总和。

——2月12日，中国铝业公司（下称中铝）宣布，通过认购可转债和建立合资公司等方式，向澳大利亚最大的矿业公司之一力拓集团（Rio Tinto）投资195亿美元；

——仅四天之后，2月16日，中国五矿集团公司（下称五矿）宣布，将以26亿澳元（约合115亿元人民币）现金，收购全球第二的锌生产商澳大利亚OZ矿业（OZ Minerals Limited）100%的股权；

——一个多星期之后，2月24日，同样来自中国的湖南华菱集团有限责任公司（下称华菱）在香港宣布，认购澳大利亚第三大铁矿石生产商Fortescue金属集团（Fortescue Metals Groups Ltd，下称Fortescue）2.25亿股新股，并向

其股东美国对冲基金 Harbinger Capital Partners 购买 2.75 亿股股份。

与此同时，中国在能源领域也连签大单。在一星期内，与俄罗斯石油公司（Rosneft）、俄罗斯管道公司（Transneft）、巴西国家石油公司（Petrabras）、委内瑞拉石油公司以及埃克森美孚石油公司相继达成总金额超过 450 亿美元（约合 3078 亿元人民币）的长期供油协议。

一连串中国交易的集中宣布，令全球为之惊呼。一时间，那些有意出售能源或矿业资产的企业纷至沓来。几乎每一桩与此相关的邀约，都会同时发往多家有收购可能性的中国企业。

另一方面，中国作为“资源大买家”的形象，仍然在全球激起了超乎预料的反对声浪。这一幕，令人不由联想起三年多以前，中国海洋石油有限公司（下称中海油）折戟优尼科（Unocal）的情形。

反对的声音，不仅来自相关交易国的政府、民间、同业，也来自被收购一方的股东。他们担心中国企业有意控制资源价格，质疑中国企业的收购源于政府意志，视那些大胆参与国际资源并购或能源交易的中国企业为政府的延伸，更怀疑其收购资金的来源。

这些怀疑，再度成为横亘在中国企业一连串并购交易前面的巨大障碍。特别是与澳洲矿业公司达成的三桩交易，目前都还徘徊在等待政府审批和股东批准的通道上。分析人士普遍认为，一旦怀疑的声浪足够强大，即使一向对外资并购相当宽容和欢迎的澳大利亚政府，也难免受影响。

在很多熟悉和了解中国资源收购史的人士看来，这些并购与其说是出自一只名为“国家意志”的幕后大手的操纵，不如说是中国企业在多年的冲动之后，终于因全球金融危机提供机会而爆发；而曾长期在海外资源收购上举棋不定的中国政府，不过是在上一轮资源价格暴涨的教训中，意识到了进入产业链上游的重要性，进而为中国企业的海外行动打开了绿灯。

作为资源消耗大国，中国每年进口的石油和铁矿石、铜、铝等有色金属正在逐年攀升，中国企业挤入产业链上游是经济规律使然。然而，如何让西方世界了解中国企业与政府之间复杂微妙的关系，如何平息对中国企业控制资源价格的担心，是摆在中铝、华菱、五矿们面前的艰难考试。

惟有交好答卷，才能赢得交易。

## 中国大收购

肖亚庆站在电梯门前，身着西装，没有打领带，等待着下楼。“还有很多事想做呢，”他轻松地对身边的员工开玩笑说，“以后领不了工资了，到中铝吃饭可别不让进。”

电梯在下行，但是50岁的肖亚庆正迎来个人生涯的又一次上升。

2月16日，是他最后一天以总经理的身份，出现在中铝的总部大楼里。第二天下午，他被任命为国务院副秘书长。按中国官方序列，他仍是副部级干部，职位没有升，但舞台显然与以前截然不同了。

过去一年多时间里，中铝掌门人肖亚庆成为国际媒体最为关注的中国企业领导人之一。在他的指挥下，中铝先是联合美国铝业公司（Alcoa，下称美铝）出资140.5亿美元，买下力拓在英国上市公司力拓英国公司（Rio Tinto plc）12%股份，后又宣布向这家澳大利亚最大矿业公司之一注资195亿美元（约合1312亿元人民币），超过海南省2007年的GDP（1121亿元）——两笔投资都可称“史无前例”。

但是，并不是每一个在海外矿业市场展开大手笔收购者，都能像肖亚庆这般生逢其时。几乎可以肯定，肖亚庆将被视为中国海外收购的一个标志性人物。

自上世纪80年代，中国开始在澳大利亚投资合营恰那铁矿；90年代，投资美铝的氧华铝项目；此后，五矿试图收购加拿大第一大矿业公司诺兰达公司（Noranda Inc，下称诺兰达），中海油试图收购美国石油公司优尼科；再有中国石油天然气集团（下称中石油）收购哈萨克斯坦石油……若论交易成败，还从来没有哪一位中国企业家通过海外并购，受到过这般耀眼的关注。

支持这一荣耀的，不仅是中国经济长期持续的腾飞，中国对资源、能源的庞大胃口，更是多次并购试错后形成的一种共识——作为能源、资源消费大国的中国，将不得不参与到上游，既在现在也在将来。

但是，这种共识仍然还处于初步阶段。如何化解被收购对象和所在国家的敌意，获得中国与被投资国的共赢，不仅是像肖亚庆一般的收购者需要回答的问题，也是中国政府需要思考的重要议题。

## 冒险者的代价

“不要干涉外项目。”上世纪90年代中国最大一笔海外投资的缔造者、原中国有色金属进出口公司总经理徐汉京说。这句话，是他当年给自己的工作接任者、现下称五矿高级副总裁朱光的忠告。

在改革开放刚刚成为中国一个口号的年代，很少有人意识到海外能源和资源资产对中国会有何意义；去海外投资和收购更是异想天开，且往往与争议相伴随，成为当事人被指责的把柄。因此，作为第一批涉足海外收购的人，徐汉京才会有“不要干涉外项目”的感想。

记者与徐汉京第一次见面是2008年8月30日，一个雨后的星期六，北京奥运会结束不到一个星期。年过55岁的徐汉京头发已经白了不少，戴一副宽大的金边眼镜，上身穿着一件红领的蓝色短袖康威T恤，下穿运动短裤，脚蹬一双运动鞋，像刚从健身房出来。

在北京建国门外的一家韩国饭馆里，徐汉京一边喝着酱汤，一边讲述他的矿业梦想和曲折经历。

1984年，中国有色金属工业总公司（下称有色总公司）成立未及一年，31岁的徐汉京进入有色总公司外事局，担任翻译工作。之前，这位成都电子科技大学英语系的毕业生，在大百科全书出版社干着翻译《不列颠百科全书》的工作。他说这份工作令自己“大开眼界”。

“在那之前，我以为1921年整个世界就一件事，就是中国共产党的成立。打开百科全书一看，好像还有很多事。”他笑言。

有这种“大开眼界”感觉的不仅是徐汉京。

1983年，时任国务院总理访问澳大利亚，中国国际信托投资公司副总经理经叔平陪同前往，西澳大利亚的铁矿资源给他留下深刻印象，经叔平因此建议中国应该利用国际、国内两种资源，在国民经济发展的资源领域做一些海外投资。这一建议获得国务院支持，而全球矿业市场当时并不景气，矿业大国澳大利亚对于来自中国的投资十分积极。

1989年，有色总公司在澳大利亚开设代表处，徐汉京被派往担任代表。在他抵澳前，冶金部下属的中国冶金进出口总公司（下称中冶进出口）已经在国务院指导下捷足先登，于1987年11月与澳大利亚CRA公司（力拓前身）旗下哈默斯利（Hamersley）铁矿石公司达成合营恰那铁矿协议，成为中国第一笔海外资源类资产投资。同一年，中国国际信托投资公司收购澳大利亚的波特兰铝厂10%的权益，此后增持到22.5%。

恰那铁矿合营项目总投资2亿美元，其中澳方出资60%，中方40%。中方负责每年包销1000万吨铁矿石，包销总量达到2亿吨，或者到2012年时双方终止合同。

不过，中国中钢集团原副总裁、曾在中冶进出口负责恰那项目的董志雄曾对记者回忆，该项目最初在国内引发激烈争论：有人提出签的是“不平等条约”，并质疑“40%的股份为什么要全部包销”？最终，方案获得国务院批准，才使得这个投资项目最终成行。

在近几年国际铁矿石价格连年上涨时，这一项目成为中钢集团盈利的主要来源。但是在矿业不景气的20世纪90年代，要把几百万吨铁矿卖出去，非常不容易。“没什么手段，就是冶金部每年开会，强压企业买，企业就赊账，年底要账非常费力。”董志雄回忆说。

在此背景下，赴海外投资矿产资源一事成为敏感话题。董志雄告诉记者，中冶进出口后来曾经看中在南非一个铁矿项目，可以向中国长期每年供应500万吨铁矿石。可是有了恰那铁矿前车之鉴，没有人敢再决定投资。

中国钢铁工业协会（下称中钢协）秘书长单尚华告诉记者，当时国家对企业去海外收购资源的支持力度并不是很大，主要原因之一是当时中国的外汇储备不足，企业海外并购需要外汇，都需要特批。1992年首钢收购秘鲁马尔科纳铁矿的时候，就是由国务院特批，这种情况到20世纪90年代末期才有了好转。

此外，当时政府部门还有一种声音，认为应该用国内资源，不应当花钱到国外去建矿和安排劳动力。因此，去国外收购矿产资源有时还被批评为“干傻事”。“当时对并购的认识高度不够，没有考虑过把利用两种资源当成一种国策。”单尚华说。

整个20世纪90年代，中国在海外投资的项目屈指可数：1992年，首钢集团以约1.2亿美元收购秘鲁马尔科纳铁矿98.4%的股权，此后一直经营不善；1994年，鞍钢与澳大利亚波特曼公司合资经营开发西澳洲库里亚诺赛铁矿。

在澳大利亚，敢想敢干的徐汉京并未受国内气氛的影响，开始尝试利用中国的勘探队伍在澳大利亚进行勘探。1994年，徐汉京出任中国有色进出口总公司副总经理，两年后升任总经理。他准备大施拳脚。

依靠总公司给予的3000万美元支持，徐汉京1995年在澳大利亚注册成立由中国有色总公司全资控股的中国矿业国际有限公司（Sino Mining International，下称中矿国际），以此作为中国最早的海外矿业投资平台。

他告诉记者，成立中矿国际有两个目的：一是利用外资获取中国短缺的资源，当时首选氧化铝；二是利用外资在中国建立一个样板矿山。

中矿国际完成的第一笔重大投资，就是1996年年底向美铝与澳大利亚WMC的合作项目Alcoa Worldwide Alumina and Chemicals（AWAC）投资收购氧化铝的交易。根据协议，中国有色总公司向美铝预付2.4亿美元，美铝每年向中国有色总公司按成本价供应40万吨氧化铝，合同为期30年，合同总金额当时估计达到21亿美元。

这是当时中国最大的海外投资项目。其时正在中国有色总公司外事局工作的赵振刚，经手了美铝氧化铝项目的审批申请过程，是这一项目可研报告的编制者。他对记者回忆说，在时任中国有色总公司总经理吴建常、计划部主任刘万岭等人支持下，交易最终获得了批准。

根据协议，中矿国际可以在此后三年分三期增加向美铝的投资，每期提高供应氧化铝20万吨，最终供应数量达到每年100万吨。但是，在20世纪末中国有色工业体系濒于解体的大背景下，这三次追加投资无一落实。

尽管未能实现100万吨产能扩张，中国有色及其资产的继承者五矿在美铝的40万吨氧化铝项目获得了可观回报，早已经收回投资。

作为中国有色行业海外投资的第一人，荣耀并未因此降临到徐汉京身上。由于其他原因，他随后遭到了审查，最终失去国有企业的工作，婚姻亦告破裂。他目前是海外上市公司澳华黄金(澳大利亚交易所代码：SGX，香港交易所代码：01862)的执行董事。

## 中矿国际遗产

1998年，国务院决定对机构进行改革，中国有色总公司等九个部委被撤销，成立有色金属局，中矿国际也划归有色金属局管理。到2000年，有色金属局进一步被撤销，中矿国际的氧化铝项目被五矿接手；其在陕西的煎茶岭黄金开发项目，则未被五矿看中。

中矿国际日后被管理层收购，2002年改名为澳华黄金，并于当年在澳大利亚交易所上市，2007年在香港证券交易所上市，可以说是在目前中国惟一成功的外资黄金公司。

澳华黄金执行董事徐汉京目前还担任公司中国区业务负责人，他正在努力实现着他创办中矿国际时的第二个想法——在中国建立一个样板矿山。尽管他的第一个想法——利用外资获取中国短缺的资源未能实现，至少他可以欣慰的是，中国眼下有色行业从事海外并购的活跃分子，不少与他创办的中矿国际有关。

中矿国际成立之初，徐汉京就从澳大利亚麦格里银行挖来三位核心成员，使得中矿国际完全按照西方公司模式运作：公司首席执行官为原麦格里银行大宗商品负责人尼克·科提斯（Nick Curtis）；科提斯的手下杰克科林（Jacob Klein）担任执行委员会委员职务，并从1999年起担任副运营总裁；麦格里企业融资部的迈克·科斯格罗夫（Michael Cosgrove）则负责开发工作。

科林后来成为澳华黄金的首席执行官，迈克·科斯格罗夫现在是亚美煤炭公司首席执行官，仍在中国进行矿业冒险。

至今，在部分中国政府官员眼中，徐汉京还是一个有争议的人物。但在中国有色行业业内人士看来，中矿国际使中国有色企业的国际化迈出了第一步。尤为重要的，则是为日后中国企业的大手笔海外并购积累了一批推动者和实务操作者。

“中矿国际完全是西方人在管理，徐汉京并不管具体业务，中国有色总公司派出计划部副主任程刚参与董事会。从1996年至今，这家公司为中国的矿业公司国际化培养了不少人才。”当时担任中矿国际董事会秘书、协助科斯格罗夫工作的王文福告诉记者。

如今42岁的王文福是中铝海外控股有限公司总裁，正是中铝入股和注资力拓的项目小组核心成员之一。

当年就职于有色总公司计划部海外处、兼任中矿国际董事会秘书职务的赵振刚，如今担任中国铝业公司海外开发部主任。

在以后的数年中，中矿国际这批人随着有色总公司的解散而流散于其他矿业公司。他们所在的新企业随后的一次次海外试探，与中国政府对于海外收购资源资产的看法变迁正好同步。

1999年前后，中国有色进出口总公司在伦敦的交易员郜宇加入中矿国际，后则随氧化铝项目进入五矿，成为2004年五矿对加拿大矿业公司诺兰达收购的主要操盘手之一。

## 五矿的受挫

2004年春天，加拿大第一大矿业公司诺兰达首席执行官德雷克·潘内尔（Derek Pannell）接到Brookfield基金（Brookfield Asset Management Inc）北京代表杨建珍的电话，说有家中国公司想参与收购诺兰达。

“中国五矿？是什么公司？他们有钱吗？”潘内尔在电话里疑惑地问。Brookfield基金持有诺兰达42.7%股份，潘内尔不得不对这个信息表示关注。

这是后来震动全球的五矿收购诺兰达交易的开始，也是当时中国企业在海外发起的最大一起收购。2004年，推动并领导了对诺兰达超过40亿美元收购的人，正是当时主管有色业务的五矿高级副总裁的朱光。

世易时移，此时的中国，对于海外收购不再像早年那样“谈虎色变”。无论企业还是政府，都已在中国20多年的经济高速增长中，亲眼见证了中国对能源和矿产资源的巨大需求潜力，包括中海油和五矿在内的先行者，有意要到更大的舞台去寻找商业机会。

总部位于加拿大多伦多的诺兰达，是当时全球第九大铜生产企业、第三大镍生产企业、第三大铅锌生产企业，而且有相当可观的铝产能。虽然其开采成本并非最低，但资产质量仍属难得。

此时的五矿虽然是中国第一大五金矿产品贸易公司，但总资产为40.1亿美元，净资产12亿美元，尚不及诺兰达的一半。作为一家纯粹的贸易公司，五矿饱受价格上下波动的风险之困。为此，五矿总经理苗耕书提出，要“向实业转型”，“掌控资源”。

一位很早就参与中国企业海外并购的业内人士告诉记者，一个不应忽略的大背景是，2003年国务院国资委成立，国资委主任李荣融提出要求央企“做大做强”，三年内做到行业前三名。这使得各家央企都面临着寻求未来出路的压力。

收购诺兰达被五矿当做“向实业转型”的一块“试金石”——如果成功，则可以帮助公司摆脱未来被合并的压力。到当年9月，五矿经过竞标，最终提出以42亿美元收购诺兰达100%股权。这一方案，击败了包括巴西淡水河谷、南非英美资源集团（Anglo American）等在内的世界矿业巨头，获得与诺兰达独家谈判的权利。

但是，这样一桩“蛇吞象”的交易，不仅在加拿大当地遭到质疑，甚至中国政府审批部门也不无疑虑。举棋不定之间，有色金属价格飙涨，带动诺兰达股价一路狂升（参见《财经》2004年第22期“诺兰达收购风波”），42亿美元的报价已再难成交。

一位当年交易的参与者告诉我们，五矿当时遭遇的最大障碍，还是在于获得国家发改委的批文，因为发改委对于五矿其实并不看好。“发改委的官员认为，五矿的平台太小了，只是一个贸易公司，缺乏具备管理矿业资产生产经营能力的人，因而一直拖着不批。”

据我们了解，发改委甚至要求五矿必须与国内几家钢铁企业联合组团收购。在临近独家谈判权过期前，发改委还试图指定中信集团出面，代替五矿完成收购，但被诺兰达方面拒绝。

不过也有一种分析认为，五矿交易不获当时中国高层的认可，部分原因在于其交易融资主要从银行借款。

就在五矿的独家谈判期于2004年11月16日失效之前，苗耕书因到退休年龄即将离职，进一步令五矿的管理层失去推动交易的动力。

最终，诺兰达在2005年9月被瑞士Xstrata公司收购，价格为192亿美元，比五矿的报价高了将近5倍。这一结局令五矿整个收购团队士气大挫，“觉得再做什么努力也没有用，做不成什么交易。”一位当事人表示。

这桩当时看上去冒险、如今已是机会难觅的收购，由于主管部门举棋不定，最终功败垂成。经历了诺兰达挫败之后，五矿“元气大伤”，在资源领域收购上一直未见有大手笔，参与交易的五矿团队随后各奔东西。当年一度有望掌舵五矿的朱光，亦由于其他原因，在交易失败以后，从前台隐入幕后；虽然依然挂衔五矿高级副总裁职务，至今却一直并未被分配具体工作。

## 饥饿的中国胃

五矿对诺兰达的收购虽然未能成功，但这一交易对中国矿业界仍然具有重要意义，可以被视为中国矿业公司真正参与国际并购的开始，也是中国企业对海外收购重新认识的开始。此后几年里，全球矿业市场波澜起伏，并购如潮，各种资源价格一路上涨，令中国企业开始意识到参与上游的重要性。

在此之前，多数中国企业并未有此意识。一位曾经主管过钢铁企业海外投资的政府官员告诉我们，20 世纪 90 年代，冶金部曾组织过宝钢、武钢、马钢等钢铁企业到澳大利亚、巴西谈合作，但是企业未表现出多大兴趣，“当时企业并不看好铁矿石市场，担心开发出来铁矿石卖不出去。”

另一方面，尽管中国在 2000 年前后将“走出去”上升为国策，主管海外收购的政府官员仍然可以通过审批权力，左右海外收购项目的命运，因而难以避免出现以权谋私之弊。

其中最典型者，当属从 1996 年开始担任国家计委外资司海外投资处处长的何连中。在 2003 年的机构改革后，何连中出任发改委外资司助理巡视员，位居副司级，直到 2005 年涉嫌违法违纪问题遭到纪检监察部门立案调查。其间部分对外收购机会的错过，难免与其主管审批之责有关。何连中于 2007 年因受贿罪获刑 12 年。

最迟至 2004 年，当澳大利亚矿业冒险家、Fortescue 首席执行官安德鲁·弗鲁斯特（Andrew Forrest）来到中国寻求投资者时，还频频碰壁。国家发改委当时一位主管官员态度强硬，不仅指定由中国冶金科工集团公司代表中国钢铁企业谈判入股，还要求中方必须占绝对控股，结果双方不欢而散。

但是，江苏省张家港市吴岳明创办的丰立集团，则率先走出了一步，以每股 1 澳元的价格认购了 Fortescue700 万股。发改委当时曾认为，丰立入股属于未经批准的违规行为。丰立几经周折才最终获准。此后，Fortescue 发展成为澳大利亚第三大铁矿石生产商，丰立的这笔投资如果持有至今也获利颇丰。

此时，无论能源还是矿业市场都尚未显示将出现一轮长期牛市迹象，但国际矿业市场历经 20 世纪 80 年代和 90 年代的整合之后，已经呈现两个明显的趋势：由单一金属矿业公司转向多金属矿业公司和由地区性矿业公司向全球性矿业公司集中，其结果是矿业资源的集中度提高。

1995 年 12 月，力拓经由 RTZ 与 CRA 两家矿业公司的联合而产生。巴西淡水河谷公司 1997 年开始推行私有化并大举兼并铁矿石企业。2001 年 6 月，注册于澳大利亚的 BHP Limited 与英国注册的 Billiton Plc 合并成为必和必拓（BHP Billiton）。这三家公司控制了全球铁矿石贸易量的 70%以上。

在铝业市场，加拿大铝业公司（Alcan，下称加铝）于2000年收购了瑞士铝包装生产厂Alusuisse，2004年初收购了法国普基铝业公司（Pechiney Aluminum）。2007年9月，力拓以380亿美元收购加铝。

作为矿产资源和能源最大消费国，中国此时恰成为国际矿业市场整合大潮的旁观者，迟迟没有意识到这些整合的主要目标之一就是中国的巨大胃口。

以铁矿石为例。中国的铁矿石50%以上要依靠进口，据中钢协数据，从2000年开始，中国每年进口铁矿石的增长幅度几乎都达到了20%左右。2008年，在国内市场铁矿石资源供给较快增长的情况下，全年进口铁矿石4.446亿吨，仍比上年增加6056.41万吨，增长15.81%。

及至目前，中国在海外的铁矿石权益量只有4000万吨，不足进口量的10%。相比起来，资源贫乏的钢铁强国日本，境外权益铁矿石占进口的比例在60%以上。

除了"疯狂"的铁矿石，中国每年还从国外大量进口其他有色金属资源。澳大利亚投资银行麦格理金属研究员刘博雅告诉记者，中国有75%上的铜需要进口，铅锌矿每年亦有接近30%需要从国外进口。

在三大铁矿石生产商控制下，自2004年开始，铁矿石价格连续上涨，其中2005年较上一年上涨幅度高达71.5%；2008年，力拓与必和必拓谈判的最高涨幅达到了96.5%。以巴西淡水河谷的卡拉加斯块矿为例，2000年该矿协议价格为16.19美元/干吨，到了2008年则上涨到了81.36美元/干吨，短短九年就上涨了4倍多。

"这对于大宗原料来说，是巨大的涨幅。"北京钢联资讯总监徐向春告诉记者。

"铁矿石的疯涨，推动企业迈出了'走出去'的步伐。现在矿价高了，企业担心买不到矿，所以改变了海外投资策略。"前述政府官员说。

## 中海油信号

恰在此时，2005年1月，中国最大的国有石油天然气集团之一中海油，打算考虑参与对美国优尼科公司的竞购，并于当年6月发出逾180亿美元的收购要约。在诺兰达教训之后，也在国际能源、资源市场形势的变化之下，中国的政府和企业都一改过去的犹豫和谨慎。

中国国内共识已经形成，审批和企业的意愿都不再是问题，但新的外部障碍又出现了。就在中海油正式发出收购要约的同一天，美国国会 41 名议员联合致函美国财政部长约翰·斯诺，呼吁其采取行动，阻止中海油的收购。这桩交易遭到了美国政界和舆论的巨大反对声浪。

首先遭到质疑的是中海油的国有控股身份，以及担心中海油会锁定供应，甚至担心优尼科深海勘探技术被中海油用于军事技术等。中海油对此有所准备，在美国展开积极游说行动，但反对的强烈程度仍超出预料。最终，中海油不得不在 2005 年 8 月撤回对优尼科公司的收购要约。

日后回想起来，中海油的很多内部人士都坦然承认，那时的中海油不是很成熟，准备不够。这一失败，的确给中国的决策者们传递了一个信号：收购欧美国家能源资产，阻力太大。

英国邓迪大学能源石油矿业法律与政策中心主任 Philip Andrews-Speed 认为，中国国有油气公司开始转而重点考虑另两种对外能源获取方式：一是签订贸易合同；二是获得他国油气田的勘探和开采权，拿权益油气。在这个探索的过程中，中国发现相对而言，购买非西方国家的油气资产更容易一些。

在过去十多年里，以中石油为首的三家国有石油公司在世界各地都有所涉猎，譬如中亚的哈萨克斯坦、非洲的苏丹、中东的伊拉克、南美的委内瑞拉。Andrews-Speed 说，现在中石油可能更倾向于将它在这些地区的业务做扎实做大。这也是尝试后的选择。油气资源主要在中东，但控制这一地区的资源的都是国家石油公司，很难拿到；中亚相较容易，而且与中国距离较近，政治外交关系比较好；非洲情况也类似。所以，中国国有油气企业由此将目光转向了这些地区。

从 2008 年 9 月后传出的并购消息看，中国国有油气公司的并购目标，大多为欧美注册或上市，在中亚、非洲和中东握有资源和开采权的中小独立油气公司。

对此，追踪中国能源的独立石油分析师 Paul Ting 也在接受我们采访时评论认为，一些国家可能认为中国石油公司的政府背景是个问题，但也有一些国家认为，这不仅不是问题，反而是个优势，因为交易可以得到政府的保证。“我并不确定中国在这方面有具体的战略，但我认为中国应该往这个方向走。”Paul Ting 说。

“纵观最近十几年来中国的海外并购战略，20 世纪 90 年代，中国企业是羞涩的；之后开始越来越活跃，哪里有机会都想试试，什么机会都想试试。而最近三四年，中国油气企业又开始有所选择——倾向于找合适的。”Andrews-Speed 说。

## 必和必拓之战

合适的机会并不容易找，只能等待。此后几年里，全球矿业市场波澜起伏，并购如潮，各种资源价格一路上涨，石油价格亦一路上扬。中国企业在等待更为合适的时机和收购目标。

2007 年 10 月，世界第一大矿业公司必和必拓对第三大矿业公司力拓提出全面收购，犹如一声惊雷，令中国的矿业公司如梦初醒。

力拓是世界第二大铁矿石生产商，目前拥有 110 亿吨铁矿石储量；必和必拓为世界第三大铁矿石生产商，目前拥有约 70 亿吨铁矿石储量。如果两家合并，将占据全球铁矿石市场超过 34%的份额，并使得全球铁矿石主要供应商由必和必拓、力拓和巴西淡水河谷三家进一步缩减为两家。

要避免这种威胁成为现实，中国企业必须有所作为。“中国公司的反应很复杂。并购对中国是不利的，这一点认识比较一致；但是怎么办，认识非常不一致。”王文福对记者说。

必和必拓拟收购力拓消息传来之后，很多投资银行已穿梭其间，动员中国企业发出自己的声音，参与这场世纪大并购。当时，外界猜测的参与对象是以宝钢为代表的中国钢铁企业，因为中国钢铁企业在过去几年饱受铁矿石涨价之苦，对于上游的更大垄断深怀畏惧。很少有人预料到，2001 年才组建、在“国字号”企业中排在宝钢等之后的中铝会率先出手。同样很少有人了解，中铝此时已经聚集了一批最早中国资源企业海外并购的参与者。

随着朱光被“雪藏”，2005 年年底，五矿收购诺兰达那宗交易的直接操作者、副总裁许峰出走五矿。次年 3 月，另一位操作者郜宇也离开五矿，加入中铝，出任中铝海外控股有限公司副总裁，与更早加入中铝的王文福、赵振刚等“老有色人”再度聚首。

早在 2000 年 9 月中铝筹备组上市办公室成立时，当年涉足中国有色海外收购的资深经理人赵振刚就离开国家有色金属局，进入上市办工作，后出任中铝海外开发部主任。负责对美铝氧化铝投资项目的王文福则于2003年年底离开五矿，次年初加入中铝，任中铝海外控股有限公司总裁。王文福、郃宇和赵振刚，成为此后中铝入股力拓及注资行动的项目小组的“三驾马车”。

这驾马车的领头人，是当时年仅49岁的肖亚庆。肖亚庆2004年4月出任中国铝业集团公司党组书记、总经理。在中国，这是一个相当于副部级的职位。很多人认为，这位年轻的副部级央企当家人仕途前途无量。

在100多家中央企业中，中铝并非最有实力者，但是肖亚庆的冒险精神和想像力，使他没有放过这个机会。2008年1月，中铝一鸣惊人，联合美铝出资140.5亿美元，在伦敦公开市场购买力拓英国公司12%股份，成为力拓单一最大股东（参见《财经》2008年第4期“中铝的突袭”）。

这一收购举措不仅令必和必拓意外，最后的结果甚至也超出了中铝内部的预料。“做之前，我们自己都没想过这事能成，只是觉得这是一个方向，我们要去冲。”一位参与交易的中铝内部人士对记者坦言。

完成收购之后，肖亚庆告诉身边的员工：“这还只是第一步。”这位世界第三大氧化铝厂的当家人清楚，一旦必和必拓与力拓合并失败，力拓股价将大幅下跌，对此中铝不能无所准备。

不幸言中。随着经济危机袭来，2008年下半年全球矿业市场急转直下，必和必拓亦最终放弃对力拓收购，力拓股价一度跌至每股不到11英镑，中铝在力拓的投资账面损失惊人。其时，肖亚庆反复对外强调的是：收购的最大目的已经达到，即成功阻止了“两拓”的并购。

然而，身陷债务泥潭的力拓给了中国企业又一个机会。2007年，力拓以380亿美元协议收购加铝，超过竞争对手美铝275亿美元报价的33%。这一当年辉煌的交易，如今成为力拓主要债务负担的源头。当初，力拓首席执行官艾博年（Tom Albanese）对交易给出的理由是，“这全是因为中国”。时至今日，当中国企业成为力拓的“救命稻草”时，这句话看来格外意味深长。

2008年12月，力拓宣布裁员13%，并将2009年的资本支出缩减50亿美元。但是，高达近400亿美元的负债，其中89亿美元在2009年10月到期，迫使力拓必须在2009年2月的年度业绩发布会之前向股东交出偿债方案。

2009年2月11日，肖亚庆终于迈出“第一步”之后的下一步。当晚，在高伟绅（Clifford Chance）律师事务所伦敦的办公室，他签下了用其自己的话说“想都不敢想”的协议。中铝决定动用约195亿美元现金，通过购买资产和可转债形式向力拓注资。

“我们与力拓合作的资产是目前世界上整体资产中最顶级的，外电评价为‘皇冠上的明珠’。”2月16日上午，回到北京之后，肖亚庆接受媒体采访时说。

中铝与力拓在资产层面的合作，几乎涵盖了力拓在铜、铁矿石、铝等层面最优质的资产。哈默斯利（Hamersley）所在的皮尔巴拉地区是世界上最大的铁矿石矿区，而哈默斯利是皮尔巴拉地区最好的铁矿石资产。智利的埃斯康迪达（Escondida）铜矿是世界上最好和最大的铜矿，其年产量接近中国全年铜产量的两倍。而澳大利亚昆士兰州韦帕（Weipa）铝土矿是世界上已开采的条件最好的铝矿之一。

与此同时，中铝还获得了铁矿石和铝土矿稳定的供应保证。根据双方签署的协议，中铝与力拓共同组建的销售合资公司，将负责在澳大利亚之外销售一定比例的韦帕铝土矿，以及哈默斯利30%的铁矿石在中国的销售。中铝还可按正常商业条款，获得25年韦帕铝土矿的供应保障。

肖亚庆坦言，与力拓合作的另一重要意义在于提升中铝的国际化管理水平。“通过这次合作，我们对国际资本运作、国际企业并购、企业管理，都有了全新的认识，也看到了中央大企业集团与国际化企业的巨大差距。如果我们真的合作成了，我们要派几十个管理人员到力拓去工作，这将是中铝非常重大的宝贵资产。”

2月11日，就在肖亚庆和艾博年在英国伦敦达成交易之时，中铝另一队工作人员由中铝副总经理吕友清、中铝海外开发部执行副总裁郜宇带队，已经身在澳大利亚。在交易宣布第二天，中铝就向澳大利亚外商投资审核委员会（Foreign Investment Review Board，FIRB）提交了交易申请。2月17日，中铝的代表团向外商投资审核委员会官员进行了说明。

## 合唱没有指挥

2月24日下午，香港港岛香格里拉酒店29层。4时48分，一个刻意选定的带“8”的时刻，华菱集团董事长李效伟与红光满面的Fortescue首席执行官弗鲁斯特共同现身，双方签订注资协议。

根据协议，华菱将以每股2.48澳元的价格、总金额5.58亿澳元的代价，认购Fortescue新发行的2.25亿股股票。同时，华菱还另外斥资6.27亿澳元，向Fortescue第二大股东、美国对冲基金Harbinger Capital购买2.75亿股，每股价格约为2.28澳元。

完成交易后，华菱将获得Fortescue摊薄后16.48%的股份，晋升为第二大股东，仅次于第一大股东、公司创办人兼首席执行官弗鲁斯特，其持股比重约为30%。

整个签约仪式短暂而仓促，没有一家国际媒体到场，只有来自湖南的少数几家媒体记者，显示着这场投资的主动权牢牢掌握在华菱手中。

"经过四年的寻觅和磨合，Fortescue终于确定华菱这位合作伙伴。"在签约仪式上，弗鲁斯特如释重负般告诉记者。他似乎并未忘记四年前在中国寻找投资者遭遇到的冷遇。

不过，担任华菱财务顾问的德意志银行董事总经理张秀萍告诉记者，华菱从谈判到完成协议，前后只花了将近三个星期。她强调，与一般收购往往会溢价不同，这次华菱谈定的价格较Fortescue股价有大幅折价。

此次华菱入股Fortescue的平均价格为每股2.37澳元，较其2月23日停牌前每股2.83澳元折让约16%；不过，较停牌前过去30天平均每股2.18澳元则溢价约9%。

交易签署当晚，弗鲁斯特没有在香港停留，而是立刻返回了悉尼。不过，中国投资有限公司（下称中投）亦在评估向Fortescue投资一事。知情人士称，Fortescue有意向中投出售优先股，交易金额可能达到30亿美元。

华菱入股Fortescue只是中铝宣布注资力拓之后的又一余波，此前五矿在2月16日宣布了对OZ矿业的全现金收购要约。短短不到两周，中国向澳大利亚企业投资金额高达212亿美元（约合1452亿元人民币），超过2008年全年海外投资金额的40%。根据中国商务部、国家外汇管理局初步统计，2008年全年，中国对外直接投资突破500亿美元，达到521.5亿美元。

据数据提供商Dealogic2月23日的统计，今年以来，中国企业跨境收购的主要领域为自然资源，收购金额比重占到所有领域的97%；资金流向非常集中，在澳大利亚的收购金额占到总金额的90%。相比之下，2008年全年自然资源领域的收购案占60%，而流向澳大利亚的资金仅占当年总额的7%。去年吸收中国投资最多的是英国，占资金总额的32%。

“目前还有许多企业正在谈海外资源收购，有些项目存在几个中国企业相互竞争的局面。”一位知悉内情的人士透露。

中国企业随之而来的一拥而上，无异于将本来已遭遇股东和政府审批压力的交易放到了一块更烫的铁板上。不少国内业内人士也表示惊讶：为何这些交易缺乏协调，仿佛丝毫没有顾及交易同时宣布，会在澳大利亚引起政治上的反对压力？“政府部门与企业有各自的利益考虑，但这些利益未必都是国家利益。”一位参与交易的人士说。

“我不认为这是政府主导或政府推动的，只能说是政府支持的。其最核心的动力是企业自己想壮大，希望能抓住千载难逢的机会。”邓迪大学学者Andrews-Speed告诉记者。

近来与中国有关的交易虽然数量密集，金额巨大，几乎每一桩都各有其背景和缘由。其中很多更是谈判经年，直到最近才受益于外部经济形势的帮助和国内审批的放松而得以成交。

Fortescue2008年就一直在中国寻找投资者，先后接触过上海宝钢、江苏沙钢、河北钢铁集团等，最终才与华菱达成了交易。事实上，自“走出去”这一口号在2000年正式提出以来，各个部门只是到最近才迈出积极落实的步伐。

在今年2月初召开的国家能源局成立以来第一次全国能源工作会议上，能源局就中国的能源国际合作作出规划。根据规划，未来三年，中国将多方位支持能源国际合作，鼓励企业开展海外资源开发和并购，对重大境外能源投资项目予以贷款贴息、优惠贷款、提高财政注资比例等支持政策。另外，还将研究从外汇储备中提取一定比例，设立海外能源勘探开发专项基金，用于支持石油企业获取海外资源。

国家能源局局长张国宝在这次会上提出，要加强对外开放与合作，鼓励和支持企业利用自身优势，积极参与境外油气领域资产并购，更多地掌控和获取油气资源。

新近发布的《钢铁产业调整和振兴规划》(下称《规划》)也明确提出：鼓励符合条件的大型企业集团到国外独资或合资办矿，组织实施好已经开展前期工作的境外矿产资源项目；支持符合准入条件的重点骨干企业到境外开展资源勘探、开发、技术合作和对外并购。为了支持国内企业进行海外矿产资源收购，《规划》在金融、管理、资金等方面都提出了支持措施。

这些政策陆续出台后，从中央企业到地方国企、主权财富基金，中国收购者们的跃跃欲试，让很多外部观察者相信，中国的这场声势浩大的能源并购大合唱必然体现了政府意志，是一种集体行为。已经浮出水面的收购意向，事实上已在某些地方——比如伦敦和澳大利亚——制造了恐慌的情绪。

可是，这其实更像一场没有指挥的大合唱。据我们了解，在海外并购方面，中国至今没有一个统一的协调委员会。

一家中国企业要开展海外并购，至少必须经过国家发改委、商务部和外管局的批准，其中，发改委主要是避免国内企业之间相互竞争——但这一情况事实上并不少见——以及审查并购是否符合国家战略和产业布局；商务部则负责确保国家贸易平衡，核实是否鼓励向该国投资，是否会牵涉到反垄断、贸易制裁和 WTO 诉讼。由于中国外汇储备增加，以前对动用外汇“严防死守”的态度也已经变化，但是外管局的批准程序仍然必不可少。对于中央企业，还需要获得国资委批准，上市公司则还需要经过中国证监会的批准。

上述几项审批程序中，最关键的审批关卡是发改委。2004 年，五矿收购诺兰达就迟迟未能获得发改委放行。此后，Fortescue 寻求尝试与中国合作，也是因发改委坚持中方要绝对控股，Fortescue 最终放弃了与中国的合资计划。此一时彼一时。现在，是否绝对控股已经不再重要，而发改委对乘机“抄底”颇为积极，企业的并购冲动也就更为明显。

很多业内人士已经开始担心：中国企业大规模到海外收购，会由于缺乏协调而导致在谈的交易最后难以成功。

“现在中国企业一窝蜂跑到国外去买资产，从政治角度来说，不一定能批下来。最后能不能做成，不是从经济角度就能够决定的。”麦格理金属研究员刘博雅告诉记者。

## 寻求共同繁荣

2 月 11 日，就在中铝与力拓宣布注资交易之前，澳大利亚财长斯万发布公告，称澳大利亚政府将通过有关法律，在审议海外投资时把可转换债券视同为股份。

部分观察人士认为，澳大利亚政府所做的这一调整，意在针对中铝向力拓注资交易，因为其中包括了 72 亿美元可转债交易，而且这种临时应变表明了澳大利亚所受到的“震动”。

不过，中铝内部人士称，交易宣布之前一直与澳大利亚的审查部门有沟通；澳大利亚财政部所采取的临时修改政策，正是澳大利亚政府向国内表明其履行职责的表现，因此并未出乎中铝预料。

2008 年 1 月，中铝购买力拓在英国上市公司股份时，事前并未与澳大利亚政府方面有沟通，而是事后递交的申请。

随着之后五矿全面收购 OZ 矿业、华菱认购 Fortescue 股份交易的宣布，澳大利亚政府面临的审批压力无疑进一步加大。澳大利亚当地工会及老百姓，对中国集中购买澳自然资源的举动，也产生了许多担忧和猜测。这些质疑部分是针对中铝注资力拓这一具体交易，部分是针对广泛的中国投资。

中铝注资力拓的交易公布后不久，力拓第二大股东 L&G 投资管理公司（Legal & General Investment Management，L&G）就呼吁力拓董事会采取其他融资方式来解决现在的困境，比如向全体股东增发新股。“股东优先权是最重要的，”并称希望与力拓进一步合作，达成全体股东都能接受的结果。

与力拓股东不同，澳大利亚政府则需要从国家利益层面来审查交易。澳大利亚财长斯万对力拓和中铝之间的 195 亿美元交易持有非常谨慎的态度，他表示，“政府将根据力拓和中铝交易的具体情况来决定，在国家利益方面将深思熟虑。由于中铝是力拓的客户，所以该交易将受到严格审查。”

就在中铝和力拓的交易宣布后的第二天，澳参议员 Barnaby Joyce 马上提出反对，“他们要购买澳大利亚的资产，当他们已经在门口的时候，你很难对他们说你不喜欢他们的行动方式。最好还是在主要客户和拥有人之间有个区分。”

相对而言，矿区所在地政府对中铝与力拓的交易持欢迎态度。西澳州长 Colin Barnett 表态支持中铝对力拓的持有股份上升至 18%，但他表示，不希望更高的持股比例。昆士兰州总理白黎安（Anna Bligh）女士在交易公布不久就表达了对中铝的支持，“中铝和力拓的协议对促进当地经济很有帮助，希望联邦政府允许交易继续进行。”

西澳州为澳大利亚铁矿石主要产区，昆士兰州则正在与中铝合作开发当地的铝土矿。

迄今为止，澳大利亚会讲中文的总理陆克文始终未对中澳之间的投资进行表态。

澳大利亚反对党矿业领域发言人麦克法兰（Macfarlane）代表反对党提醒陆克文，要认真而且审慎地审查中铝注资一事。反对党担心外国政府通过国有企业进入澳大利亚并接触敏感信息。

潜在的阻力来自多方面，包括对方企业股东、工会，对方国家政府、人权组织，等等，核心还是利益的协调。

英国学者 Andrews-Speed 说，当初中海油收购优尼科未遂，其实美国国家安全和能源安全问题并不那么凸显，因为优尼科的资产分布于世界各地，一大部分在亚洲。之所以有阻力，主要是优尼科在美国和加拿大的股东不放心让一家中国企业成为大股东。

他认为，现在中铝也面临这个问题。力拓股东的反对可能不是针对中国，而是担心中铝交易后自己的股权被稀释。“此外，澳大利亚也担心，力拓是国家最大的企业之一，如果所有权归中国，会威胁到国家产业安全。”

资源企业的特殊性似乎注定，这一领域的收购不会是纯粹的商业收购，必须存在国家之间的互信和互利。最近，中国和俄罗斯、巴西、委内瑞拉陆续签订原油贸易大单，与之伴行的，有庞大的贷款项目来帮助对方国家能源公司摆脱现金流短缺的困境。此外，中方往往还在中下游市场有所承诺。在今年能源工作座谈会上，能源局就提出，未来三年会积极推进委内瑞拉、俄罗斯等大型合资炼油项目。

互利双赢合作才会稳定，这一点在中俄能源合作上体现得尤为明显。中国提供的 250 亿美元贷款，不仅可帮助俄罗斯石油管道公司解决太平洋管道中国支线的资金难题，还可帮助俄罗斯石油公司摆脱西方银行的债务重负。

根据两国初步协议，通过中国支线供应中国的每年 1500 万吨石油，一部分用于保障中俄东方石化（天津）公司的需要。该公司是中俄 2007 年成立的合资公司，中石油集团占股 51%，俄罗斯石油公司占股 49%。“因为利益里有俄罗斯的一半，互利互赢，合作因此更有保障。”曾作为中国驻俄外交官、多次参加中俄原油管道谈判的中国产业海外发展和规划协会副秘书长和振伟说。

实际上，签单的契机除了受金融和油价影响，应一时资金之需，也与俄罗斯开发东西伯利亚的能源战略目标相吻合。“外国政府也需要向他的国民解释，这桩并购能给他们带来好处。”德勤中国能源与资源行业业务负责人卢娅说。

一位澳大利亚矿业企业在华负责人告诉记者，澳大利亚政府曾明确表过态，中国企业进入澳大利亚的程度，取决于中国的开放程度。2 月 28 日，中铝新任总经理熊维平将飞往澳大利亚，就中铝注资力拓交易与相关各方沟通。“我将领导我的团队为这个协议的实施做出努力。”在临行之前一天，熊维平如此对媒体表示。

# 为什么不能有更好的对话？

## ——专访美国亚洲协会主席理查德 · 霍尔布鲁克

采访人：曹海丽

发表时间：2008-5-12

美国亚洲协会主席理查德·霍尔布鲁克认为中美应签署“第四份联合公报”。

两周前刚刚过完67岁生日的理查德·霍尔布鲁克（Richard Holbrooke），在他迄今46年的职业生涯中，拥有过多个不同的头衔：职业外交官、《外交》季刊主编、美国和平志愿队（Peace Corps）地区主管、投资银行家、社会活动家。目前他是美国亚洲协会（Asia Society)主席、非政府组织“全球企业抗艾滋病、结核和疟疾联合会（GBC)”的总裁兼首席执行官。此外，他还是一位多产的专栏作者。

虽然身份多元，霍尔布鲁克最为人乐道的，仍是他在美国现代外交史上几个重大事件中所扮演的角色。

1977年，刚刚上任的民主党总统卡特任命霍尔布鲁克为国务院东亚和太平洋事务助理国务卿。次年，霍尔布鲁克参与了中美建交的整个过程，并负责中美第二份联合公报的起草。

在之后共和党掌控白宫的12年时间里，霍尔布鲁克离开政府，转入商界；先是成为一家公共战略咨询公司的副总裁，后成为华尔街投资银行雷曼兄弟的常务董事。

直到克林顿当选总统，霍尔布鲁克才有机会重返政府。他先是被任命为美国驻德国大使；一年后，即回国出任国务院负责欧洲和加拿大事务的助理国务卿。

此间，巴尔干半岛局势恶化。霍尔布鲁克作为克林顿派出的特使，前往波斯尼亚参与和平协议的谈判。1995 年 12 月，相关各方在巴黎正式签署了具有历史性意义的戴顿和平协议（Dayton peace accords），从而结束了长达三年半的波斯尼亚战争。霍尔布鲁克作为这一协议的“建筑师”和首席谈判官，也获得了“推土机”的声誉，并被提名为诺贝尔和平奖候选人。

也是犹太人的霍尔布鲁克，被一些人称为“民主党的基辛格”。早在 1997 年，他就被广泛地认为可能出任克林顿第二个总统任期的国务卿，但克林顿最终选择了奥尔布莱特。

1998 年，克林顿提名霍尔布鲁克为美国常驻联合国大使。这一提名花了 14 个月的时间，才最终获得参议院的确认。许多观察分析人士将霍尔布鲁克的这一任命看做是一个铺垫——如果副总统戈尔能在 2000 年的大选中获胜，霍尔布鲁克很有可能得到国务卿的职位。

但在一场充满争议的大选后，戈尔未能当选总统。而民主党失去白宫一晃便是八年。这八年亦是美国政治和外交发生深刻变化的时期。“9 · 11 事件”和此后美国主导发起的两场战争——阿富汗战争和伊拉克战争，根本性地改变了美国国内的政治生态以及美国同世界的关系。

而八年后，对霍尔布鲁克来说，则是机会再次降临的时机。如果民主党在今年总统大选中获胜，他被认为是将在新政府外交团队中扮演关键角色的少数几个人之一。

4 月间，霍尔布鲁克造访北京，期间接受《财经》专访，就中美关系和美国外交政策发表见解。

记者：美国总统大选在即，你认为新一届美国政府会在对华政策上有什么调整吗？

霍尔布鲁克：我认为中美关系是世界上最重要的双边关系。目前的三位总统候选人——共和党的麦凯恩和民主党的希拉里、奥巴马，基本上都同意这一双边关系的重要性，虽然在细节上可能会有分歧。

竞选过程并不是一个形成政策的好时机，因为在竞选中，任何事情最后都被压缩成简单的口号和画外音，而实际决策过程要微妙得多。比如，在去年的一次辩论中，一位候选人说，我将不会带中国制造的玩具回家给我的孩子们。台下所有的人都热烈鼓掌。其实，这句话没有任何意义。事实上，这位候选人很可能将中国制造的玩具带回了家，因为这很难避免。

另一方面，诸如玩具、有毒食品、化学药品等问题，确实也是严肃的议题。除非是从宽泛、一般的角度来讲，我倾向于不把中美关系当做竞选中的一个辩论主题。不过，这不太可能做到。

在最近几次对中国的访问中，中国官员肯定地向我表示，目前中美关系处于平衡的状态。我的希望是，下届美国政府能够通过美中双方共同的利益和担忧，比如气候问题，加强双边关系。

在台湾问题上，马英九上台是一个非常积极的进展，为海峡两岸的中国人开启了一个具有历史性的机会。我希望在这一领域能有实质性的进展。

记者：中美关系是否到了一个需要重新定义的时刻？

霍尔布鲁克：我不认为是重新定义，而是赋予新的精神。五年前我在《华盛顿邮报》上写了一篇文章，倡议中美签署“第四个联合公报”，讨论战略性议题。

中美第一个联合公报（1972 年）在没有互相承认的情况下，确立了中美双边关系的一些基本原则；第二个联合公报（1978 年）确定了两国关系全面正常化；第三个联合公报（1982 年）是关于向台湾军售问题。目前还没有一个公报涵盖战略性议题或环境议题。气候变化问题是我们可以获得最多进展和有共同利益的领域。

我认为美国不应该害怕中国的崛起，只要其不以损害他国为代价。中国的崛起是不可避免的，而且不应该被视为威胁。一些美国人将中国看做一个威胁，一些日本人、印度人亦如此。但我将其视作对全世界的一个机会。

所以，我们为什么不应该有更好的对话呢？我希望看到持续的对话引向具体的理解。但这只能在一个新的美国政府产生后才会发生。

记者：大选后美国的外交政策走向会如何？

霍尔布鲁克：这很大程度上取决于谁将当选。参议员麦凯恩同民主党的希拉里和奥巴马之间，在外交政策上的最显著的差别是在伊拉克问题上。麦凯恩强调增兵以赢取战争。而两位民主党候选人均承诺开始谨慎的撤军。这是很大的分歧。

第二个分歧是在伊朗问题上。两位民主党候选人均表示，他们愿意和伊朗进行直接的外交接触，就一切议题，包括伊拉克、阿富汗，当然还有核武器，进行对话。麦凯恩参议员在这个问题上态度要强硬得多。

三人意见最一致的重要领域，也是绝对体现有别于现任布什政府的，是气候变化问题。三位候选人均表示，气候确实在变化，他们将采取措施应对。当然，这不意味着他们将采取一致的行动。但对共和党来说，确实是一个巨大的变化。

三位候选人均对布什对俄罗斯的态度持批评意见。他们都认为，布什对普京不够强硬。他们也都不认同布什在处理与重要盟友北约关系时的方式。

另一个相同的观点是在阿富汗问题上，即阿富汗战争最终将成为美国历史上最长的战争，不仅会比伊拉克战争要长，甚至会比越南战争还要长，后者持续了 14 年之久。我们现在已经进入阿富汗战争的第七个年头。三位候选人都说他们将投入更多的努力。这也是一个对中国来说尤其重要的问题，因为中国和阿富汗部分接壤。

美国现任政府同时有一个阿富汗政策和一个巴基斯坦政策，而两个政策之间缺乏有效整合。美国需要一个整合的战略概念，从黎巴嫩到伊拉克，再到伊朗、阿富汗、巴基斯坦。我们也需要中国参与这一战略的形成。我们需要中国的支持和理解，因为双方有共同利益。中美在伊朗、阿富汗和巴基斯坦都有共同的利益。我们需要战略理解，这涉及大的邻国，包括印度。

在朝鲜核问题上，这届美国政府做了一件正确的事，即支持由中国提议的“朝核六方会谈”。我不知道朝鲜核问题最终会如何解决，但目前的进展比当年美朝举行私下的双边谈判要好得多。这是一个巨大的突破。在此我想借《财经》杂志由衷地向中国政府表示感谢，如果没有中国的支持，这一切都是不可能发生的。这是一个可为其他领域借鉴的模板。

记者：中国政府为即将到来的北京奥运会倾注了许多努力，你如何看待最近发生的一些风波？

霍尔布鲁克：我希望、也期待北京奥运会成为最好的一次体育盛会。我所担任主席的亚洲协会强力支持北京奥运会。就近来发生的事情，中国在申请 2008 奥运会时，说过将会开放、透明，媒体可以获得自由的信息。我认为，让人们表达他们的想法是很重要的。美国人相信自由言论。控制言论不能防止问题产生。我个人倾向于美国对待信息的方法，那就是“百花齐放”。你不会喜欢所有的“花”，但应让它们都开放，因为当你吸收了公众的力量，你就会从讨论中获得彼此理解和进步。

任何重大的会议，不论是联合国大会还是国庆庆祝，总会给各样人等获得公众注意力并表达其观点的机会，这是开放社会的一部分。只要是非暴力的，就是健康的。

# 汇率战无赢家

## ——专访国际货币基金组织总裁多米尼克·斯特劳斯·卡恩

采访人：李增新、张继伟

发表时间：2010-10-11

在“汇率战”甚嚣尘上之际，IMF总裁斯特劳斯·卡恩接受本刊专访时说“最重要的是美国会如何”、“政策要避免伤害邻居”、“人民币重估不是全部答案”。

全球经济复苏及再平衡的前景如何？国际货币基金组织（IMF）总裁多米尼克·斯特劳斯·卡恩（Dominique Strauss-Kahn）对财新传媒《新世纪》周刊记者说，“最终问题是美国到底会怎样”。

2010年9月28日，IMF秋季年会前，财新传媒《新世纪》周刊记者在华盛顿特区IMF总部采访了斯特劳斯·卡恩。他认为情况很可能会变好。

IMF在年会前发布的《世界经济展望》报告认为，全球经济复苏仍然脆弱，而新兴市场则面临资本流入及货币升值。预计全球经济2010年和2011年将分别增长4.8%和4.2%，“与早先的预测基本一致，但下行风险依然严峻”。其间，发达国家增长率远远落后于新兴市场。

此时，又到了议论全球再平衡的重要时刻。美国国会众院通过法案，要对汇率低估国实施贸易报复，中国政府领导人发出不要参与压迫人民币升值的呼吁；持续通缩之中的日本将关键利率调低至接近零，而印度等新兴市场年内已数次加息；东亚、南美多国则开始干预外汇市场，竞相压低本币汇率。

汇率政策的摩擦已被提升到“战争”的地步。根源再次归结为失衡，危机后复苏的不平衡。IMF 认为，无论是内部还是外部再平衡，“目前的进展都过于缓慢”。

这是我们对斯特劳斯·卡恩的第三次专访。第一次是 2008 年 2 月 15 日，他以 IMF 总裁身份首次访华，当时，美国次贷危机正愈演愈烈且结果难料。第二次是 2008 年 11 月 4 日，距雷曼兄弟公司倒闭不足两个月，危机已升级为全球风险，并危及实体经济，各国决策者不但缺乏步调一致的有力行动，贸易保护主义却乘机泛起，世界经济顿时陷入黑暗之中。

这一次，金融危机阴影渐散，欧洲主权债务市场经历了最动荡的时刻，而美国、欧元区及日本三大经济体复苏依旧疲弱，新兴市场则面临资本流入剧增，以及与此相伴的货币升值和资产价格上升压力，一些国家基于国内外因素，正酝酿新一轮的经济、汇率干预或反制措施。

当前，人民币汇率问题便是争执的最显眼目标和施压对象。

上一次，IMF 媒体负责人的一项要求正是“提问不要涉及人民币”；这一次禁区已破，斯特劳斯·卡恩的声音不仅代表全球最重要的国际金融机构之一，更可能会影响各国未来政策实施的手段。

危机改变了 IMF。斯特劳斯·卡恩领导下的改革，使 IMF 回到全球经济决策舞台的中心：它推出的“灵活信贷安排”（FCL）一改传统贷款僵化缓慢的执行程序，为经济根基良好的国家提供强有力的快速支持，使墨西哥、哥伦比亚、波兰最终无须启用贷款就平息了市场风波；在希腊债务危机中，IMF 与欧盟携手，为欧元区提供 1100 亿欧元保障（IMF 承担 300 亿欧元）；在全球政策协调中，IMF 又在 20 国集团（G20）峰会上，为将来金融体系改革、全球经济再平衡出谋划策……其结果之一是，IMF 持有的货币资源从危机之初捉襟见肘的 2500 亿美元猛增了 3 倍至 10000 万亿美元。

现在，斯特劳斯·卡恩考虑的问题包括，如何促成维系全球协调的态势，打压日渐高涨的货币战、贸易战情绪；考虑构建真正的“强劲、平衡和可持续的全球增长框架”。

后危机时代的国际货币体系改革中，IMF 是否能成为公正、可信的监督人、协调人、裁判员和执行者，更取决于其自身的改革进程，而这需要获得成员国的信任。若要实现理想规划，提高 IMF 合法性成为要务，斯特劳斯·卡恩的重担并没有减轻。下个月就是首尔 G20 峰会，要谋划未来全球金融监管体系和经济增长框架。

## 重要的是美国怎样

发达国家与新兴市场经济复苏冰火两重天，货币、贸易等争端由此而生。IMF《世界经济展望》预测，新兴市场和发展中国家今年的经济增长率为7.1%，明年为6.4%，而发达国家今年仅增长2.7%，明年增速更可能降至2.2%。

即使在发达经济体内部，也不尽一致。美国经济衰退在2009年6月底正式结束，但国内生产总值（GDP）增长率也自2009年四季度强劲的5.6%，一路下滑至今年二季度的1.7%，失业率至今已连续18个月高居9%以上，初步的复苏尚未带来就业的明显改善。作为回应，美联储在8月10日暂停了量化宽松货币政策工具的自然回收，又在9月21日发出“制造通胀”的宣言，进一步放松货币几成定局。

在大西洋彼岸，欧元区主权债务危机仍在反复，即使有欧盟与IMF联袂主演的大救市，希腊、葡萄牙、意大利之后，近来爱尔兰与西班牙银行危机又使其国债利差急升。一方面，财政紧缩方案面临着国内政治的强烈反弹（如近期的欧洲大罢工）；另一方面，欧洲央行行长特里谢最终难敌政治压力，开始购买主权债务，“欧式”数量型放松意味着又一架印钞机正式启动。

在发达经济体之间，财政政策是整顿还是刺激？欧元区勒紧腰带的紧缩措施能否推行下去，是否过严而抑制复苏？如何看待美欧持续货币放松对全球流动性及新兴市场的影响？

记者：如何评价全球经济复苏不同步和它造成的政策不同，特别是在发达国家之间、发达经济体与新兴市场之间的政策矛盾？

斯特劳斯·卡恩：我认同你的说法。全球复苏的一个重要特性就是不同步。复苏发生在亚洲、南美和非洲。现在欧洲情况不妙，很显然他们的复苏很慢。但最终问题、也可能是最重要的问题是美国到底会怎样？美国仍有不确定性，至少还需要有三季度、四季度的更多信息来判断，到底是像我们的基线预测一样（我们比较乐观），虽然比较慢，但是还是会回到正轨，还是有一些下行风险？

各国状况不同，因此应对政策也不同。这与危机刚爆发的时候大不相同，当时全球几乎在同一时间面对同一个危机，于是不同国家才能够在货币和财政领域都实行同方向的政策。现在，危机快要过去，形势自然发生了变化。

但我们继续要强调的是，即使政策不同也必须要有协调，比如通过 G20 的相互政策审议（mutual assessment）途径。协调不代表统一，不代表各个地区政策相同。协调意味着各自都要做好自己的工作，以建立一个大家都能变得更好的体系。

记者：欧债危机是否已经结束，爱尔兰会不会变成新的爆发点？

斯特劳斯·卡恩：我们正在密切关注爱尔兰情况，但是爱尔兰 GDP 大概只占欧元区的 1%。爱尔兰可能确实会有问题，但不太可能引发欧元区的一次大危机——我们认为两种情况也都会有解决措施。

更让人担忧的是欧元区经济增长不够快。虽然金融危机基本上已经结束了，但其社会影响特别是失业影响还没有过去。

记者：如何评价在欧债危机中 IMF 与欧盟的合作？解决这一危机会不会把腰带勒得太紧了？

斯特劳斯·卡恩：第一个问题，我认为我们与欧盟当局和欧洲央行在希腊危机中合作得很好，特别是现在双方合作所需要的各方面条件都已具备。

关于财政紧缩的问题，我的答案是，这取决于不同国家的不同情况。有些国家确实在悬崖边上，需要使劲勒紧腰带，希腊的例子大家都知道。但另一些国家还有很大空间，他们需要在中期内整顿财政，但不需要那么快行动，而是眼下要更多支持需求。

记者：对于那些可能采取持续刺激的国家，致使全球流动性猛增，IMF 能不能约束他们？

斯特劳斯·卡恩：如果情况恶化，发达国家尾部风险升高，他们就只能重新放松货币政策，才能避免经济下滑。我目前不敢肯定是否会出现这种情况，但他们必须有能力这么做。

当然，影响会伴随而来，美国货币政策对全球的影响是真实存在的。所以在今后几个月，我们需要对美国经济未来走势作出准确判断。我们认为情况很可能会变好。当然谁都没有百分之百的把握。但不能因为美国私营部门需求不强，需要继续刺激，就来责备美国。美国复苏停滞或减弱，对任何国家都不利。

## 货币争论可能掩盖结构问题

正如斯特劳斯·卡恩所说，随着危机大体过去，各国逐渐回到将重点瞄向本国的政治需要，全球政策协调的动力正在减弱。近日美国报端频现“贸易战”“货币战”字眼，这为本就脆弱的全球经济复苏蒙上阴影。

2010年9月29日，美国众议院以348票对79票的“大比分”通过了HR2378《公平贸易货币改革法案》(又称“莱恩·莫菲”法案)，它旨在促使美国商务部在确定贸易伙伴国存在汇率低估，并对本国行业构成事实性损害后，可实施反补贴贸易救济措施。中国正是法案的头号标靶。

虽然在今年内形成立法的可能性较低，但美国政府势必承受更多来自各行业及民众的压力。众院版草案规定，美国商务部在决定反补贴救济措施水平时，要参考IMF的方法论与结论，这又将IMF推至聚光灯下。

好在磋商的大门并未锁住。正如不少支持法案的美国议员所说，目的在于推动变革而非制裁。

最佳佐证之一，即为众院最终版本语调略有软化，由最初的(确定存在低估后)“要求”商务部采取措施，变为“有权”行动。即使确认整体币值低估，美国行业、企业还要独自申请，逐案审理。

无独有偶。面临总统大选压力，为应对雷亚尔在过去一年间升值超过30%，巴西于10月4日将外资的金融交易税从之前的2%提高至4%。此前，日本政府在9月对外汇市场实施六年多以来的首次干预，抛售2万亿日元。而市场参与者猜测，除巴西、日本外，东亚、东南亚及南美的多国央行现在都在干预汇市。

在一些发达国家看来，外汇干预甚至“汇率操纵”，正是刺激本国超前消费、逆差堆积、失业上升的一大祸首；而新兴市场则会认为，富国不负责任的赤字财政政策及不断印钞，带来了热钱、资产泡沫和通胀。

对此，IMF如何作出评判？作为重要的国际金融机构，又当如何阻止货币战、贸易战？斯特劳斯·卡恩自然转到了再平衡与人民币汇率，并且继续寻找一种全球方案。

记者：美欧持续数量型放松政策，有人说也就是不断印钱，给新兴市场带来很大麻烦，这是不是再平衡的一大障碍？

斯特劳斯·卡恩：我相信美欧会反过来说，中国政策也让他们头疼。这正是我们在这里要解决的。诚然，各国有自己的主权，有权利也有意愿给自己的政策下定义，但很显然，进行经济政策协调，避免你的政策伤害到你的邻居，会产生更好的结果。所以IMF才一再重复，认为人民币仍然是低估的，正确的方向是币值重估。这不仅为了世界经济，更是为了中国自身。

自从中国政府选择改变经济增长模式，从出口导向转向内需驱动，人民币币值重估正与这个新目标相一致，因为它会有助于控制通胀、支持居民购买力增加，益处良多。但我认为，最近一段时间来看，人民币升值步子应该可以更大一点，速度更快一点。

但另一方面，人民币重估是解决方案的一部分，但不是全部答案。这只是全球政策中需要做的一部分，有它一个角色，但只是部分角色。

发达国家也有许多事情要做，才能实现政策协调。比如，非常有趣的是，在过去几个月，我们看到中国的贸易顺差下降了，美国的逆差却没降下来。这意味着其他国家把中国顺差下降的那一部分补上了，也就是说中国顺差下降不足以盖过美国和其他国家的逆差。

这些都是我们要在G20峰会上解决的核心问题。G20合作是我们成功地避免更大危机的最重要途径。现在的风险是，危机逐渐过去，大多数国家会回过头来只考虑自己的内部问题，忘了协调的好处。这是不应该的。

每个人都得做自己的工作。中国要做的是调整增长模式。我承认这是个非常难的工作，必然是要经过漫长的时期，才能解决诸多问题。我们不该催中国，但希望要朝着正确的方向走；其他国家也是如此。

记者：另一大问题是如何处置已经积累起来的外汇储备。当中国采取多元化策略时又遇到阻力，比如日本对中国增持日本国债的不同意见。你对这类行动有何评价？

斯特劳斯·卡恩：中日对此的争论已有多年，不仅是在货币问题上。今天一些货币上的紧张态势，其实在全球各地都有，我都看到了。我不认为可以通过操纵货币来解决自身的结构问题，不赞同把自身结构调整的问题掩盖在货币争论之下，因为这不是货币就能解决的。

眼下，争吵会继续。不少其他国家也会说，我们的币值被高估，要是采取相似的干预会有好处。但历史经验告诉我们，到头来货币战伤人害己，无人受益。

我的建议是，不要在这种争论中耗费太多精力，而是要一起寻找途径，找到币值的中期道路，通过调整经济基础来解决问题。

记者：那么究竟如何管理已有的、巨大的、越来越难处理的外汇储备？

斯特劳斯·卡恩：听到你说太多外汇储备成问题很有意思，因为一些国家缺少外汇储备也是问题。当前的现实是，各国都在拼命积累外汇储备以备不时之需，以为这样才能给可能的货币问题竖起一道屏障。

也许我们应该想象这样一个体系：身处其中的我们，大家都不需要这么多资源，而是交给一个集中的管理者，有需要的时候就可以使用。值得将来探讨的一个设想是，把这些资源解放出来，用于其他领域的投资，同时还有一个集中的储备池，储备池可以由 IMF 管理。

在集中储备的运用方面，危机中我们使用了“灵活信贷安排”（FCL）。这是正确的方向。在危机最严重的时期，当墨西哥从 IMF 借了 500 亿美元，它就把 IMF 当成了一种虚拟储备。当一国有需要，IMF 这里有可用资金。最后他们实际根本不需要动用这笔贷款，因为仅仅这一个信号就使风险溢价降下来了。正是有这样一种机制，墨西哥才可以少积累一些外汇储备。我认为这个工具非常重要，如果实现将为各国提供一种解决方案。这样各国都不用积累大量的外汇储备，更不用应对随之而来的麻烦。

## 席位问题即将有答案

谈及外汇储备的管理，斯特劳斯·卡恩眼中流露出“正中下怀”的喜悦，话题自然转移到他对未来国际货币体系的一大构想——由 IMF 管理的国际货币储备池。

2009 年 10 月的 IMF 伊斯坦布尔年会前后，希腊危机尚未引爆，美国复苏势头强劲，金融危机似已成过去。斯特劳斯·卡恩开始着手构思后危机时代的国际货币体系，“全球储备池”规划破茧而出。随后，这一被不少专家称为“布雷顿森林体系II”的倡导，被欧债危机和美国经济走弱打断。

今年IMF和世界银行春季年会和6月G20多伦多峰会上，斯特劳斯·卡恩重提上述倡议，并增加了较FCL更为灵活宽松的“预防性信贷工具”（PCL），PCL可进一步确保各国在必要时获得IMF的资金后备支持。可惜应者寥寥，也许是斯特劳斯·卡恩忽略了外储积累的另一个、各国都不愿承认的动机——出口带动收入、增长和就业。

其实，无论是储备池还是其他形式的全球货币体系，成员国都需要让渡部分主权。其先决条件是他们相信IMF是一个公正的监督员、裁判员、执行人。要担当“全球最终贷款人”，IMF首先要博得的是信任。

危机前，IMF架构已与国际经济金融格局变化相脱节，其投票权和代表性难以反映新兴经济体和发展中国家在全球经济中权重稳步上升的现实。IMF当然不被信任。危机中，斯特劳斯·卡恩在IMF改革问题上一往直前，努力增强IMF合法性。其中一项显著成就是，IMF同意转移至少5%的份额至新兴经济体和发展中国家。

不过，困难之一是以欧洲为代表的高权重国家并不愿意出让投票权和代表性，除了份额问题上的抵制，IMF现有24个执董席位要“归位”到章程规定的20席，可能意味着美国不得不动用一票否决权。欧洲阻力仍在。

此外，IMF机构内部的共识仅仅是第一步，更需要187个成员国的立法机构逐个审批通过，过程之繁杂拖沓不断考验人们的耐心。比如，2008年通过的一次份额改革，用了近两年才得以实施。

这样，基本上不会超过1%的份额调整，对成员国中的后起之秀究竟又有多少实际意义？斯特劳斯·卡恩似已找到答案。

记者：如果要建立起这样一个IMF管理的全球储备池，必然得取得各成员国的信任，IMF能否做到？

斯特劳斯·卡恩：答案是肯定的，IMF必须提高合法性。这里的逻辑线条是全球化问题需要全球方案，全球方案需要国际机构，国际机构需要合法性。我们在讨论IMF合法性的时候，人们最容易想到份额。这是非常重要的，但不是唯一的。

一项改变已经实现：我们在 2008 年作了一次调整，让发达国家转移份额至新兴市场。我们现在要再做一次，将至少 5% 的份额转移到充满活力的新兴市场。但我认为这不是结束。

众所周知，中国会变成 IMF 最重要的三大股东之一，这是非常大的成就。毫无疑问，未来 20 年到 30 年，中国的地位会更显要。现在，我们总是可以争辩说，具体份额的问题还是个“逗号”，但实际上中国已经是 IMF 的一个重要股东。从这点上来看，合法性对中国来说是绝对清晰的。

但合法性不只局限在份额上。近来我总爱说，合法性就意味着更多中国人在 IMF 工作。我非常高兴有中国人来 IMF，工作个三五年，或者在这里长期工作。我在选择朱民担任特别助理时就证实了这一点。这对全世界任何一个地方，都发出了一个这样的信号：中国要在 IMF 担当更重要的角色。份额很重要，但并不是至关重要的合法性的唯一指标。

记者：你是如何定义朱民的角色，又是如何评价他的工作的？

斯特劳斯·卡恩：IMF 有来自中国的高层管理者是一个正确决定，有朱民先生尤其如此。朱民来的时间还不长，但他在 IMF 受到大家的广泛欢迎，大家都看到了他的职业精神和技能。他对此非常有帮助。我很高兴作出这个决定，我们一起合作非常愉快。几周内我会去上海参加一个金融会议，正是由朱民组织筹办的。

记者：你刚才说的是 IMF“票子和位子”（shares and chairs）中的份额问题，但关于削减执行董事人数的问题，近来又有一些来自欧洲的抵制声音，这个问题你怎么看？

斯特劳斯·卡恩：成员国正在讨论“席位”问题，我认为欧洲会愿意在这个问题上显示出一些灵活性，让更多发展中国家有个席位。这是成员国之间决定的问题，我认为会在未来几天到几周内有答案。

我不赞同把欧洲当恶人，说他们就是反对新兴市场提升影响力的障碍。历史上从来都是这样，地位下降自然不那么情愿。但我想欧洲能够理解。

# 解读第二轮中美战略经济对话
## ——专访美国驻华大使洪博培

采访人：王烁、黄山

发表时间：2010-6-7

“像在篮球比赛时那样，吹哨，叫暂停，让双方冷静下来。”美国驻华大使谈如何度过最困难的时刻。

洪博培（Jon Huntsman）不是一个典型的美国驻华大使。他是一名政客。在民主党执政的奥巴马政府里，他是少见的共和党人。虽然才50岁，他已经身在政治圈20年：在里根政府时期担任白宫幕僚，在老布什政府时期任驻新加坡大使，在小布什政府时期任副贸易代表，2004年竞选犹他州州长成功，并连选连任。他还被认为是共和党的后起之秀，未来有望成为总统竞选人。这样的人，为什么要来当大使？

另一方面，洪博培特别适合当驻华大使。他了解台湾——任何一位美国驻华大使的必修课。作为摩门教徒，他1987年到1988年在台湾传教，期间不仅学会了普通话，还会说闽南语。他膝下儿女成行，其一为中国养女。他具有历任美国驻华大使中最好的对华交界面。多年政界修养，更不可能拖后腿。

6月3日下午2时，在其大使办公室，洪博培接受了本刊记者的专访。S&ED、台湾、朝鲜，他什么都谈。

记者：你怎么评价刚结束的第二轮中美战略与经济对话（S&ED）？

洪博培：人人都希望对话能产生“立竿见影的成果”，这是因为两国关系需要产生重要的成果。光美方代表团就有14至15个内阁级官员，总共200人，好多从未来过中国。因此，当双方隔桌而坐，并发展个人间的关系时，这本身就是对中美关系的重要投资：发展对两国关系不可或缺的东西——相互信任。对于两国关系而言，再多的互信都不为过。彼此频繁接触、协商、磋商敏感问题，表达自己的观点，倾听对方的意见，非常有益。

我认为，中美之所以能经历今年头几个月的困难时期，实现关系回暖，正因为两国去年底在华盛顿开始的第一次战略与经济对话。战略与经济对话润滑两国的关系——推动、理解，促进善意。

记者：中美战略与经济对话平台对双方讨论争议性话题发挥怎样的作用？

洪博培：我们能用这个平台讨论敏感问题，包括伊朗和朝鲜问题。这些对话不是你用电话，或者通过传递外交信函就行的。

这些敏感问题的讨论本身算得上“成果”吗？绝对是。我们需要理解中国的看法，中国也想理解我们的看法。

记者：中美关系既不是G2，也超越了在“接触”（engagement）和“遏制”（containment）二选一的阶段。许多人在寻找对中美关系的重新定义，你有没有一个新定义？

洪博培：观察家、学者，甚至普通民众都试图定义中美关系，这是因为两国关系总是不断演变并发展。1975年时，老布什总统履行的就是我今天的职能，中美贸易只有区区5亿美元，可以很容易定义中美关系。当时，每周只有一个航班到北京，学生交流几乎没有，两国人民的往来是以年为单位。

需要关注的是我们共同的利益。我们总会在一些大问题上存有分歧，也会对一些边缘问题存有分歧，但我们必须一直关注共同利益，关注于那些我们从不同角度看待的重要问题，比如伊朗和朝鲜。别忘了我们的共同利益也在于全球经济繁荣、安全、创造就业岗位、生活质量。

记者：在过去的一年里，你有过特别困难的时候吗？

洪博培：我总是与中方保持良好对话，即使是在最困难的时期。即使当对话变得有些尖锐、双方耐心有所减少，我们也总是能保持对彼此的尊重。

对我最难的时候可能是最近这个冬天快结束时，当时双边关系下滑。没人发现两国关系中好的方面。出现这个现象，是因为人们只看到分歧和彼此批评的一面。因此，我想像在篮球比赛时那样，吹哨，叫暂停，让双方冷静下来。

不过，批评能带来思想和观点的自由流动，允许人们对两国关系表达他们所要表达的想法，因此也不无裨益。随后我们看到两国关系朝向积极的方向走。这就像在一个音乐的世界中，你找到了和音。

记者：你如何定义自己的工作使命？怎样对你才算得上是成功的驻华大使？

洪博培：增进了解。当未来某天我离开这个工作时，我希望能说自己竭尽所能，带来了两国之间更好的了解和信任。我扮演桥梁的角色，有很多工作列在职责范围内，但增进彼此的了解这一点最重要。

记者：金融危机以后，许多人认为中国模式看上去已经比美国模式更吸引人。你处于一个非常独特的位置来观察中国，认为中国模式在未来是可持续的吗？有什么可能打乱中国经济增长的进程？

洪博培：我不想具体评论中国经济增长。它与美国非常不同。

美国是世界上最具创新力的经济体。人们会问，硅谷为什么在美国？这是一个在其他任何地方无法实现的成功经济的缩影。你会看到美国充斥着无数的硅谷行为：优秀大学与实力强劲的研发中心合并，自由市场允许资金的进入，能够承担风险、运用脑力，并且乐意接受失败。美国有多少公司开业，却以倒闭收场？重新站起来却又一次失败？而最后总有一些公司获得了超乎任何人想象的成功。

华尔街近几年犯了错。原因在哪里？有道德风险，有金融失控风险。幸运的话，美国会纠正这些错误，然后再次向前进。

第二轮中美战略与经济对话发生在美国经济复苏之时，美国经济在过去几年曾受重击，正在重新整合，正在从失败中学习，走向一个更稳健的轨道——这将意味着美国和中国在贸易和投资方面将有更多的交流。

记者：鉴于朝鲜问题日趋紧张，怀疑六方会谈是否有效的声音也持续高涨，你认为相关各方是否必须采取更多措施？半岛局势的发展会令中美关系更加复杂吗？

洪博培：观察朝鲜近年来的行为，就能发现类似事件一旦发生，就会引起东北亚的高度关注。现在对整个东北亚地区来说都是一个很艰难的时刻。我们正在与中国深入磋商，就双方了解的情况和渠道进行交流。中国表现出了更多倾听的兴趣，这意味着他们由衷地希望了解更多有关事实真相的信息。东北亚的和平稳定和可预期性符合各国的长期利益，这个地区过去的几代人都经历了战争的侵袭，我们需要确定当前利益相关者作出的所有决策，都能关注长期的和平与稳定。

朝鲜半岛的局势变化实际上将中美两国都带到一起。这可以是一个分歧点，但我觉得这更是一个机遇。就像在战略与经济对话期间，中美两国就半岛局势进行以往罕见的交流。双方可以更好地协调，即使并不总是取得一致。

记者：你认为海峡两岸除了在经济方面的合作，还有哪些领域可以促进两岸关系的发展？

洪博培：30 年前我第一次到台湾生活，如果那时你告诉我每周将有 270 个直飞航班，说福建人和台湾人通过许许多多的旅行团进行交流，我不会相信，也没有人会相信。如果那时你说，你希望能在 30 年内建立起一个经济框架协议（ECFA），也没人会相信。然而这正是台湾今天的成果。这是一个非常好的例子。各方采取了恰当的方式以建立互信关系、达成共同愿景，以及——正如我在谈东北亚问题时提到的——建立和平、稳定、可预期的区域环境。我们应当从 ECFA 和已经采取的措施中吸取经验吗？当然。每个人都应该仔细审视为建立强大经济关系所采取的措施。也许就在安全方面。在未来几年内会采取类似的举措来推动安全方面的对话。

（注：笛安、毕帆、林倩娅对此文亦有贡献）

# 第六辑

# 明天向何处？

# 国际机构改革不是目的

## ——专访美国财政部长盖特纳

采访人：胡舒立、李增新、钟良
发表时间：2009-10-12

改革的目的是促使各国调整经济政策、理顺结构；美国愿在金融、财政领域付出努力，减少国际投资者对储备资产的担忧；金融市场要有统一标准，但无须全球统一监管。

经济复苏已经开始，但作为危机爆发地，美国的金融监管改革方案却在国会举步维艰；此外，庞大的财政刺激计划、巨额金融救助方案，以及未来的"颠覆性"医疗改革计划，可能带来未来十年内9万亿美元的"天量"财政赤字。种种迹象显示，美国面临的挑战还远没有终结。在全球范围，危机后的重建，需要杜绝祸根、调整政策，这可能需要更为有效的全球监督协作框架。

复苏、改革、协作、再平衡，对待所有这些问题，美国的考虑和出发点有哪些？它对中国关心的外汇储备资产安全、在推进国际金融机构改革中的立场如何？世界银行—国际货币基金组织（IMF）2009年年会期间，10月4日，我们及少数几家外国媒体共同采访了美国财政部长盖特纳。

### 美元稳定与全球储备货币

路透社10月4日报道，"金砖四国"在IMF年会上与石油生产国进行了小范围讨论，提出今后可能用其他币种结算石油贸易。消息传出，美元价格立刻暴跌，直到第二天沙特阿拉伯央行行长“辟谣”，才有所恢复。

美元作为国际储备货币的缺陷和可能的替代途径，成为参会者的热门话题。我们也试图从盖特纳那里寻找答案。

盖特纳首先明确，确保美国和全球投资者对美国资产的高流动性和稳定性继续持有信心，符合美国自身利益。中美在此领域具有共同利益。不难发现，在整个危机过程中，全球投资者显示出对美国维持可持续增长的能力具有信心，也正是这种信心，使美元资产保持了稳定。

实际上，美国经济已经出现了重要的调整。即使在做出各种“超常规”的救助金融机构的措施之时，美国国际收支逆差仍然实现了从占 GDP 的 7% 下降至 3%。盖特纳认为，这说明，美国努力恢复经济增长的途径并不单靠举债，即使从其他国家借债也显著降低了规模。

美元稳定一直是比较受关注的问题，因为它意味着全球储备货币的稳定。美元地位和将特别提款权（SDR）提升为国际储备货币的讨论，是对未来国际金融体系可能出现的演化进程的一种探讨。“总会有人考虑一些可能替代的途径。”盖特纳称。

但不管怎样改革，如果没有搞清经济政策的根本问题，无论使用怎样的国际储备货币均无济于事。盖特纳称，他更加关注的是最基本的经济政策，因为经济根基总是决定信心；对美国来说，美元的角色其实也伴随着特殊的负担，“美国人必须理解这些责任，这要求我们必须确保投资者对美元资产储备在长期内具有十足的信心”。

说到美国宏观经济政策的可持续性，立刻可以想到财政赤字的问题，这也正是目前经济挑战的中心问题。盖特纳说，美国需要证明，能够把财政赤字缩减到可持续的水平。最好的办法是确保对金融系统的修复，使私有部门重新运转起来。“我们确实需要作一些非常痛苦的抉择，这当中也需要一些政治意愿来进行推动。”盖特纳承认。

## 美国与 IMF 治理改革

在年会上，IMF 的事实决策机构国际货币与金融委员会（IMFC）决定，从经济比重被高估的国家向被低估的新兴市场和发展中国家转移至少 5% 的份额。作为推动主要新兴市场IMF发言权和代表性的国家之一，美国自身却由于拥有一票否决权而遭到责难。

盖特纳常被问及美国在IMF拥有“一票否决权”（veto）的问题，这是可以理解的。IMF的重大决策需要超过85%的投票权赞成才可通过，而美国拥有16.77%的投票权，就具有了一票否决权。

但盖特纳认为，实际上美国的份额（17.09%）和投票权也是被低估的，因为美国占世界经济和金融活动的比例远高于这一水平。此外，美国不仅对IMF贡献，也对区域性开发银行和其他国际机构提供资金和支持，“贡献”规模都远大于其在这些机构中的权重。

其实，15%的投票权，这个门槛并不高，某些国家可以在某个问题上形成一个联盟，集体取得类似的效果。不仅是“金砖四国”，其他国家的集合也能作出事实上的否决。

盖特纳称，问题的关键是影响力——能否得到其他国家对改革的支持。在寻找最重要的对IMF工作方式的创新以及IMF如何应对危机上，美国一直是个非常重要的力量。这些都是金融稳定和新兴市场用以应对挑战所必需的。

在盖特纳看来，美国在IMF发挥影响力主要通过以下几个方面：

——美国需要在处理国内经济上做得更好，改革自身的经济政策，包括管理金融业的未来，有效运行金融系统。

——国际号召力。这不仅对美国，也对其他国家适用。在国际机构中的影响力，不仅仅是提出自己的主张，并“不达目的不罢休”，还要调和各国矛盾，把可能为各方接受、有助于改进国际经济、金融体系的提议带到桌面上来。

——要让更多的成员相信，它们的价值观、利益、呼声在国际机构中得到体现，这样才会使它们认为机构是公平有效的，并加大参与度。

盖特纳承认，美国越来越认识到，其他国家并不总是与美国具有相同的利益或价值观，美国政策也会犯错，也有不足。这时候，改写国际机构的议事规则，让历史上不在决策核心的新兴市场和发展中国家具有更多的话语权，本身就是具有前瞻性的改革。

因此，一个更强、更具合法性的IMF，并不需要建立在削弱美国影响力的基础上，二者并不矛盾。

虽然经济增长与稳定取决于各国政府的政策选择，IMF仍然可以提供资源和监督框架，这是IMF治理改革的基本原则。

盖特纳希望IMF拥有更强的紧急资金借款能力。而在治理改革中，最关键的是让各国在提供资源和贡献的时候“感到舒服”，这里是在讨论一整套的相关问题，而美国也对一切想法和提议保持开放的态度。

另外，任何形式的国际协作，都无法迫使国家来作违背本国利益的决策。从危机中也能看到，任何单一国家，无论权重多么大，也不可能起到“群力群策”时的效果。因此，盖特纳称，各国必须做到，承认单个国家利益，同时构建更强、更可持续的增长。一种简单、具有吸引力、实用的途径，就是每个人各自做好工作，若再能协调一致，就可以发挥国际机构的效用，使各国政策更连贯、可持续，以便减小风险，促进福利增长。

比如，G20峰会就是对不同经济体的承认。由于本次危机如此紧急和严重，G20国家一同作出努力才避免了衰退更加恶化。

长期来看，G20成员也将为避免下一场危机作出各自的努力，比如经济增长方式的转变，就正以中国致力于结构调整作为新兴市场和发展中国家的典范。

也正因此，目前各国没有新的“G发明”，因为G20也是实用主义的体现。盖特纳称，只要达到全球经济改善结构、协调政策、降低风险的目的，国际机构的具体组织形式和议事规则并不是核心问题。

## 金融监管改革

全球金融监管改革框架亟待重建，但作为最早提出系统性改革方案的国家之一，美国政府的方案至今在国会受阻，来自各方的反对力量也正在积聚。应该如何改变全球金融市场的现状呢？

盖特纳认为，加强监管可能阻碍增长的说法，不过是反对改革的说客们的说辞。当然，改革有可能造成一些始料未及的结果，也可能抑制创新，“但这不是我们面对的最主要风险。最主要风险是能否维持足够的政治意愿，使改革真的发生。如果市场根基不牢固，资金无法得到有效的分配，所谓创新也是不可持续的”。

金融领域的改革，同样需要国际协作。现在是非同寻常的时期：全球经济下行与自20世纪90年代亚洲金融危机以来的首次全球金融动荡并存。对金融系统来说，要正常运转，有效分配资金，就必须更加稳定。

因此，盖特纳称，这不可能由市场自身来完成。“这需要一系列标准，由我们来定义，并且要实施。这是政府要做的事情。”

他强调：“现在很多人乐于谈论组成什么样的国际机构，谁来‘主事’，但我想明确说明的是，这不是问题的关键，也不该过分在此问题上‘分神’。”

他认为，设想金融改革时，最重要、最有用的事情是道路的规则，限制条件是什么？应当使用哪些激励机制？这不一定需要特别正式的组织框架。目前金融稳定理事会（FSB）与 IMF 的合作框架已经足够，再设立独立的执行机构可能不会产生效果。各国的独立政策和相互协调，才是改变现状的关键。

“对于经济复苏后改革动力的下降，我也有一些担忧，但是总体上来看，还是比较乐观。我们已经看到了很多具体的尝试，在合作方面，前景十分光明。最后，你们是我们的裁判。”盖特纳说。

# 对农村金融改革的思考与部署

## ——专访中国银监会主席刘明康

采访人：凌华薇

发表时间：2007-5-14

市场的力量能够在农村金融走多远？农村金融机构何时可达“及格线”？银监会成立以来最大的放开准入举措带来什么机遇与挑战？从农基会覆辙应学到什么教训？

## 刘明康谈农村金融

怎样让中国的农村“草根层”获得金融血液？怎样让亿万农民获得充分的金融服务与金融支持？这是中国金融改革最具挑战性的课题之一。2003 年本届政府就任伊始，曾宣布要解决两大金融难题，其一是国有商业银行改革，其二即为农村金融改革。

随着当前国有银行改革初见成效，从决策层到民间，都把更多的金融关注投向农村。

在 4 月下旬召开的博鳌亚洲论坛年会上，一位《农民日报》的记者，以“中国农民”身份向银行分论坛的嘉宾提问，十个“为什么”质疑连连，意在为农民对中国储蓄贡献之多、所获金融服务之少而鸣不平。此举得到与会者一片掌声，足见“农村金融”话题大有趋热之势。

当然，农村金融改革和体系建设本身是一项庞大、复杂的系统工程，也是一项在既定方向明确后不断探索和创新的过程。今年以来，农村金融体制改革已经成为决策层日程表上的重心任务之一；是项改革的牵头协调单位，即为中国银监会。

“五一”前夕，在中国银监会大楼十九层的办公室里，中国银监会主席刘明康接受我们的专访，讲述了银监会作为主管机构对于农村金融改革的思考与相应部署。

## 商业金融：“我们的思路很清晰”

记者：人们很想了解，作为农村金融改革的牵头部门，银监会的基本思路是什么？换句话说，首先要回答一个基本问题：农村金融要不要赚钱？为农民服务是肯定的，但到底是搞商业金融还是纯政策金融？

刘明康：推动中国的农村金融服务业，总体而言还是要按照市场经济的原则来组织，按照商业可持续的原则来发展。这里还有个生产资源如何优化配置和提高效率的问题。市场经济已经在农村渗透很长时间了，中国最早的经济体制改革其实就从农村起步的。现在无论养殖户还是种植户，都是按照商品经济的原则来组织、按照商业可持续的原则来发展生产的。应该在商业金融的范围里，以社会主义市场经济的原则来推进农村金融体系的建设。这一点，我们银监会思路是很清晰的。

不过中国幅员广阔，各地情况千差万别，在不同条件下要采取不同的针对措施，因此，我们把发展农村金融的目标和原则概括成三句话。

首先，要以改革为动力，促使民间资本在农村更好地流动。这一方针适用于中国农村80%以上的地区。这包括改革现有的农村合作金融组织、农业银行，以及邮政储蓄银行等等，使他们通过市场化的手段为农村提供金融服务。

比如2006年底，中国银监会批准设立了中国邮政储蓄银行。按照向“三农”倾斜的原则，邮政储蓄机构积极探索了资金回流农村的机制，通过与农村金融机构开展大额协议存款和债券投资等方式返回农村资金余额已超过了1000亿元。近期，银监会批准邮政储蓄机构开办小额存单质押贷款业务，成效十分明显。

记者：你是说大部分地区还是按照市场原则，但对于那些非常穷困、流动性不高的地区呢？就是你说的80%以外的地区？

刘明康：这就是我要说的第二点，在民间资本难以充分流动的领域，要坚持以商业可持续的原则促使政策性金融开展服务。政策性银行毕竟是银行，虽然还款期限可以长一点，利率可以优惠一点，但必须还本付息。所以在商业可持续的原则指导下，促使政策性金融在民间资本难以充分流动的领域里做好服务。

比如，农发行按照商业可持续的原则，推动了农田水利的基础设施建设和改造，这包括水网、路网、电网和通信网的建设。这些网络建设收入少，现金流量小，民间资本是不太可能进入的，都需要政策性银行的帮助。

此外还有第三点，在政策性金融都不能发挥作用的地区和领域，农村金融机构可以以有效代理为渠道，改革和完善财政支农资金使用的方式。

在这些领域就不是民间资本是否存在流动性的问题，而是需要财政进行转移支付和提供支农资金，包括农业补贴、综合开发、义务教育、合作医疗的补贴，还有扶贫贷款和扶贫专项基金等等，都是由中央政府和地方政府按比例拨款的。本届政府始终高度重视解决这些问题，做得非常出色，2006年安排的中央政府投资1254亿元，其中用于农村的就占到48.3%，比2005年提高了近4个百分点。农村金融机构可以在这方面发挥作用，就是可以代理财政支农资金的拨付并作资金监管。

对我们自己的农村金融要有一个客观认识，它的覆盖率总体而言还是不错的，虽然也存在着一定缺陷，但比印度、印尼等国家覆盖面都要高得多。中国绝大多数县都有农村合作金融机构、农行和农发行；在乡镇层面，根据国家统计局的数据，35173个乡镇里面只有2500个乡镇是空白的，即全国的金融服务空白率6.7%。

因此，财政支农的资金可以通过这些代理渠道进行专项验核，按进度拨付，这样做还会节省很多成本。

记者：思路看来很清楚。不过你谈到的最后一点，就是成为财政支农的代理渠道，目前还只是个建设性想法吧？

刘明康：上面提到的三句话，可以说是我们在农村金融发展工作的一个总体思路。在前两个领域里面，主要是靠银监会推动，开展得比较有序；第三个方面，我们还在呼吁过程中。

记者：另外，你说的“坚持市场引导原则”，在农村金融中存在一定困难。事实上现在除了沿海发达地区，很多农村地区的金融机构都在市场原则的引导下撤了出来。

刘明康：是存在着这种现象。不过像我前面说的，80%的地域和领域完全可以通过改革来促进民间资本的流动。比如农行此前在撤农村的网点，但现在停止了。关键是引导其理解网络的价值。银行业很多人对现代服务业其实还不熟悉，也未充分认识到网络的价值。最迟发现网络价值的一个领域就是银行业。你看麦当劳、肯德基就拼命扩大网络。

邮政储蓄就很好，它说我一个网点都不放弃，你还要新批我；不是批一个，是批很多个。邮政系统的网络现在有 7.2 万个网点，其中一半也就是 3.6 万个网点有邮政储蓄功能。这么大的系统，如果做到 7.2 万个储蓄网点，就网络而言，就是中国最大的商业银行了。

记者：是不是过去那类特大国有商业银行网点成本太高了？

刘明康：用市场原则去引导金融机构，是需要具备发展的眼光的。现在农村养殖户慢慢增加，再加上外出打工人员向家里汇的钱，已经在改变当地的金融土壤。比如，内地许多人到福建、广东、浙江这些沿海地区打工，这些地区的人又到境外打工。2005 年的跨境美元汇款汇到农村的就有 20 亿美元，2006 年的数字还没出来，可能会有三四十亿。邮储变成商业银行以后会很有潜力。

因此，尽管网点的存贷款业务可能不赚钱，但其他需求可能会带来收入，比如可以利用网络推销保险、基金、股票产品，手续费收入就非常可观。虽然有这种需求的客户只占社区的 5%、10%，但是他给你带来的手续费收入，可能是网点其它业务的几倍。

总之，农村金融是可以搞好的，也是可以赚钱的。我在新疆见到过一个做摩托车租赁公司的小老板。他把摩托车租给牧民用于放羊，对方每个月给他 300 块钱，连续交五年或六年；如果期间还不了贷，就用羊来抵。买羊的价格按市场价格打 9 折计算，结果他没有一笔坏账。这只是个例，但显示出农村金融还是有很多机会的，需要有改革思路，当然同时需要很好的监管。

记者：总体来说，在商业银行完成改革后，商业银行的盈利驱动更加明显了，这与支持、服务“三农”之间还是会存在一定的矛盾。对此应如何化解？

刘明康：单纯从经济角度看，支持“三农”与商业银行的盈利驱动之间，确实存在着一定的矛盾。就银监会而言，在这个问题上还是不能搞行政手段，只能以市场化手段加以引导。总之，还是要加大窗口指导力度，鼓励商业银行学习微型金融的信贷、管理方法，同时也会加强配套政策支持。

【记者述评】

农村金融问题一直被视做中国金融改革中最难啃的骨头。农村资金回流城市、农民贷款难、加剧城乡差距等问题，每每为人诟病。农村金融能否通过机制改革实现商业可持续，如何为政策性金融与商业性金融划限，自上而下的改革能否适应农村金融的实际需求，一直是令业界和决策层感到棘手的问题。

2000年以来，国有商业银行在逐利动机下纷纷撤出农村金融市场，甚至中国农业银行在2006年7月被叫停前，也在悄悄撤出部分县域。

1994年成立的农业发展银行业绩一直不佳，到1998年被确定为专事粮棉统销统购的机构后，不良资产迅速堆积；多年来，一直笼罩在信贷监管不力、案件频发、高负债率、业务单一、前景不明的阴影中。

邮政储蓄是惟一遍及中国县乡的金融机构。他们为农民提供了存款、汇兑等基本金融服务，但长期以来却是从农村虹吸资金回流城市的主渠道。

分散于全国各地的万余家农信社，独木支撑着县域金融。2006年底数据显示，农信社40％的贷款投向农村，占农村获得贷款的80％以上。但农信社从监管体制、治理结构、财务状况到经营机制，如百病缠身，服务质量难尽如人意。

2003年底，国有银行改革开始启动，但至今农业银行的改革方案迟迟未出。在农业银行高达近万亿元的不良资产里，究竟有多少属于“政策性”亏损，仍是迷雾。展望未来，农行还在寻找服务“三农”与商业银行逐利本性的平衡之道。

转机发生在2006年9月。孟加拉乡村银行及其创办人尤努斯获诺贝尔和平奖的消息，令中国金融官员、银行家们受到了强烈的心理冲击。孟加拉乡村银行用自己的经历和获奖证明，“穷人银行”可以自给自足地存在。由此，人们有机会接触到世界范围内更多的成功经验：在厘清了财政补贴、政策性金融和商业性金融的边界，允许民间自下而上地创造并给予必要的环境条件后，农村金融做到商业可持续并非遥不可及。

## 农村金融机构：谁能及格？

记者：中国搞农村金融，起起伏伏也许多年了。现在的问题还是比较明显的。你刚才谈到总体覆盖率不算很低，但均衡性还是问题比较大吧？

刘明康：对，这是当前农村金融面临的最重要的问题之一，就是农村金融机构网点真正做到广覆盖还远远不够，竞争不充分，覆盖不均衡，覆盖率还是不够高。虽然目前在乡镇层面上的金融机构空白率只有6.7%，但是分布并不均匀。在西部地区这一比例是10%。这意味着四川这样的地方，有10%的乡镇是没有任何金融机构的，青海就更高，达到30%左右。因此，覆盖率低和网点不平衡是我们要注意的一个问题。

与此同时，银监会作为金融服务的推动者，始终在观察金融服务和金融竞争的关系。我们为什么主张在农村金融领域进行改革开放？就是因为竞争充分可以促进服务质量。这里提到的竞争不充分的地区范围很广，很多县只有所谓“两个半金融机构”，一个农行、一个农信社和一个没有分支机构的农发行。在中西部地区，农行也退出了，实际上只有一个半机构。如此不充分地竞争，服务当然也就成问题。

记者：在农村搞金融，困难也是客观存在吧？

刘明康：当然，在农村开展金融确实成本会高一些，风险会大一些，当然这也是国际上普遍存在的问题。在大城市，做一个项目就有几亿元的业务量，手续费派生业务收入都很可观。可是在农村，农户信用贷款平均每户是3000元，联保贷款平均每户是10000元，金融业务的收益率自然就低。

因此，国际上所有农村金融机构的不良率都比城市高。而如果用利率上浮的办法来覆盖成本的话，尽管现行的相关法规是允许贷款利率最高上浮4倍，但实际情况是，上浮超过1倍就很难被接受。这样一个利率水平，在农村的大部分情况来看，都是不足以覆盖成本的。

不过，如果没有天灾人祸，农民是真正还钱的。目前这一块的资产不良率并不高。更多的问题，主要还是出在农业企业贷款上，其中既缺乏风险控制，又有复杂的裙带关系，关停和破产的成本还很高。因此，村镇办和县办企业目前是农村金融机构资产不良率的主要来源。

记者：那你对目前农村的金融机构如何评价呢？

刘明康：再就要谈到农村金融机构自身的问题了。其实，中国的农村金融机构，包括农行、农信社、农发行，走到今天，离我国“三农”金融需求还有很大差距。比如，农信社经过1650多亿元央行专项票据置换其历年挂亏和不良资产，地方政府也给予了不同程度的支持，但目前的不良率按五级分类其实还有近30%。成本高、风险大是个原因，但也有机制性因素。银监会监管系统中，针对农信社的人员也是最多的，要监管全国1.9万家农村信用社法人机构，监管挑战也很严峻！

另外，在很大程度上，农村金融机构按照科学发展观提供农村金融服务的要求，还差得很远。农村金融需求有它的特殊之处，突出表现在农村地区缺乏必要的抵押和担保，因此必须有不同于城市金融的工作思路，在信贷机制上要积极探索创新。比如说，农年都有丰欠之分，我们叫大年、小年、平年；受了自然灾害，同主观违约是两回事。如果是天灾因素，金融机构应该让农户贷款攒钱，到丰年再还款，这时候可以把利率再提高一些，或者可以探索农户把土地使用权拿来做抵押。

这类例子还有很多。所以目前我们在积极推动农村金融机构的机制改革，如果做得好的话，整个中国的农村金融面貌就会有很大的起色。

【记者述评】

2003年后的农村金融改革历程，包括启动农信社改制、央行推动设立只贷不存小额贷款公司、2006年底银监会宣布开放农村金融等几大阶段，目前还在继续探索改革路径。

2003年6月，农信社改革首先启动。国家动用了央行票据、财政免税等手段，为农信社注资达近1900亿元。

2005年开始，央行开始推动五省市只贷不存小额信贷公司试点，意在引入竞争和推动民间金融的正规化。

2006年7月，农业银行的基本改革路径确定，主要原则是“整体改制，服务三农，择机上市”等。

2006年12月31日，邮政储蓄银行挂牌，注册资本200亿元，不承担政策性业务，主要定位于服务农村金融，目前还在进行邮储与邮政分家、准备股份制改造和探索盈利模式的过程中。自当年3月始，邮储已在部分省市试行定期存单小额质押贷款的零售业务。

2006年底，农业发展银行改革启动。银监会批准农发行开始农业综合开发业务，涵盖农田水利基本建设和改造、生产基地开发和建设、生态环境建设、技术服务体系和流通体系建设等领域。由此，农发行开启了商业性业务的新领域。

2006年12月20日，最具突破意义的改革来临。中国银监会发布《关于调整放宽农村地区银行业金融机构准入政策 更好支持社会主义新农村建设的若干意见》，以“低门槛、严监管”为特点，开放农村金融市场。

2007年1月的全国金融工作会议之后，中央确定由银监会牵头16部委制订下一阶段的农村金融体制改革方案。

## 改革：挑战在于实施

记者：银监会目前正在针对农村金融机构推行一系列改革措施。我们的读者很想知道整体的部署，是否可以谈一下？

刘明康：目前针对农村金融机构，已经开展的主要是六大机制改革。

第一是审批贷款程序的改革。在审批贷款方面，不能学大银行。大银行都要把审贷权限上收，由专家组成审贷委员会来论证贷款风险。这在农村是走不通的，农村金融只能搞点评式的短、频、快的审贷程序，基本上是所谓“双人四眼”原则，两个人就可以审核一笔贷款。过去不是这样，你一定要往上报，至少要报到县一级的联社再来审。

第二，对于农户的小金额贷款与大中型企业贷款，要进行单独的考核和核算，否则就没有人做小额业务了。通过单独核算，可以鼓励业务员积极发放小额贷款。

第三，对于违约客户的信息披露，也就是说如果有人逃债，金融系统间要信息共享。现在这个违约信息系统已经建立起来了，全国每月大概有 30 多万个违约的逃债个人的资料都可以在银行之间共享。

第四，对农业贷款业务人员进行培训。农业贷款是一门很深奥的艺术，它需要应变能力，一定要分清主观的错误和客观的影响。我遇到过一个很有经验的信用社信贷员，他总结了两句话，叫做“贷多贷少，贷早贷迟”，意思是针对农户的贷款的规模和时机要把握好，如果贷早了容易被挪用，贷晚了要误农时，都会产生坏账。同时，对于贷款项目，信贷员要有充分的了解，这样才能保证贷款的规模恰到好处。这两句朴素的话里包含了一种管理艺术，是需要培训和经验的。

第五，要建立科学的激励机制。农业贷款应建立专业的业绩考核和奖惩机制，使信贷人员的收入水平、职级晋升等个人利益与业绩紧密联系，防止激励不足或道德危害。

最后，要用利率工具给风险定价，这个一定要突破过去的传统。以上六个机制的建设，目前在全国的金融机构都在推广。我认为这六个机制建设做起来，农村金融会有很大改观。

记者：你一下说了六个方面。但从政策设计到实施，目前进展如何呢？

刘明康：2006 年，针对农户的小额信用贷款金额已经达到 1710 亿元，比改革前的 2002 年增加了 964 亿元，银监会成立以来年均增长 23%；农户的联保贷款已达到 1001 亿元余额，比 2003 年增加 748 亿元，年均增幅达到 41%，这两个幅度都超过了全国贷款的平均增长速度（2006 年是 14%）。

再比如，我们通过发展金融创新，已经有 15 个省份把农村信用社联合在一起，发放了统一品牌的信用卡，这对于流动状态的农民的资金安全是很有帮助的。这 15 个省份的农村信用社发卡已经超过了 3500 万张。

从政策性金融来看，农发行过去只做粮棉油收购业务，从 2004 年开始，我们批准它新增了几项贷款，包括前面提到的农村基础设施贷款、能源环境和城镇化建设，还有农业综合开发贷款、农业龙头企业贷款、科技贷款，加在一起贷款将近 200 亿元。它都是坚持商业可持续原则展开业务的，审核都很严格，因此比较稳健。我跟他们讲能不能做到 400 亿元，农发行说必须要对从业人员培训上岗以后才能展开。

邮政储蓄银行正式转为商业银行进行运作之后，我们从去年就开始在城乡社区搞小额质押贷款，到目前为止已发放了接近20亿元，5万多笔，其中在农村占70%。

总体上来看，我们已经有了好的平台，好的战略思路，下一步关键是推进实施。

记者：我们理解，具体实施中其实还是会有许多困难的。你看目前的主要挑战是什么？

刘明康：目前遇到两个现实问题：一个是社会诚信制度的建设，必须要有信息披露的共享网络，目前还有空缺；二是在农村应当有一些法律框架上的进一步突破，特别是应当探索和研究允许农户将宅基地和集体用地进行抵押。

比如农民搞养殖业，可能需要50万的贷款资金，这不是联保贷款和信用贷款能解决的。

据我们了解，农村发展养殖业的农户往往都不止一套房子，为什么不能拿其中的一套来抵押呢？现在是农民要求把房子抵押给信用社，但信用社不敢要，所以客观上需要《物权法》能够往前再进一步，解决这个问题。当然，金融机构在接受抵押服务的时候，可以分清这样做会不会对他的生存和居住有影响，这是可以办到的。

当然还会有许多其他问题，但现在这两个挑战比较突出。

【记者述评】

轰轰烈烈的进程背后，农村金融机构改革的复杂性和艰巨性，从近期农信社的最新情况可见一斑。

农信社是农村金融改革中最先启动的一环。2003年6月27日，国务院印发《深化农村信用社改革试点方案（15号文）》。当年8月，试点从八省市启动，在两年间迅速扩展到除海南、西藏的全国29个省区市。截至2006年底，央行共发行专项票据1656亿元。此外，财政还以保值贴补和税收减免的方式，向农信社提供了187亿元的资金支持。

据2005年6月末的数据，全国农信社的股本金总额达到1610亿元，平均资本充足率达5.9%；农信社不良贷款比率从2002年的36.9%降至17.5%，上半年实现盈利93亿元。

但是，近期农信社再次曝出五级分类后不良资产猛增的消息。截至

2006 年底，按商业银行从 2001 年起通行的贷款风险分类标准，农信社的不良贷款比例高达近 30%，这比农信社按“一逾两呆”（也称四级分类）标准的数据，要高 10 多个百分点。

事实上，在农信社的改革过程中，外界一直存在对改革目标、过程、方法、成效的种种质疑。比如省、县联社模式实际上剥夺了股东对农信社的权利，农信社的内部人控制现象没有丝毫改变；为了拿到央行票据，一些地方不惜弄虚作假，由地方政府出具分红承诺函来吸引职工、农民入股；农信社更不顾实际拨备不足且无真实盈利的情况，年年大派红利；农信社至今未能建立退出机制；农信社的法人治理结构仍然残缺，监管和管理仍未分开。

人们担心的是，如果不能直面农信社改革的得与失，不但农信社的第二次注资不会成为“最后的晚餐”，而且农信社的种种弊病会在新农村金融机构中重演。

## 开放：谁的机会？谁的挑战？

记者：银监会去年底推出调整和放宽农村地区银行业准入政策，市场开放，引起很大反响。现在实际进展怎样？

刘明康：对于村镇银行、贷款公司、农村资金互助社，现在银监会已经受理 21 家申请，批准的也已经有 15 家。今年在六个省区试点，主要试验一下能不能健康发展、监管能不能跟上。六省区试验通过后，明年再扩大到全国。

这一次市场放开门槛降低很多，过去开一家银行需要 1 亿元资本金，这次村镇银行规定只要 300 万元。此外还有一些税收优惠，六个省区都表示，前三年的营业税可以返还。因此，我们要求必须是正规金融机构工作和具备严格资质条件的高管人员，才可以发起设立和经营上述机构。

目前看来，外资有着很强的兴趣。渣打银行和汇丰银行、还有一些外资保险公司也很愿意进来。他们有经验，能保证商业可持续发展，可以在全球范围内调配具有小额信贷经验的专家来，这对发展当地金融是很有帮助的。

这三类机构执行的利率政策可能比农信社要更灵活一点，最初发生的业务利率可能高一些，有了信用纪录后可以慢慢降下来，这是个动态管理的过程，在这方面外资比较有经验。前面说的金融机构改革的第六项就是用利率给风险定价。其实我们也要求农信社灵活，但很多农信社灵活不起来。

记者：放开准入，对银行业来说是一项重大的政策调整，也是一道监管难题。不知银监会如何看待？

刘明康：对，这是银监会成立以来在市场准入方面最为重大的一次政策调整，在有效促进和改善农村金融服务的同时，也可能面临一些挑战。

首先是金融机构承受能力会受到的挑战。当前农村金融机构的主体是农村合作金融机构，由于多方面的原因，这些机构历史包袱相当沉重，潜在风险比较大；长期在较为安逸的市场环境中，市场竞争力也较为欠缺，应对冲击的能力不足。当面对大量新型、轻装上阵机构，能否应对竞争，是否会出现新的金融风险，都是政策执行过程中值得关注和考虑的因素。

再有，新机构风险控制也是个挑战。此次政策推出的三类新型金融机构，在中国金融史上没有先例，在国际上也没有很多经验可供借鉴。如何在引导他们坚持支农服务方向、切实发挥其改善农村金融服务作用的同时，实现有效的风险控制，确保其可持续发展，需要在实践中进一步摸索。

当然，这次市场放开，对我们的金融监管能力也是现实挑战。调整和放宽农村地区的市场准入后，农村地区金融机构的种类和数量都将出现跳跃式的增长。如何改进监管体系，配置监管资源，利用有限的监管力量应对更为艰巨的监管任务，切实防范金融风险，也将是银监会面临的一个重要而现实的挑战。

记者：农村金融监管历来难度就相当大，过去业内对此的批评也比较多。目前在新形势下更是难上加难，银监会将如何应对？

刘明康：我们对这些风险和挑战都进行评估，要努力做到未雨绸缪。现在的想法，要采取“先试点，后推开”方法，稳妥推进。同时，在充分调查的基础上，将试点地区确定在机构覆盖率低、竞争不充分的地区。另外，在有关实施细则和制度办法的制定过程中，按照“宽准入，严监管”的要求。因此，对各类机构审慎经营方面的要求非但不能放宽，反而还要加强，确保这些机构从设立之日起就具备良好的风险管控能力。

此外，我们在着手对监管资源的配置进行重新安排，进一步充实基层，特别是监管办事处的力量。这样就可以更好地满足因新设机构而不断增长的监管要求。

【记者述评】

2007年3月1日，中国第一批四家农村金融机构挂牌成立，他们是吉林省磐石融丰村镇银行、吉林东丰诚信村镇银行、四川仪陇惠民村镇银行、四川仪陇惠民贷款有限责任公司。

3月9日，中国第一家全部由农民自愿入股组建的农村合作金融机构——百信农村资金互助社，也在吉林四平梨树县闫家村正式挂牌营业。

4月底，我们赴现场调查发现，这些形式各异的新型农村金融机构为贫瘠单一的中国农村金融带来一抹亮点，但也带来了新的挑战。

专家分析，在零售层面上提供农村金融服务和产品，是一件充满了风险和成本很高的活动，因此不能奢望放开准入本身即能建立起多元化、有竞争的农村金融市场。这需要一系列必要的配套条件，包括平等的竞争环境、自由定价的权利、信息和法律框架的完善以降低交易成本、精简而有效的监管框架等等。

其中，自由定价，让利率能覆盖成本，这个基本经济规律首先需要得到政府农业部门的理解。记者获知，与农信社执行利率不能超过基准贷款利率2.3倍的政策不同，新型村镇银行等不受此限制。但是，如何创造机制让农村金融机构有动力去不断降低行政成本，则是监管当局需要考虑的下一个难题。

事实上，从公司治理结构到内部机制改革，从覆盖率到竞争度，从政企责任界定到建设多层次金融系统，中国的农村金融体系有着太多提升的空间。

## 农基会前事难忘

记者：提到农村金融与监管，绕不开上个世纪90年代农村合作基金会的一幕。农基会一度轰轰烈烈，后来几乎是全军覆没。你如何看待农基会这一段历史？经验教训何在？

刘明康：从机构性质角度看，农村合作基金会与正在试点组建的农村资金互助社非常类似，都属于农民自愿联合、实施民主管理的合作性质的金融机构。这种类似，在社会上也引起了一些担忧，即农村合作基金会的悲剧会不会重演。

总体看，农村合作基金会的产生和发展有其特定的历史背景，初期也发挥了对正规机构金融供给能力不足的补充作用，有其积极的一面。它最终偏离正确运行轨道，演化成金融悲剧，主要有两个原因，一是农基会大都政府行为色彩浓厚，行政干预严重；二是当时缺乏必要的监管。

总之，不能因为农基会的前车之鉴，否定小型或微型金融机构在中国金融体系中的地位和作用，不能因为历史曾有过悲剧或灾难，就在发展农民合作金融组织问题上畏首畏尾，裹足不前。对我们而言，当前更重要的是认真回顾和总结农村合作基金会的教训，从中汲取经验教训，并以此来指导农村资金互助社的健康发展。

说来说去，还是要加强准入管理。金融业是一个特殊的行业，金融机构是一类特殊的企业，其经营活动涉及广大人民群众的利益，其经营风险具有很强的扩散性。金融机构的组建不能一哄而起，要把好准入关。

回顾农基会的发展历史，由于在市场准入方面缺乏必要的审批管理，1992年后机构数量快速扩张，到1996年，乡镇一级的机构覆盖面达到了近50%，吸收入会资金比1991年增长了11倍。而恰恰是在这一段时间，其金融风险开始积聚并最终爆发，1997年不得不进行清理整顿。

其实当初的农基会经营金融业务，却不在金融监管范围之内。所以不但要有准入监管，还要持续监管。没有监管是农村合作基金会风险爆发的重要原因，在清理整顿过程中也付出了巨大的代价。

记者：从监管的角度，以前车之鉴，今后可以看到哪些具体的监管方向？

刘明康：我想有一些是看得比较清楚的，比如必须注重法人治理和内控制度的完善。清理整顿农村合作基金会的过程中就发现，农村合作基金会经营、财务非常混乱，根本原因就在于没有建立起必要的法人治理结构和内控制度，缺乏应有的内部制约机制。对于一个金融机构而言，没有健全的法人治理和内部控制，不出现风险反而是不正常的。

另外，必须着力提高人员素质。由于缺乏规范管理和培训，农村合作基金会的高管人员和从业人员来源复杂，缺乏必要的金融知识，业务水平低下，这对其金融风险的形成也有至关重要的影响。

还有一个问题必须面对，就是必须建立完善金融机构市场退出机制。由于缺乏有效的市场退出机制，农村合作基金会的退出处理时间较长，也产生了很多遗留问题。在积极推进农村金融改革的过程中，必须着力加强以存款保险制度为主体的市场退出机制建设，以保护存款人利益，促进农村金融机构的健康发展。这些教训，我们在起草相关政策和制度过程中，都进行了充分的借鉴。在今后的工作中，我们还将时刻保持警醒，加强对农村资金互助社的监管与指导，确保其健康发展。

【记者述评】

农村合作基金会兴起于上世纪80年代中期，至1999年1月被国务院严令全国统一取缔，经历了十多年的兴衰。

农村合作基金会是主要依赖于农户的资金注入的准正规金融组织，其经营活动归农业部而不是中国人民银行管辖，并迅速呈现星火燎原之势。

大多数农村基金会的运作都违背了合作基金会的互助宗旨，把农村基金会变成了办理存贷业务的第二个农村信用社。到1996年，农村合作基金会的存款规模达农村信用合作社的九分之一。然而，由于普遍的高息吸存、内部管理混乱、基层政府行政干预及缺乏必要的金融监管，农村基金会很快出现了大面积的兑付风险，甚至在局部地区出现了挤兑风波。

1996年，中央发布《国务院关于农村金融体制改革的决定》，农村基金会进入了整顿发展阶段。1997年11月，中央决定全面整顿农村合作基金会。农村合作基金会自身积累的矛盾也突然表面化，并在部分地区酿成了危及农村社会及政治稳定的事件。

1999年1月，国务院发布3号文件，正式宣布全国统一取缔农村合作基金会。经过清产核资、分类处理、清收欠款和存款兑付等阶段，各地农村基金会得到了彻底清理。但由此带来的资产损失相当严重。由乡镇政府向银行申请贷款兑付基金会债务，给乡镇财政造成压力较大，广大农民也被转嫁了相当部分的债务负担。

然而，农村合作基金会作为非正规民间金融组织，是否应从此绝迹，却一直颇有争议。相当一部分识者认为，中国农村千差万别，如果把希望完全寄托于政府身上，期望中央自上而下出台“一揽子”方案，然后由各地去执行，事实证明未必可行，农信社目前的改革困境即是明证。政策面应为农民自下而上的创新和改革留下空间，允许农民建立自己的“银行”。银监会此次开放农村金融市场时打开资金互助社这一道门，就是吸取了有关专家的意见作出的决定。

为了防止农基会的悲剧重演，专家建议，在加强监管的同时，应该通过设立改革的牵头部门，提供必要的技术援助，并对自发的制度创新授权，随时跟踪改革的进程，并要注意对合作组织的监管思想应区别于商业银行。

（注：程芳对此文亦有贡献）

# 中国经济太热，需谨慎看待

## ——专访投资家、慈善家、社会活动家索罗斯

采访人：王端

发表时间：2010-2-22

“如果中国经济冷却一些，我才可能会变得再次乐观。”

2月3日傍晚，香港大学陆佑堂人头攒动，金融界学界名人云集，只为一睹“大鳄归来”。曾在亚洲金融风暴中与港府鏖战的对冲基金界教父级人物乔治·索罗斯（George Soros）再度访港，光环仍不减当年。

12年轮回之后，全球经济已陷入一场更大的危机。尽管索罗斯在演讲中笑称“已经退休”，无心过问投资事宜，但其举手投足仍被市场赋予了风向标的意义。事实上，在金融危机后索罗斯的每次发言，市场无不侧耳倾听。索罗斯宣称退休不止一次，最近一次是在本世纪初互联网泡沫高潮期。但在2007年美国次贷危机袭来之际，索罗斯乘势而出，大举做空美国次贷相关证券，一举斩获数十亿美元纯利，是本次危机以来最成功的投资者之一。索罗斯所谓“退休”，是尽人皆知的老骥伏枥。

去年10月，在中欧国际工商学院演讲时索罗斯称，在国际经济大变局下，中国政府主导的模式较美国的国际资本主义模式更具效率，并且成为危机中最大的赢家。但时过境迁，索罗斯已不再无保留地乐观。他坦言中国存在经济过热、通胀等现象，而对人民币，则再次呼吁升值，以将中国的通胀转嫁出去。

对于资产泡沫，索罗斯给出的则是一个对冲基金式的回答：“当看到资产有泡沫现象时，可以趁机买货，因为这是市场大方向，不算非理性行为，但当

泡沫成熟时，就要及时沽货获利。”

2月4日清晨，在其下榻的港岛香格里拉酒店56楼，索罗斯接受了本刊记者的专访，畅谈其对全球及中国经济、资本市场的看法。年近80岁的索罗斯，身着浅灰色毛衣、米色休闲裤，尽管精神依然矍铄，但仍难与动如脱兔的资本大鳄联系起来。

## 警惕“硬着陆”

记者：你在数天前指出，全球资产泡沫正在形成。考虑到去年初至今，不少游资流入中国，以及中国持续推出宽松货币政策和经济刺激方案，你认为中国是否已经出现了资产泡沫？

索罗斯：毫无疑问，中国银行业的放贷是过度的，中国政府已经采取适当的措施对其进行了限制，这势必对股市产生影响。除非宏观调控政策达到了令经济降温的效果，否则股市将一直受到相关压制。

至于泡沫则很难判断。人们总是认为泡沫无处不在。刺激政策毫无疑问已经推高了资产价格，但要判断泡沫存在与否，很大程度上要取决于未来经济的走向是“硬着陆”抑或“软着陆”。如果经济实现了“软着陆”，就说明目前没有泡沫，反之亦然。所以，如果想知道现在是否存在泡沫，只有耐心等待。

记者：那么目前的调控措施，将会带来经济“硬着陆”还是“软着陆”？

索罗斯：这是个复杂的问题。首先，在政府刚开始限制信贷的时候，信贷需求反而会出现井喷。出于对未来继续收紧的预期，人们会争先恐后，贷到多少是多少。因此，信贷紧缩政策需要一段时间才能真正使经济降温。这段时间越长，经济“硬着陆”的风险就越大。

如果经济在明年以前持续加速增长，供给就会剧烈放大，需求却相对收缩，引起更加严重的产能过剩问题，继而导致经济“硬着陆”。所以，我认为政府当前尽力控制信贷的举措是警觉有加的。

记者：中国银行业2009年新增贷款10万亿元，今年政府公开表示约为7.5

万亿元。接下来会否导致过热、通胀以及更加激烈的紧缩政策？中长期而言，你担心中国银行体系的不良贷款风险吗？

索罗斯：经济过热、通胀等现象正在中国发生，而且这种现象将会持续，直到经济降温为止。信贷爆炸在未来的某一时候注定会产生坏账，但同样，这主要取决于经济走向“硬着陆”还是“软着陆”。

记者：最近一段时间以来，不少国际投资者对中国的态度都发生了微调，由此前的极度乐观或悲观，转向“中性”或“稍微谨慎”。你对中国的态度现在是怎样的？

索罗斯：我是保持非常谨慎（very cautious）的态度。如果中国经济冷却一些，我才可能变得再次乐观。

记者：“退出政策”是近来全球投资界最关注的话题。中国人民银行近期提高了银行法定存款准备金率，这项举措较市场预期为早，你如何评价这项政策，这是否意味着“紧缩”周期的开始？

索罗斯：政府提高法定存款准备金率是非常有力之举，我甚至可以说，中国当局比市场反应还机警。

记者：中国的房地产价格在去年底急剧上升，政府近期也在出台收紧的措施。但也有人认为，中国的房地产价格很难控制，这主要是由于内地正在进行的城镇化、国际资本的投资需求以及正在崛起的中产阶级的消费升级需求所致。你对中国房地产中长期的看法如何？

索罗斯：住宅房地产市场增长过快，一定是周期性的，因此会有调整空间。不过中长期可能仍保持快速增长。

记者：你曾多次呼吁人民币升值，这样不仅可以解决全球贸易不平衡的问题，而且可以帮助解决中国的通胀问题。但是，如果人民币单边升值，政府如何处理“热钱”流入问题？

索罗斯：无论从国内抑或国际角度分析，我认为中国政府如果允许人民币升值，都将是明智之举。

如何避免“热钱”流入是一个大问题。其中一种解决方式是一次性升值，然后再引入爬行区间（Crawling Band）浮动汇率制度。这会使得人民币既有上升也有下降可能，将可借此打击投机。

不过，我判断中国政府不大可能这么做，因为他们非常谨慎，不喜欢突然的变化。

## 美国堪忧

记者：你如何看待目前的全球经济复苏状况，今年会有经济二次探底的风险吗？

索罗斯：复苏如预期般是疲弱的。但是现在越来越多的人担心负债率的上升，这在一定程度上抵消了刺激政策的效果，增加了二次探底的威胁，而对主权债务的忧虑，也加重了这一预期。

记者：在后危机时代，美国应该如何吸引资本流入，以弥补经常项目的赤字？长期而言，美国应该如何解决财赤问题？

索罗斯：目前，美国的经常性账户赤字正在减少，并且在可预见的将来将持续减少。这种变化是好现象，但同时也伴随着痛苦。如果美元兑人民币的汇率维持不变，要实现减少赤字的目标将是相当困难的。

记者：美联储今年会加息吗？如果美国持续低息政策，中国及其他国家如何应对？

索罗斯：我认为美联储今年不会加息，由于身负巨额财政赤字，美国政府似乎很难继续再维持财政刺激方案，刺激性的货币政策将持续一段时间。

如果中国政府允许人民币升值，从而将通胀输出给美国，那么可能美联储会考虑加息，从中国的角度看，这对中国来说也是一种保持经济健康发展的举措。

不过，美国政府还会持续量化宽松政策，这使得中国政府很难采取加息的办法，这也是中国政府为何选择提高银行法定准备金率，而不选择加息回收流动性的原因。

## 中美新秩序

记者：在经济危机之后，你认为全球主要经济体已经采取足够的措施以解决世界经济的基本面问题了吗，比如国际不平衡问题？

索罗斯：没有。国际不平衡的问题正在持续扩大。在这样的背景下，中国巨大的经常性账户盈余就显得非常显眼，这就是为什么人民币升值的压力始终存在。目前，修正这种不平衡的进程尚未开始。

我相信，全球经济的复苏与中国的持续繁荣，都将建立在更好的国际合作之上，尤其是中美之间的合作。然而，中美关系在最近却出现了反方向发展的趋势，我对此非常忧虑。

记者：在你看来，目前全球对气候变化及绿色能源的关注，是否可以成为全球新的驱动力？这是内在驱动还是一场新的游戏？

索罗斯：新能源无疑将成为世界经济新的增长点，但其前提是国际社会达成共识，必须为碳排放指标定价。如果国际社会没能对此形成价格上的共识，谁会来为相关领域的投资埋单呢？

记者：你认为目前监管制度改革会否影响资本流入，这会否是一种隐晦的金融保护主义？在你看来，金融监管改革最重要是哪一部分的革新？

索罗斯：我最近提出了一项关于使用特别提款权的提案，用以扶持新能源领域的投资。这项提案已经得到了 IMF 的支持。我希望中国也能对此施以援手。IMF 总裁斯特劳斯·卡恩已经表示将在近期正式提出这一提案。

如果国际社会不能对国际监管机制达成共识，现有的多边体制将岌岌可危，从而对全球经济造成不良影响。在我最近的一次演讲中，我已经提出了如何建立全球监管体制的指导性原则（这包括监管机构要防止泡沫变大、监督金融机构的产品甚至指令性放贷等一系列加强监管的措施——编者注）。

记者：近年来越来越多的人开始谈论人民币国际化的问题，你如何看待中国政府对于人民币国际化的态度？如何做到国际化？

索罗斯：中国当局对资本账户的放开，很可能是缓慢的。我乐见国际金融体系改革以达成新的国际协议，这其中也包括货币体系，一个新的布雷顿森林体系可能因此而诞生，人民币成为国际货币，这是我们期待看到的。

进一步说，过去的全球化理论认为市场可以自我管理。这是错误的。特别是当英美放松监管时，其他国家也不得不如此操作，以防止资本流失到其他国家。

过去的货币合作机制，尤其是IMF投票权的分配已经过时了。现在，我们面临的挑战是建立一个新的布雷顿森林体系，重塑全球金融系统。为了实现这个目标，中美两国的合作是不可或缺的。这两者将在新体系中发挥领导作用，如果中美不能达成共识，那么所谓新体系就是无稽之谈。

（注：浦泓毅、陈琴对此文亦有贡献）

# 中国经济增长放缓不足惧

## ——专访全国人大财政经济委员会副主任委员吴晓灵

采访人：叶伟强、朱长征

发表时间：2010-7-12

如果把增长数字看得比解决实际问题更重，会导致我们的政策出现失误。

一年时光走过半程，尽管已经率先复苏，但中国经济面临的不确定性有增无减，发达市场增长疲弱，内部宏观调控举措正释放效力。此前，人们担心强大经济刺激计划可能强化了原有的发展模式，并催生资产泡沫及通胀预期，现今，担心转向了经济增速放缓，使决策者舍弃本该着力的发展方式转变及经济结构调整。

面对新旧矛盾，如何确立未来的选择方向？7月8日，全国人大财政经济委员会副主任委员吴晓灵向本刊记者特别强调，现在到了突出增长质量的时候了。

记者：中国经济在长期矛盾与短期政策之间，能否兼顾？政策着力点应当放在哪里？

吴晓灵：中国经济自2002年开始的上升周期，到2007年末已达到顶端。从中国的资源、环境状况以及劳动力价格要求的变化来看，上一轮经济周期的发展模式已不可持续。

推动这轮经济周期的要素，如低原料价格、高能耗，低环境治理、高污染，廉价劳动力，以及房地产市场消费需求的极大释放和出口的带动，这些因素带来的问题，到2007年时积聚一起，达到顶峰，那时经济就该下滑了。我们本来就该采取措施，解决这些矛盾。

但是，金融危机来了，我们就放弃了本该做的工作。那时候中国的政策出现“冰火两重天”的大变化，这样做情有可原，因为主要发达国家金融危机引发的世界经济危机，让人不知道未来会发生什么。但是，从 2008 年第四季度到 2009 年整个一年的表现，大家已经看到了我们刺激政策的副作用。现在世界经济已经趋于平缓，再坏也坏不到哪去了。在这种情况下，我们应该回过头来做过去该做而没做的事情，所以中央提出要把加快经济结构调整和经济发展方式转变作为今年的首要任务。这项任务已经提出十几年了，还没有切实的突破，这是我们当前必须要做的。

记者：如何对待经济增长速度的放缓？

吴晓灵：只要做这件事，经济增长速度放缓是必然的。

现在各方面对今年经济增长的预测都在 9% 至 10%，但会呈现前高后低的趋势，四季度有可能是百分之八点几。“十一五”的目标不就是每年增长 7% 吗？百分之八点几也不错，即使低于 8% 也不必惊慌。

如果把增长数字看得比解决实际问题更重，这会导致我们的政策出现失误，因为谁也没有真正论证过，1 个百分点就有几百万的就业岗位增加或者丢失。

中国经济在下一阶段增速下行是必然的，而且，我们要完成经济结构调整和发展方式的转型，就必须承认实际的增速结果，是多少就是多少。我并不认为增长速度越低越好，我也不希望它低，但是，要说质量和速度比较，中国到了该讲增长质量，放低速度的时候了。

记者：除了更重视质量，我们一直提出扩大内需，这方面可以做哪些事？

吴晓灵：内需的消费方面，住房需求对增长的拉动作用较为明显。在中国城镇化过程中，住房需求仍将是中国经济增长很重要的一个引擎，但是，现在它并不必然是这样，为什么？因为我们的住房政策和房地产政策混在了一起。

住房市场是房地产市场的重要组成部分，具有较强的社会保障和准公共产品属性，主要满足人民群众基本居住需求，虽然它也会间接起到拉动经济增长的作用，但这不应成为发展住房市场的目标。

而在现行财税体制下，地方政府更关心怎么提高土地价格，片面发展房地产业。当住房失去了对大多数人的保障功能后，房地产就不可能很好地推动经济发展，反而引发投机盛行和泡沫积聚，给经济社会带来严重问题。因而，住房政策要回归到满足人民基本生活需要上来。政府的责任，首先是满足大多数人的需要。

至于高端房地产到底定多少价格，不是政府能调控的事情。为调控房价控制住房按揭信贷的供给是对的，但把房地产商的融资渠道都堵死，这对经济是不利的。当前的投资便是未来的供给，如果这一期不投资了，半年后将对供给产生较大影响。我们应该利用这次调控的时机取消住房预售制度，同时对房地产商适当放开银行信贷之外的融资渠道。这样才有利于解决预售房对消费者权益保护不够的问题，同时也能促成开发商的优胜劣汰。

住房政策的错位，使得住房本该发挥的拉动经济增长作用，到现在已经不可能了。如果政策回归的话，中国城镇化还有很长的路要走，住宅还能成为一个重要的消费领域，拉动经济增长。但目的不是为了拉经济增长而刺激房市，是为了满足老百姓的生活而得到生产的发展。它是结果不是目标，现在把结果当成了目标。

为了更好地扩大国内消费，更重要的还是要加大改革力度，调整国民收入分配结构，扭转劳动报酬占国民收入分配比重下降和居民收入占国民可支配收入比重下降的趋势，同时加快社会保障体系建设，让中国居民有能力消费和有信心敢于消费。

# 我对中美两国领导力保持乐观

## ——专访《联合国气候变化框架公约》秘书处执行秘书菲格雷斯

采访人：曹海丽
发表时间：2010-10-1

一方面，我们期待所有国家真正兑现在《哥本哈根协议》中所作的承诺；另一方面，各国减排承诺均存在非常明显的不足，无法保证全球平均温度增加最多不超过2摄氏度。

2010年5月，前哥斯达黎加政府气候变化谈判团成员克里斯蒂娜·菲格雷斯（Christiana Figueres），正式接替辞职的荷兰人德波尔，出任《联合国气候变化框架公约》（UNFCCC，下称《公约》）秘书处执行秘书。菲格雷斯女士是《公约》秘书处的第四任执行秘书，也是第一位出任该要职的拉丁美洲人士。

菲格雷斯接手的是一个"烫手的山芋"。去年年底在哥本哈根召开的《公约》第15次缔约方大会出现了一系列混乱场面；尽管有100多个国家元首或政府首脑出席，会议结果仍令很多人失望。对于今年年底将在墨西哥坎昆召开的第16次缔约方大会，观察人士亦多持悲观态度。

2010年9月9日，菲格雷斯一行到达北京，为即将于10月上旬在天津举行的《公约》长期合作行动特别工作组第12次会议和《京都议定书》特别工作组第14次会议做前期准备工作。这是菲格雷斯第一次到访中国。

9月10日上午，菲格雷斯在其下榻的北京西单美爵酒店大堂，接受了财新传媒《中国改革》的独家专访。

记者：请你先介绍一下到目前为止谈判的进展情况。是分歧更多还是共识更多？

菲格雷斯：我愿意说，共识在增长。你知道，当政府谈判成员离开哥本哈根的时候，《哥本哈根协议》从广义上来说是达成了共识。当然，也有很多人对该协议表达了失望之情。在过去九个多月时间里，成员国政府已经意识到达成一个协议的紧迫性和重要性，并且已经努力开始协商进程，试图确定大家可能达成共识的领域。此外，对这个谈判过程的信任也在增长。我们希望坎昆会议能够沿着正确方向迈出实质性的一步。

记者：目前主要的分歧有哪些？

菲格雷斯：我认为，比讨论分歧在哪里更重要的是，确认达成共识的领域在哪里。因为达成共识的领域是成员国政府用来相互接触和协商的基石。

目前来看，形成共识的领域包括以下几个方面：围绕着将构成下一步气候机制基础的机构框架（ institutional framework ），有必要成立一个基金，以帮助发展中国家支持其用于减少排放和适应的计划和行动；有必要设立一个技术转让机制，以实现不同国家之间的技术协作和合作，以及能力建设；有必要尽快建立一个如何采取适应（气候变化）行动的框架，以允许发展中国家用更急迫的方式去采取行动，并满足其国内需求。

另外，如何帮助那些森林覆盖率遭到威胁的国家，大家也达成共识，就是要帮助他们防止局面进一步恶化。实际上，所有这些元素都是巴厘路线图的一部分，也就是我们所称的机构架构设计（ institutional architecture ）。在此基础上，成员国政府可以选择如何建立下一个气候机制。

记者：去年以来，特别是在哥本哈根会议上，我们看到很多互相指责，责任推诿，这种情况在坎昆会再出现吗？

菲格雷斯：我们希望坎昆会议迈出具体的、有效的一步。正如我已经说过的，成员国政府已经意识到往前推进的紧迫性，他们也同时意识到这个世界上没有灵丹妙药，达成一个包罗万象的庞大协议来解决所有问题是不可能的。因此，我们必须以一种谨慎并渐进的方式往前走。我们相信，坎昆将是非常重要的一步，与此同时，各成员国政府也必须在坎昆之后继续采取下一步行动。

记者：对于即将在天津举行的会议，你有什么期待？这是中国政府第一次承办《联合国气候变化框架公约》的谈判会议，这可以向国际社会传达什么样的信息？会否有助于谈判进程？

菲格雷斯：首先，我们非常感谢中国政府主动提出承办天津会议。这次会议召开之时，正是中国的国庆假日，对此，我们尤其感谢中国政府和中国人民对我们的支持。我们同样对中国政府所表现出的善意姿态表示感谢。我们将中国政府主动承办这次会议解读为中国对推动谈判进程的承诺，以及为获得一个有成果的坎昆会议而贡献一己之力。如你所说，这是一个很重要的贡献，是一个很重要的信号。

记者：我们都知道，中美这两个最大的温室气体排放国被赋予很多期待和责任，被认为是影响谈判进程最重要的两个国家。但是，在去年的哥本哈根会议上，也有很多人对这两个国家缺乏领导力感到失望。在今年6月的一次访谈中，你曾表达对这两个国家领导力的乐观之情。从目前的情况来看，美国参议院已经无望在今年讨论并通过气候法案，而且在未来一段时间之内也难见结果，对此，你依然乐观吗？

菲格雷斯：我对中美两国的领导力仍然保持乐观。所有的国家，特别是这两个国家握有这个世界的领导力。就美国而言，是的，他们看起来不可能在坎昆会议前通过国内的立法。但如你所知，美国政府拥有用监管措施取代国内立法的选择，而且他们已经着手实施，并且会继续实施下去。我们从美国政府那里得到的理解是，即使没有国内立法的支持，他们也将坚持奥巴马总统在哥本哈根会议上的承诺：到2020年在2005年基础上减排17%的目标。所以，我们非常有信心，美国会信守其承诺。

我们同样对中国政府执行其在《哥本哈根协议》中所作的承诺充满信心。事实上，我们的理解是，中国政府甚至有意比它所承诺的做得更多。当然，因为这也符合中国的利益。所以，我们实际上并不怀疑这两个国家将兑现其在《哥本哈根协议》中所作的承诺。

当然，除此之外，很重要的一点是，这两个国家在其他许多议题上保持灵活，以便和其他谈判各方达成一个全面的协议。

记者：比如说？

菲格雷斯：比如说，这两个国家关注的一个棘手议题，是国内行动的政府责任和透明度。双方目前仍就这个议题在展开对话。当然这个议题和发达国家应向发展中国家提供的资金援助高度相关。

记者：你觉得中国可以做些什么，同时又不至于在国内利益上作过多的妥协？

菲格雷斯：目前就我们所理解，发达国家在《京都议定书》框架下将接受国际社会的监督、审议和核实（英文简称 MRV）。发展中国家则同意，如果他们国内的减排和适应项目是由国际社会资助的，则他们愿意将其置于同样的国际监督、审议和核实。

但是，你知道，还有一个很重要的组成要素，即由国内财政支持的减排和适应行动。这就涉及一个有趣的概念，特别是对于像中国、印度以及其他一些重要的发展中国家，由国内资助的项目接受国际的咨询和分析，这不同于常规的 MRV 程序，而被称为透明度问题。这些内容目前都在对话中，而且也将成为坎昆会议的谈判重点之一。

一方面，我们期待所有的国家，包括美国和中国，能真正地兑现他们在《哥本哈根协议》中所作的承诺；另一方面，很明显，也存在一个总体的承诺，即不要让全球平均温度上升超过 2 摄氏度。目前，来自发达国家和发展中国家总和的承诺，尚不足以保证全球平均温度最多不超过 2 摄氏度。因此，减排承诺仍然存在非常明显的不足，所有的国家都必须认真地看待这个问题。

记者：我仍然记得去年在哥本哈根会议的最后 24 小时所发生的混乱场面，以及来自部分拉丁美洲国家的愤怒。你作为来自拉美的一名谈判官，现在担当联合国气候变化框架公约秘书处执行秘书一职，是否处在一个相对有利的位置以防止类似的事情再次发生？我们从哥本哈根会议得到了哪些教训？

菲格雷斯：每个人都试图在哥本哈根会议之后总结教训。大会秘书处当然更是早就启动了这一程序。我相信每个政府都启动了相似的经验教训总结过程。从这个意义上说，哥本哈根是很有价值的，因为它不仅提供了今年通向坎昆之路的经验和教训，也提供了程序性的指导原则。

联合国系统多边谈判很重要的基本原则是全体性和透明性。这两个基本原则在哥本哈根会议上显然并未很好地执行。所以，我们对这两个原则有一个全新的承诺。我们将确保这两个原则在天津、坎昆，以及以后的会议上能得到实际贯彻。

记者：最后能否请你谈谈清洁发展机制（CDM）改革的情况？有部分业内人士预测 2012 年后基于项目的 CDM 可能会寿终正寝。

菲格雷斯：我不认为任何人希望 CDM 寿终正寝。我想成员国政府在讨论的是，如何进行能够扩大 CDM 规模的改革。这是谈判的重点之一。其中一种可能是，CDM 在较小的发展中国家继续有机会获得基于项目的减排。

也有一种新的可能，即对于大的发展中国家进一步扩大减排行动的规模和市场。这是《京都议定书》以及在《公约》框架下长期合作行动谈判中的重要议题之一。有些国家可能愿意选择保留目前的 CDM 运作模式，然后开放一个新的市场以作为 CDM 的补充。所有这些选择仍放在谈判桌上，各国政府仍在认真地考虑这些选择。

# 我们对中国投资十分开放

## ——专访澳大利亚外交部长陆克文

采访人：赵剑飞

发表时间：2010-10-18

“不存在那种没有矛盾的理想天堂，‘诤友’意味着存在不同意见并不会影响我们的根本关系。”

中国企业海外投资直线上升。2009 年投资总额达到 480 亿美元，全球排名第六，遍布世界 180 多个国家和地区。中国产业海外发展和规划协会预计，到 2013 年，海外投资总额有望达到 1000 亿美元。中国企业的行动引起了“中国正在购买世界”的惊呼。

在这些行动中，近年来最引人注目的是中国对海外大宗商品领域的投资。澳大利亚已成为中国对外直接投资最主要的目的国之一，仅排在中国香港和开曼群岛之后，列第三位。2009 年中国对澳直接投资流量 24.36 亿美元，占当年中国对外直接投资总流量的 4.31%。

但遭遇的不仅仅是成功。在这些炫目的数字背后，是一个个中国企业磕磕绊绊的足迹。从对外部经济环境和政治生态缺乏理解，辨不清行动路径，到对社会生态和文化的陌生招致误解的藩篱，中国企业在澳洲的经历更像一场不得不出发的冒险。就在去年，中国多家钢铁企业赴澳并购，引发澳大利亚民众恐慌。及至中铝收购力拓失手后，一连串纷争被迅速放大，引发政治摩擦。到 2009 年下半年，中澳关系已“跌至十年来最低点”。

为更深入地理解中澳贸易投资的现状和趋势，我们筹划了此次“中国企业在澳洲”的系列报道。记者分赴悉尼、布里斯班、堪培拉、墨尔本、珀斯等地，专访澳大利亚负责对外事务和资源投资领域的最高官员，各大贷款银行、投行和并购咨询机构的澳大利亚业务负责人，国企高管和澳地方社区领袖，全面了解中国企业在澳投资遇到的问题和挑战，以及澳洲社会各界对中国投资的看法，并展望中国企业在澳洲的未来。

我们的第一访对象是陆克文。

10月11日，我们在堪培拉议会大厦的外长办公室采访了陆克文。

三个多月前，陆克文语带哽咽地离开总理府，成为澳大利亚1991年以来首位任期中途被替换下的总理。取而代之的，是他的副手、48岁的副总理朱莉娅·吉拉德（Julia Gillard）。

导致陆克文下台的因素很多，包括他与工党内部同事不和，选民支持率下降，气候变化政纲执行时间推迟等。但最直接的导火索，是陆克文今年5月初在未与能源部长和矿业领袖进行任何咨询协商的情况下，贸然推出“资源超额利润税”。根据该方案，从2012年7月1日起，联邦政府将面向全部非可再生能源领域征收高达40%的超额利润税。人们猜测，陆克文本意是让普通澳大利亚人参与分享矿业工业的巨额利润，但选民们不仅不领情，反而被矿业巨头们的游说所说服——他们担心新税会损害澳大利亚矿业繁荣，从而损害经济全局，也担心新税会影响就业、影响矿业公司股价，进而间接损害个人利益。

此次专访，我们最感兴趣的问题之一就是，陆克文本人是否承认，资源超额利润税的出台源于他错估形势？如果重新来过，他会如何调整策略，既实现初衷又避免政治牺牲。

遗憾的是，陆克文一开场就要求问题不要涉及资源税。

“我搞外交。”他轻笑两声。

我们当然也能理解。在其位谋其政，今天的陆克文，是外交部长，而不是总理。数月前，他还是澳大利亚资源与能源部部长马丁·弗格森（Martin Ferguson）的老板，现在，弗格森办公室就在对面——两人平起平坐。回答，是越权。更何况，问题本身也令他尴尬。不过，随着近年来中国与澳洲铁矿石贸易数字不断攀升，随着中国在澳洲投资不断增加，以及由此而来的不断增加的摩擦，中澳之间的“外交”地位已不断升级，也日渐超出纯粹外交的层面。这或许也是需要一个像陆克文这样的中国通和前总理来坐镇的主要原因。

陆克文语调轻柔、语速很快，但温文尔雅中又透着一股韧劲。他坚持用

“诤友”一词来形容澳大利亚和中国的关系，坚持认为澳大利亚对于来自中国的直接投资已“十分开放”。他举出数字说“三年，199项投资批准，6项投资有条件批准，没有一项彻底反对”，这是“不差”的成绩。

考虑到他的助手不会中文，陆克文用英文作答，但他还是会不由自主蹦出几句中文，譬如邓小平的“实事求是”、康有为的“大同世界”。他喝绿茶，女儿杰西卡·陆德（Jessica Rudd）嫁给了澳大利亚籍香港后裔谢若谷（Albert Tse），办公室里挂着一幅署名“东升”的书法——“旗开得胜”。

但是，他的办公桌上放着一大排照片，包括与妻儿的，与澳大利亚士兵的，与克林顿夫妇的，却没有一张与中国政治相关人物的合影。也许只是偶然，但似乎隐含着某种“谨慎”——中国背景某种程度上帮助了他的仕途，但也抬高了中国人的期望——期望越高失望越大，同时让他在澳大利亚国内政治辩论中有时难免尴尬。

支持者们相信，53岁的陆克文仍有可能东山再起，重掌总理职位。但也有人私下指出，他的资历和性格可能更适合做外长。据接近他的人透露，陆克文可能会参加联合国秘书长的竞选。那里也许才是他政职巅峰之所在。

记者：你在政府部门的工作始于外交部，现在又从总理职位回到外交部，感受如何？

陆克文：再次见到30年前和我一起共事的老同事，见到许多在其他地区工作的同事，这其中也包括来自中国——我20年前工作过的地方，我想这是很好的事。这次履职重新给了我一个为发展澳大利亚的国际关系继续工作的好机会。

记者：你在准备对下一个三年的外交事务日程，哪些是优先考虑的事项？

陆克文：我们将继续优先考虑发展主要的区域关系，包括同中国、日本、韩国、东盟国家以及印度等的关系。我们会继续努力在政治、外交、贸易和投资层面上推进这些关系的发展，并在应对气候变化等重要方面与这些国家展开合作。

记者：这意味着将继续你在担任总理时提出的“中等地区强国”的战略吗？

陆克文：澳大利亚在相当长一段时间内都将继续实行“中等地区强国”的

战略，也会实行与之相适应的外交政策。我们将通过东亚峰会、亚太经合组织等地区合作组织以及 G20 等全球合作组织，与其他国家展开合作，发挥我们作为联合国安理会候选国在国际社会上的职能。面对全球经济危机面临失控的危险，我们在 2009 年 4 月的 G20 伦敦峰会期间，同中国、美国、德国等国家进行了密切并富有创造力的合作，并取得了一系列成果。这些成果对其他国家的经济刺激和金融市场稳定也提供了指引。去年 9 月，在美国匹兹堡的会议上，我们也在保持经济增长与稳定上达成了一个长期合作框架。在过去，我们是按照“中等地区强国”的战略来进行工作的，日后我们仍然会继续这样做。

记者：还在担任总理的时候，你向中国领导人提出了要做中国的“诤友”，您认为这个观点是否已经被中国的高层所广泛接受？

陆克文：“诤友”这个概念当然十分重要……因为很遗憾国际社会对中国有极端化的看法。

一种观点是，与中国人打交道，你应该非常礼貌、客气，不要指出实质性问题。也有人还持有“冷战”观念，认为应当遏制中国，因为中国代表一种战略威胁。当我提到“诤友”这个概念，是试图将世界与中国的交往带入一个新的阶段——大家相互尊重，同时在不存在威胁、不影响双边关系的前提下交换对于事物的不同看法。我认为那种“冷战”的非此即彼的思维终会过去，这个概念还是十分具有建设性、十分有用的。

记者：4 月 23 日你在澳大利亚国立大学（ANU）发表演讲：“仍然看不清重新崛起的中国作为一个主要大国将如何把握未来的发展道路，如何影响未来的世界秩序，也不清楚中国作为自信成功的国际社会成员将如何设定国家社会个人的目标。”你如何看待中澳关系以及地区间关系的不确定性的根源？

陆克文：我 2008 年在北大的一次演讲上也提过“和谐世界”的概念，康有为等人曾提过“大同”，“大同”是中国传统中处理多边问题的根本思路。我们完全支持这个理念，国际范围内可以通过联合国、G20，区域范围内则通过东亚峰会和亚太经合组织去支持。这也是我们与中国朋友接触的基础。但与此同时，我们也密切关注这些概念在中国国内的辩论。

记者：因为两个国家在历史文化以及政治观念上都有很大差别，两国能否在地区政治上有更密切的合作？

陆克文：当然可以。两国之间一直有着密切的政治对话。看看具体数字，自 2007 年底我们这个政府上台以来，我们批准了 199 例来自中国的投资申请，6 个项目有条件批准，投资总额 720 亿美元。以过去三年为例，两国关系变得更为紧密。在政治经济合作方面，看看我们在 G20 所做的事情，在相关议题上我们与中国政府进行了充分讨论，包括经济刺激政策、金融市场监管等。

记者：去年的胡士泰事件让中澳关系紧张，您怎么看？

陆克文：我们从来没有紧张过。（笑）尽管的确有一些压力和不同见解。邓小平说过，实事求是；实践是检验真理的唯一标准。从外来投资角度看，数字说明一切。

有时中国和中国国企的一些人希望通过抱怨澳大利亚的外来投资政策标准，来给我们施压。但一系列数字说明我们在投资环境方面十分开放。另一个要考虑的问题是，中国对于自己矿业领域的外来投资，有限制吗？有，有很多限制，这点我知道。对于区域和领域有很多限制。我们要比中国更开放。所谓实事求是，就是一，中国矿业领域对外来投资有怎样的限制？二、看看既有数据——三年，199 项投资批准，6 项投资有条件批准，没有一项彻底反对，这已经不差了。

至于胡士泰事件，在任何一个如此大、如此复杂、如此重要又有如此多参与者的关系里，譬如中澳关系——中澳两国双边贸易额超过 80 亿美元——免不了会出现一些问题。这是非常正常的。我们不能预想得那么完美。我提出“诤友”，正是希望当此类问题出现时能以这样的态度应对——问题来了，没问题，我们能应对好，这并不会影响我们的双边关系。

记者：有人认为，你熟知中国，这帮助你提升中澳关系，但也正是这个背景让中国政府和民众对你寄予过高的期望值——期望越大失望越大——同时也让你在澳大利亚国内政治辩论中比较被动。您如何看？

陆克文：是吗？我不这么认为。最基本的是，实事求是。你讲的是抽象的概念，但我讲的是具体的数字，这些是不辩自明的。除了上面谈到的澳大利亚批准中国投资的数字，还有其他一些事实。中澳在包括 G20 在内的多边组织中密切合作，2009 年的 G20 峰会上中国政府、澳大利亚政府和其他一些国家的政府紧密合作有效避免了经济崩溃的发生，这是事实。

之所以这样的紧密合作成为可能，是因为我们与北京的朋友之间有非常强大、开放的沟通交流。如果双方有很好的沟通渠道和工作关系，对面临的共同挑战有共同的认识，就不需要在所有事情上都完全一致。如果我一一列出我们与英国政府意见不一致的事项，你会很吃惊。同欧洲人，我们也在很多事情上意见不一。但不同意见并不会影响我们的根本关系。关键是，不同意见只是双方关系的一小部分，大趋势是积极的。不存在那种没有矛盾的理想天堂。

（注：蒲俊对此文亦有贡献）

# 以现代化告别过去

## ——专访俄罗斯第一副总理舒瓦洛夫

采访人：胡舒立、黄山

发表时间：2010-9-1

“这个国家的一切都应当改变，包括政治、社会、经济的方方面面。”俄罗斯第一副总理、有俄“事实上的首席经济学家”之称的舒瓦洛夫在专访中说。

白宫是莫斯科一座六层的白色长方形建筑。这座二十世纪六七十年代的苏式建筑曾经是俄罗斯人代会和最高苏维埃的所在地。在 1991 年 8 月时任苏联副总统亚纳耶夫的未遂政变中，叶利钦就是站在白宫前的坦克车上发表了反对政变的演讲。而在 1993 年 10 月，听命于叶利钦的军队也是在这里与俄罗斯国家议会对峙，最终以流血方式获胜。

“十月事件”后经过修缮的白宫，如今是俄罗斯政府办公所在。经白宫前的警岗，进大楼上电梯至六层，再从东侧楼梯步行到五层东端，就是两间政府首脑的办公室——总理普京和第一副总理舒瓦洛夫各据其一。

身材硕大的舒瓦洛夫（Igor Ivanovich Shuvalov）迎出来与我们握手。我们从俄式习惯直称父名，说：“你好，伊格尔·伊凡诺维奇。”他笑了，说“你们叫我伊格尔就可以了”。

舒瓦洛夫办公室里的长条会议桌可容 20 人开会，我们对坐交谈，他身后墙上挂着一幅小尺寸的普京画像。舒瓦洛夫说流利英文，采访时显得很轻松，新闻秘书亚历山大在旁作陪。舒瓦洛夫说，除了不久前去新加坡时接受过当地记者采访，他还是第一次给外国记者专访。“因为你们来自中国。”

舒瓦洛夫 43 岁，两年前出任普京内阁第一副总理，在普京出行期间可代行总理之职，足显其地位重要和受信任。舒瓦洛夫当过工人和士兵，后来在莫斯科国立大学读法律，毕业后做过律师也当过外交部官员，20世纪90年代后期一直在俄罗斯国有资产委员会工作，直至任职俄罗斯联邦国有资产委员会总裁。此后他当过一届政府部长，自2003年成为总统普京的助手之一。2008年5月普京连任总统已经届满又改任总理，舒瓦洛夫遂由普京提名成为第一副总理。

俄罗斯商界朋友安德烈对我们说，采访舒瓦洛夫就对了，他懂经济，是俄罗斯“事实上的首席经济学家”。安德烈还介绍说，虽然官居副总理，舒瓦洛夫不是政治家，而是技术官僚。一些西方观察家则评价舒瓦洛夫“非常自由派”，是俄罗斯一系列自由化政策的推进人。

## “现代化意味着一切”

莫斯科的郊区浓绿环绕，当地人介绍说，驱车西行便是富人区，“越往西越富”。会议最后一天，东道主把盛大的招待晚宴安排在40多公里外的西郊，地名就叫“奢华村”（luxury village）。翻译丽达私下告诉我们，“那是寡头们（oligarchs）住的地方”。

周五傍晚的“奢华村”很宁静。我们在名牌专卖店会聚的商业区就餐，餐馆造型独特。已经看过莫斯科城内的繁华时尚，“奢华村”的存在并不显得突兀。前些年俄罗斯经济发展良好，莫斯科、圣彼得堡以龙头地位得享其利，看上去与欧美发达国家已相差不远。

俄罗斯在1999年至2008年十年间，平均经济年增长率达到7%，股市总市值增加2倍，居民实际工资收入增长3倍，失业率从12.9%下降到6.3%，贫困率也从29%下降到13%。虽然整个国家贫富两极差距在加大，但中等收入人群从占总人口8%增至三分之一强。

尽管如此，我们接触的俄官产学界人士对已有发展并不觉得满意，交谈中可以感到对未来的困惑。所谓的“资源陷阱”、“荷兰病”的说法一直萦绕着俄罗斯的经济决策圈。

2008年的金融危机将俄单一能源经济的脆弱性暴露无遗。2000年，石油和天然气贡献俄GDP的20%，2005年上升为25%，到了油价峰值的2008

年内，跃升到30%。国际原油价格每桶下跌10美元，俄罗斯GDP会下跌3个百分点，所以俄罗斯2009年GDP下滑8%，在G20国家中受创最巨。与上年度相差达13%的变动幅度，也遥遥领先于G20平均4%的GDP产出波动水平。

经济与社会长期稳定发展的关键，在于制度建设。采访中，我们听到了对俄罗斯近年来一些改革措施的认可，其中最获肯定的是2001年实施的单一税改革，以13%税率取代以往的所得税累进税制，大大减少逃避税，重建国家财政能力；此外，2001年至2004年，俄政府简化了企业市场准入的行政审批和注册程序，启动金融改革以满足私营中小企业的融资需求，也颇具正面意义。

我们还听到许多尖锐批评。油价上升削减了继续改革的动力，如今经济复苏之后，改革压力会不会减小？还有一些疑虑和批评是具有根本性的：政府干预、腐败无处不在，法治不彰，都令人心惊。

加州大学洛杉矶分校政治学教授Daniel Treisman在其即将出版的新书《回归：俄罗斯从戈尔巴乔夫到梅德韦杰夫的旅程》中表示，今天的俄罗斯有民主制度结构但民主不充分。在俄罗斯从事金融业18年之久的西方投资银行家史蒂芬·詹宁斯（Stephen Jennings）就向财新—《中国改革》记者表示，今天的俄罗斯并未完全摆脱过去时代的烙印。

“对一个有着1000年专制历史的国家而言，新价值观必须从一片荒芜的土地上兴起，而缺乏市民社会传统的现实意味着新的价值体系发展不会很快，这需要时间。”他说。詹宁斯来自新西兰，曾就职于瑞信证券，他现为复兴资本CEO。他与几位西方投资银行家于20世纪90年代中期创办复兴资本，如今已经成为俄罗斯最重要的投资银行之一。

俄罗斯经济的掌舵人对这一切是如何思考的？去年9月，上任年余的新总统梅德韦杰夫提出了俄罗斯的“现代化事业”，令人想起当年彼得大帝（1672 ~ 1725）的“现代化”主张。见到舒瓦洛夫，我们便从“解读现代化”入手提出一系列问题。而舒瓦洛夫将“现代化”称为新的改革议程，并认为“现代化意味着一切”，意味着我们需要作出改变。

记者：2009年9月梅德韦杰夫总统提出俄罗斯的“现代化事业”，应当如何理解？很想听听你的解读。

舒瓦洛夫：梅德韦杰夫总统上任后，立即宣布了俄罗斯发展的新议程。他意识到这个国家的一切都应当改变，包括政治、社会、经济的方方面面。他特地发表文章《俄罗斯，向前》——你知道，苏联解体之后，我们度过了非常艰难的15年岁月。要生存下去，我们必须创造新的东西，但那个时期俄罗斯还在怀念昔日。

苏联时期创造的资产已经老化，旧产业不再具有竞争力，科学和教育亟待改变和现代化，财政体系和经济需要新的管理方法，商业活动需要新环境，许多东西都急需改变。

现在人人都在谈论现代化，会认为有个很具体的议程。梅德韦杰夫总统确实有过一个详细说明书，你可能听说过一个委员会和五个方向，五个与俄罗斯现代化密切相关的方向，制药业、核能等。但现实中，现代化意味着一切——人们的行为、教育、科学，涉及人们的整个生活。

举个例子，俄罗斯有很多擅长发明创造的科学家，但很难把发明商业化。在以色列和美国，俄罗斯研究人员非常受欢迎，相当多的人变得很富有，但俄国还没有这样的基础设施。再举个例子，我们这里司机开车不系安全带，因为苏联的行为方式是不用安全带的。

当我们谈论现代化时，恰恰意味着我们需要作出改变。

记者：你说了许多改变。俄罗斯经济目前最大的挑战就是如何减少对能源和资源的依赖，如何鼓励创新，对于俄罗斯经济多样化有没有具体规划？

舒瓦洛夫：能源产业需要大幅创新，但创新并不一定要与能源相关。

俄罗斯近40%的收入来自能源部门和原材料领域。当我们谈论新经济时，我们想减少对能源部门的依赖；当我们谈论创新时，能源创新或许是居于首位的任务——因为俄罗斯就能源效率来说是最后一名。我们需要使用更好、更廉价、更安全且二氧化碳排量更少的能源，需要减少单位产量所消耗的能源。

能源与创新是并存的。但如果你指的是具体规划，关于怎样发展其他部门，我的答案是改变财政政策。我们现在对非能源部门减税。能源消耗行业的税率是34%，而其他新兴部门只有14%。同时，我们意识到在建立新产业时，存有官僚体制的障碍、大量腐败现象等。对你的问题，我回答“是”，我们有具体规划来吸引俄罗斯和其他国家的商人投资，不局限于能源部门。

记者：你如何描述从后苏联时代到今天俄罗斯的经济发展？如何看过去和现在？

舒瓦洛夫：我们从苏联经济转变成今天所说的俄罗斯经济。

过去15年里主要是生存，我们伴随着苏联时期遗留的困难生存下来。苏联于1991年解体，但直到1993年叶利钦总统和议会发生冲突，并于12月施行俄罗斯新宪法。从那时起，我们才开始考虑建设新俄国。1996年，叶利钦再度当选总统。叶利钦甚至在第一轮选举中票数不够，在第二轮中才获胜。那个时期，我们从苏联政体转换到新体制，试着树立民主原则，尝试实行真正的分权体制，司法、立法和行政权三分。这之后，真正的苦难才逐步消失。

在1991年以前，苏联人可以得到国家补贴，接着一切突然没有了。普通人很痛苦，养老金发不出来。在发展和建立新事物的过程中，百姓在承受痛苦。我记得，就是到了1996年，仍有许多工人拿不到工资，厂方只能设法给工人们发一些食物，让他们养家糊口。严格意义的苦日子到2000年才算结束，我们开始考虑未来。

在2008年普京离开克里姆林宫之前，他发表了对于2020年的计划，我们必须取得比过去15年里更大的成就，要在舒适和安全方面与世界上最好、最舒适的国家相媲美。

记者：近期俄国经济改革的主要任务是什么？

舒瓦洛夫：我们需要更灵活，需要更快地改变。我们都记得过去的苏联时代，那时什么变化都没有。尽快改变，不仅适用于经济，但首先适用于经济。我们必须学得非常灵活，善于求新。

## “危”与“机”

我们的问题很自然地转向金融危机本身。危机的打击有目共睹，俄政府如何感受，作何反思？

记者：世界金融危机直接冲击了俄罗斯经济，你怎么看其深层影响？

舒瓦洛夫：我恰恰认为金融危机使我们受益。

从一方面来说它使我们陷入困境，因为我们开始动用大量外汇储备救急，去年我们是苦撑过来的。但从另一方面来说，人们开始认真思考效率，政府和商界一起思考怎样处理实体行业的闲杂冗员，找到一个真正的妥协：政府提供一定条件，帮助有能力的人们成立中小企业，使企业家们可以从工厂逐渐清理冗员。

为了应对危机，俄政府在2009年颁布了《抗危机计划》（*Anti-Crisis Plan*），出资约30亿美元，为失业人员提供失业救济及再培训和再就业就会。同时，俄政府也对实体经济提供支持，提供总额高达200亿美元的援助。

这组政策中，政府向大企业提供纾困资金受到广泛批评，因为这些企业效率低下，盈利能力很差，虽然通过补贴暂时缓解了失业风险，但有限资金并没有获得合理配置，从长远看，对俄提升企业实力，实现经济整体复苏并无好处。

按照舒瓦洛夫的说法，一旦危机过去，将试图引进更灵活的的劳动力市场，允许企业裁汰冗员。其思路朝向重启大企业的私有化以及减少对中小企业的监管，以赋予企业更多自主性。以舒瓦洛夫的主张，自由化路向相当清晰。

不过，在新兴市场研究院院长朴胜虎教授看来，俄罗斯制度建设远未成熟，仍在初级阶段。

“纵使俄罗斯前400位的企业近80%都是私人所有，但政府可以随时介入企业的经营。”专门研究中、印、俄三国经济比较的朴胜虎说。看来，进一步推进私有化必须与政府行为的改革相同步，这会是个曲折艰难的过程。

记者：你担心世界经济会“二次探底”吗？

舒瓦洛夫：我们相当关注。如果“二次探底”不幸真的到来，俄罗斯也不会遭到重创，因为我们有足够的外汇储备渡过这一关。但我还是希望我们能一起避免“二次探底”。

作为世界上仅次于中国大陆和日本的第三大外汇储备国，截至今年4月，俄罗斯共有4560亿美元的外汇储备，较其峰值时的6000亿美元略有下降，因为俄在金融危机时动用了大约2000亿美元储备。

记者：在金融危机中，俄罗斯第一个呼吁让世界货币基金组织的特别提款权发挥更大作用，你如何评价特别提款权的职能和世界货币基金组织？

舒瓦洛夫：我们认为特别提款权现在的运作方式应独立于IMF目前的份额安排。现中国、印度、俄罗斯、巴西政府花了很多时间讨论共同立场。我们对于讨论这笔钱的开支问题抱有极大热情。

记者：俄罗斯对于经济的自信源于手中握有大量资源和能源，但大宗商品的波动也会对俄罗斯经济产生冲击。俄罗斯未来如何避免这类冲击？

舒瓦洛夫：我们目前还无法避免这种冲击。这是一项长达五年、十年甚至十五年的任务，不可能立即见效。我们拥有充足的外汇储备。现在我们更加关注中国和亚洲的经济体，因为你们购买越来越多的能源和俄国产品，并保持增长。当然我们同时还依赖欧洲和其他市场，如果它们没有增长就意味着价格要下跌。

一旦出现你说的波动，能源和资源价格再度下跌，我们的经济就会受损，得用外汇储备加以中和。从长远来讲，我们的预算政策不能再这样依赖于能源行业。专家都说现在将近40%的预算收入来自能源部门。在理想的情况下，能源行业的收入不应超过预算支出的10%，其余能源收入应全部进入储备，不能用于当前的支出。

为了减轻对能源价格的依赖，我们需要让其他行业在俄罗斯发展起来。现在俄罗斯可以给其他行业提供更好的商业机会。俄罗斯与中国、印度和巴西都属“金砖四国”。最近俄罗斯投资银行复兴资本在莫斯科召开会议，根据他们的说法，发展中国家很快也会就如何使世界现代化提供自己的视角。

我认为，新经济的想法会在我们这些国家中产生。俄罗斯拥有丰富的资源，广袤的土地，受过良好教育的公民，邻国的支持和亚洲的战略伙伴，足以让我们创造出经济新策略。其中最重要的信号就是我们不能再随意挥霍来自油气出口的资金了。如果我们是储备而非挥霍，俄罗斯或迟或早会发现新的谋生之道。

俄罗斯自金融危机以来在许多国际场合，都会提出削弱美元作为全球主要储备货币，增加包括国际货币基金的特别提款权（SDR）在内的其他储备货币品种的建议。这一方面固然是对危机期间美联储一系列激进量化宽松措施的反应，另外也是俄出于地缘战略的考虑。多样化国际储备货币，在国际金融组织中增加新兴经济体和发展中国家发言权和代表性，在后危机时代是很容易形成共识的领域。这也可以解释，为何俄罗斯对主要新兴经济体的“金砖四国”机制格外热心：以俄罗斯单边的实力，难以推动包括国际新金融经济乃至政治秩序的重塑，但加上中国、印度和巴西，情况就会不一样。

记者：俄罗斯距离 WTO 还有多远？

舒瓦洛夫：所有主要问题都解决了，现在这完全是政治问题。梅德韦杰夫总统访美与奥巴马总统会面时有认真探讨，解决了我这个层面力不能及的问题。据代表团回来传达，仅剩最后一个问题，很容易解决。但即使 9 月 30 日之前我们解决所有问题，也不代表能自动加入 WTO。

其他国家都看美国的立场。美国和我们关系好时就想帮助我们，若关系恶化就排斥我们，我们习惯了。

## 做什么？怎么办？

谢列梅捷沃国际机场，莫斯科的窗口，很难给国际旅行者留下良好印象。六年前，笔者之一经此入关，等候了 80 分钟；此次再来，等候 90 分钟。而机场到市区的交通拥塞也让人抱怨不已。例如笔者之一返程之时，接待方安排从酒店乘车前往机场，途中却不得不弃车换乘快轨，才能赶上回国的班机。

此次在俄罗斯与一些西方投资银行家交谈，讥评最多的就是这里的基础设施。采访中，我们想知道俄罗斯的“莫斯科金融中心”如何避免沦为空谈。

记者：俄罗斯正努力使莫斯科成为世界金融中心，你们准备采取哪些措施使莫斯科更具吸引力，你们又从西方国家的金融危机中学到什么？

舒瓦洛夫：（笑）首先，我们不像西方那样批评银行家。在我看来金融危机发生的原因并不能完全归咎于银行部门。许许多多的困难同时发生了，我相信银行业、信贷业等金融部门就像身体中的血液一样必不可少，失去它就无法发展。现在俄国的银行法规相当进步，《新巴塞尔协议》已经实施，银行运作非常透明。

尽管有许多困难，俄罗斯的银行系统还是很强大。有许多人批评银行太多了，应该减少其数量。但数字多少不重要，因为在克服困难和渡过危机的时候，我们保证了主要银行正常运行，没有一家破产。

莫斯科会很自然地成为金融中心。重返莫斯科的人会发现它是个急速变化的城市，每天都在变。我们有将莫斯科发展成为金融中心的雄心壮志，一些东欧国家和独联体国家也对此有兴趣，他们在寻找一个既友好熟悉，又能为其事业吸引资本的地方。

记者：这是很开放的措施。一旦提到将莫斯科发展成为金融中心，对于监管是如何考虑的？在美国正在进行金融监管改革的背景下，俄罗斯将采用怎样的监管架构？

舒瓦洛夫：我们借鉴了欧盟的监管方式，试图建立共同的经济市场，主要的经济法规是一致的。至于银行，可以说等同于欧盟。央行所做的一切都符合《新巴塞尔协议》。

记者：我们进出俄罗斯，深感国际机场和海关效率低下。你有何改进设想？

舒瓦洛夫：我们正打算出售谢列梅捷沃国际机场，因为我们无法将它运营得很好。现在有两家投资银行为此替政府工作。有投资者想买下谢列梅捷沃国际机场。咨询机构建议应将莫斯科三大机场——谢列梅捷沃国际机场、多莫杰多沃国际机场和伏努科沃机场——打包出售，合并后新公司的多数股权出售给战略经营者。投资者们买一家不如同时买三家，因为这些机场不应相互竞争，而应与法兰克福那样的欧洲航运中心竞争。

记者：最近欧洲危机很引人关注。俄罗斯这些年一直以欧盟为标杆，这次是否感受到欧洲危机的冲击？你如何看待危机发生的原因？

舒瓦洛夫：我们非常欣慰地看到欧盟团结起来，投入巨资，以类似 IMF 那样的机制行动起来——当然这只不过是在欧洲内部。俄罗斯现在的主要储备货币是欧元和美元，这（欧洲危机）当然会对俄罗斯产生巨大影响。

与此同时，我们正与哈萨克斯坦和白俄罗斯携手建立关税同盟和单一市场，也许在五年内实现统一货币，可能使用一种全新货币，也可能用俄国卢布。哈萨克斯坦总统纳扎尔巴耶夫以前曾提出三国都使用全新货币的建议。

为了能创造单一市场并统一货币，我们必须收紧财政政策并避免希腊、葡萄牙和西班牙遭遇的状况。他们之所以陷入危机，是因为他们没能履行所有人盟的必要条款，预算赤字高居不下，人们工作时间越来越少。这些都是很宝贵的教训。

记者：你提到统一三国货币，乌克兰呢？

舒瓦洛夫：最初我们设想的货币统一包含四国：乌克兰、白俄罗斯、哈萨克斯坦和俄罗斯。乌克兰总统尤先科当选后，乌克兰停止了所有一体化进程，决定退出。乌克兰在所有主要条约上都签了字，我们审核批准之后他们又反悔了，所以现在俄罗斯、白俄罗斯、哈萨克斯坦——我们三国形成了关税同盟。

我们始终张开双臂，加盟与否取决于乌克兰。但另一方面乌克兰是 WTO 成员，我们三国都不是。现在我们可以以任何形式与乌克兰合作，但乌克兰现在无法加入关税同盟，已经不可能了。

俄、白、哈关税同盟条约的签署，是俄重新恢复地区性大国（如果不是全球大国）战略的重要一步。不管最终用的是卢布抑或是一种全新的货币，这三个苏联最重要加盟共和国的经济一体化，都是俄重拾影响力的开始。乌克兰在“橙色革命”后没有加入三国经济一体化过程中。

另外，俄、白、哈关税同盟在最后阶段遭遇了一些波折。由于白俄罗斯坚持俄罗斯对其的石油天然气出口也要享受免除关税的待遇，但俄罗斯方面毫不退让，认为只有根据同盟条约，在 2012 年三国正式建成包括货物、劳工和投资在内单一经济市场后，才可免除商品出口关税。结果，原定在今年 7 月 1 日签署生效的关税同盟条约只有俄罗斯和哈萨克斯坦两国签字，白俄罗斯只是在俄罗斯采取包括削减天然气输送等手段压力下，才在 7 月 6 日签字加入关税同盟。

## 中国邻居

采访之前，舒瓦洛夫的新闻秘书亚历山大在看了我们的“问题单”之后特地相告，舒瓦洛夫不想谈中俄关系与资源合作，“因为他不分管”。尽管如此，我们还是设法触及了这一热点，而舒瓦洛夫应接自如，并无回避。

记者：你刚刚提到了货币问题，我想俄罗斯在与中国进行贸易往来时，有没有可能用人民币作为支付货币？

舒瓦洛夫：我们有这个打算。1992年有项条约规定双方交易时要使用硬通货。后来在边境贸易中有所改变，可以使用人民币和卢布。我想我们已经很接近用卢布和人民币进行贸易的目标了。俄国境内的中国银行可以为与中国做生意的俄国公司提供人民币，这是个非常积极的信号。人民币迟早会成为储备货币，这有助于全球经济健康。我认为卢布也会成为地区储备货币，这对两国会有很大帮助。

记者：中国企业可能在俄国用人民币进行投资吗？

舒瓦洛夫：我认为这是可能的，但需要对公平条件达成共识，需要了解对双方都公平的游戏规则。如果俄国人和中国人都能在彼此的国家用卢布和人民币进行投资，方便简单，就太棒了。

记者：我们目睹了中俄贸易量的增长，但我想这个数字不符合一些人对两国良好关系的较高预期。今年两国首脑已经有了四次会面，最近的一次是在多伦多的G20峰会。未来两国如何扩大合作领域？

舒瓦洛夫：我们希望两国间有“聪明的贸易”。我们渴望与中国合作，但不只是出售我们的金属和森林资源。我们希望中国投资者在俄国投资，也希望中国欢迎俄国投资者去中国投资。这应该是交叉持有的资产和交叉持有的产业。我们需要互帮互助而不是互相猜忌，这一点非常重要。

两国首脑会面，磋商，人民也随之互相往来。20年或30年前我不会认为两国是关系很铁的朋友，但现在你再看，中俄关系非常友好并极具战略意义。

随着俄罗斯本世纪初重新崛起，加上国际实力重心从西方向东方转移，俄罗斯“双头鹰”战略再次兴起。新兴市场不仅只是资源的来源地，也成为资金乃至知识技能的来源地。俄罗斯铝业公司今年1月在香港上市，就被认为是俄资源型企业利用亚太资本市场资金的举动。

由于受到国际金融危机的影响，2009年中俄双边贸易额由2008年的568亿美元下降至400亿美元左右。但今年第一季度中俄贸易额高达162亿美元，同比增长57%，基本恢复到2008年金融危机初期的贸易水平。作为两国经贸合作重头戏的能源项目，在辗转多年后，也出现转机。2009 年 2 月，两国签署“贷款换石油协定”，中国将向俄罗斯提供总计 250 亿美元的长期贷款，俄罗斯则从 2011 年至 2030 年按照每年 1500 万吨的规模通过管道向中国供应总计 3 亿吨石油。

中俄贸易结算特别是边境地区的贸易结算也是两国关注的重点。卢布和人民币在中俄贸易结算中占 1% 左右，双方都有意扩大此份额。今年 4 月 27 日，中国银行宣布从即日起在中国境内推出卢布对人民币直接汇率项下的卢布现汇业务。此举被视为中俄贸易结算已经到达真正意义上的本币结算时期。

（注：单舟、杨远啸对此文亦有贡献）

**图书在版编目（CIP）数据**

舒立对话 / 胡舒立 王烁主编. —南京：江苏文艺出版社，2011.1
ISBN 978-7-5399-4234-6

Ⅰ.①舒… Ⅱ.①胡…②王… Ⅲ.①经济学—问答 Ⅳ.①F0-44

中国版本图书馆CIP数据核字（2011）第005467号

**上架建议：财经·时政**

**舒立对话**

**主　　编：** 胡舒立　王　烁
**责任编辑：** 刘　霁
**特约监制：** 伍　志
**特约编辑：** 于向勇
**封面设计：** 王　军
**出版发行：** 凤凰出版传媒集团
江苏文艺出版社　http://www.jswenyi.com
**集团网址：** 凤凰出版传媒网　http://www.ppm.cn
**印　　刷：** 北京鹏润伟业印刷有限公司
**经　　销：** 新华书店
**开　　本：** 720 × 1040　1/16
**字　　数：** 360千字
**印　　张：** 22.5
**版　　次：** 2011年2月第1版
**印　　次：** 2011年2月第1次印刷
**书　　号：** ISBN 978-7-5399-4234-6
**定　　价：** 39.80元

财新图书
Caixin book series